高等职业教育汽车类新形态一体化教材

# 汽车电器基础

袁苗达 主编
倪尔东 王国明 谢 越 副主编

清华大学出版社
北京

## 内容简介

本书主要内容包括汽车电路基础、蓄电池的维护检测、电器部件及检测、汽车配线及修复、车载网络、汽车电路图识别、电路系统检修等。本书使用了大量的实际操作案例，配套了大量的微课视频、PPT课件和课前学习任务，方便学生带着问题去学习。限于篇幅，本书使用二维码拓展阅读方式进行，提供充电系统的维护检测、启动系统的维护检测和汽车电子模块等知识内容，读者可扫一扫前言对应处的二维码进行学习。

本书可作为高职高专院校、中等职业学校、技工学校的教材，也可作为企业培训教材，并可供广大汽车专业的从业人员和汽车爱好者参考。

本书封面贴有清华大学出版社防伪标签，无标签者不得销售。
版权所有，侵权必究。举报：010-62782989，beiqinquan@tup.tsinghua.edu.cn。

**图书在版编目(CIP)数据**

汽车电器基础/袁苗达主编．—北京：清华大学出版社，2021.1(2022.8重印)
高等职业教育汽车类新形态一体化教材
ISBN 978-7-302-54393-0

Ⅰ.①汽… Ⅱ.①袁… Ⅲ.①汽车－电气设备 Ⅳ.①U463.6

中国版本图书馆 CIP 数据核字(2019)第 264514 号

责任编辑：刘翰鹏
封面设计：常雪影
责任校对：赵琳爽
责任印制：丛怀宇

出版发行：清华大学出版社
网　　址：http://www.tup.com.cn，http://www.wqbook.com
地　　址：北京清华大学学研大厦 A 座　　　邮　编：100084
社 总 机：010-83470000　　　　　　　　　邮　购：010-62786544
投稿与读者服务：010-62776969，c-service@tup.tsinghua.edu.cn
质量反馈：010-62772015，zhiliang@tup.tsinghua.edu.cn
课件下载：http://www.tup.com.cn,010-83470410

印 装 者：北京国马印刷厂
经　　销：全国新华书店
开　　本：185mm×260mm　　　印　张：18.75　　　字　数：429 千字
版　　次：2021 年 1 月第 1 版　　　　　　　　　印　次：2022 年 8 月第 2 次印刷
定　　价：54.00 元

产品编号：082286-01

## 单元 3　电器部件及检测　<<<80

### 3.1　电路保护装置 ……………………………………………………………… 80
　　3.1.1　学习任务 ………………………………………………………… 82
　　3.1.2　保险装置的分类、结构及其特性 ……………………………… 86
　　3.1.3　保险装置的检测 ………………………………………………… 91
### 3.2　开关元件的检测 …………………………………………………………… 93
　　3.2.1　学习任务 ………………………………………………………… 94
　　3.2.2　开关的分类及电气符号 ………………………………………… 100
　　3.2.3　开关连通图的识读 ……………………………………………… 105
　　3.2.4　开关的检测 ……………………………………………………… 107
### 3.3　继电器的检测 ……………………………………………………………… 109
　　3.3.1　学习任务 ………………………………………………………… 111
　　3.3.2　线圈的电磁效应 ………………………………………………… 114
　　3.3.3　继电器的分类 …………………………………………………… 115
　　3.3.4　四脚继电器的检测 ……………………………………………… 116
　　3.3.5　五脚继电器的检测 ……………………………………………… 118

## 单元 4　汽车配线及修复　<<<119

### 4.1　车辆线束特点及布置 ……………………………………………………… 119
　　4.1.1　学习任务 ………………………………………………………… 120
　　4.1.2　汽车配线 ………………………………………………………… 125
　　4.1.3　汽车导线规格 …………………………………………………… 126
　　4.1.4　汽车线束的作用及构成 ………………………………………… 129
　　4.1.5　汽车护线器件 …………………………………………………… 131
### 4.2　导线、端子及插接器修复 ………………………………………………… 132
　　4.2.1　学习任务 ………………………………………………………… 133
　　4.2.2　插接器插针退针和修复 ………………………………………… 142
　　4.2.3　导线及端子的连接修复 ………………………………………… 147

## 单元 5　车载网络　<<<152

### 5.1　总线概述 …………………………………………………………………… 152
　　5.1.1　学习任务 ………………………………………………………… 153
　　5.1.2　总线基础 ………………………………………………………… 156
　　5.1.3　总线的应用及其性能特点 ……………………………………… 161
### 5.2　总线检测 …………………………………………………………………… 170
　　5.2.1　学习任务 ………………………………………………………… 172
　　5.2.2　总线电压、波形、终端电阻的检测 …………………………… 174

# 目 录

**单元1 汽车电路基础　　<<<1**

1.1 汽车电路的认知 …………………………………………… 1
  1.1.1 学习任务 …………………………………………… 3
  1.1.2 电的安全常识 ……………………………………… 8
  1.1.3 电的基本常识 ……………………………………… 9
  1.1.4 电的三要素 ………………………………………… 11
  1.1.5 欧姆定律 …………………………………………… 13
  1.1.6 电功率 ……………………………………………… 14
  1.1.7 汽车电路 …………………………………………… 15
1.2 汽车电路系统基本检测设备 ………………………………… 22
  1.2.1 学习任务 …………………………………………… 23
  1.2.2 试灯 ………………………………………………… 26
  1.2.3 跨接线 ……………………………………………… 27
  1.2.4 万用表 ……………………………………………… 28
  1.2.5 特殊工具 …………………………………………… 31

**单元2 蓄电池的维护检测　　<<<38**

2.1 蓄电池基础知识 ……………………………………………… 38
  2.1.1 学习任务 …………………………………………… 39
  2.1.2 蓄电池使用注意事项 ……………………………… 46
  2.1.3 蓄电池的分类 ……………………………………… 47
  2.1.4 蓄电池的结构及其作用 …………………………… 52
  2.1.5 蓄电池的工作原理 ………………………………… 59
  2.1.6 蓄电池的容量及影响因素 ………………………… 62
2.2 蓄电池的维护与检测 ………………………………………… 63
  2.2.1 学习任务 …………………………………………… 64
  2.2.2 蓄电池的跨接 ……………………………………… 70
  2.2.3 蓄电池的维护 ……………………………………… 71
  2.2.4 蓄电池的检测 ……………………………………… 72
  2.2.5 蓄电池的常见故障处理 …………………………… 77

的图片及维修案例,学生可以直观地通过原理图、实物图,较快地掌握汽车电路系统的基本组成及基础维修技术,为今后从事汽车维修工作打下坚实的基础。本书主要特色如下。

(1) 内容的全面性和实用性。在定制本书的知识框架时,就将写作的重心放在体现内容的全面性和实用性上。因此从提纲的定制以及内容的编写方面都力求将汽车专业知识全面囊括。

(2) 知识的实用性。本书为校企联合编写,因此具有很强的实用性。其中企业参与编写人员有黄建川、钟斌、刘红、林文、曹玉林等。此外,书中每个单元均根据知识点安排若干个客户委托,让学生从现实中出发,通过书中的知识,解决现实中的问题。

(3) 知识的灵活性。书中为每一个知识点搭配了相应的学习任务,学生可以通过不同类型的学习任务,来学习并掌握书中的知识。

(4) 知识的直观性。书中为每一类知识均准备了各种形式的微课,学生可以通过微课视频的观看,充分接触到一线汽车维修技师的操作风范。

### 3. 本书适用的对象

本书可作为高职高专院校、中等职业学校、技工学校的教材,也可作为企业培训教材,并可供广大汽车专业的从业人员和汽车爱好者参考。

由于作者的水平有限,在编写过程中难免有疏漏之处,欢迎读者通过清华大学出版社网站(http://www.tup.com.cn)与我们联系,帮助我们改正和提高。

编 者

2020 年 8 月

充电系统的维护检测.PDF

启动系统的维护检测.PDF

汽车电子模块.PDF

# 前 言

汽车是现代社会科技发展的典型产物，融合机械、电气、计算机控制等多项学科核心技术，随着机械制造、电子工业、计算机技术的飞速发展，少维护、长寿命、高可靠性、智能化已经成为汽车电器系统的发展趋势。

随着经济的快速发展和人民生活水平的提高，汽车生产数量也在逐年增长。越来越多的汽车涌入人们的生活，从而带来了社会对汽车专业人才的需求量的迅速增加。为了适应新形势下的教学需求，为了培养高职院校汽车专业学生的汽车电器系统的认知及检修，本书系统地介绍了汽车维修技术人员所必需的汽车电路基础、汽车电器模块、汽车电路故障的诊断维修，将理论融入实际，提供了大量一线维修技师的操作案例，帮助学生更加深入地学到汽车电路方面的检测及维修技术。

**1. 本书内容介绍**

全书共分 7 个单元，具体内容详列如下。

单元 1 详细介绍了汽车的安全用电常识、汽车电路的组成及特点、汽车电路检测的主要工具和汽车电路的基本信息。

单元 2 详细介绍了蓄电池的使用和检修安全注意事项、蓄电池的类别、蓄电池的结构及工作原理、蓄电池的跨接启动、蓄电池的维护及检测。

单元 3 详细介绍了汽车电路保险装置的分类、结构及特性，汽车开关的分类及电气符号，汽车开关的连通图识读，汽车开关的检测，汽车继电器的结构及工作原理，汽车继电器的检测。

单元 4 详细介绍了汽车配线的形成，汽车导线的规格及线号，汽车护线器件的类型，端子的安装，插接器插针的退针，导线接头的焊接、铰接、搭接。

单元 5 详细介绍了汽车总线的类别及其应用，CAN 总线的电压、波形、终端电阻的检测以及总线故障的排查。

单元 6 详细介绍了汽车电路图的类型，汽车电路图的识读要领，德系车、法系车、日系车、美系车电路图的识读。

单元 7 详细介绍了汽车灯光、雨刮、喇叭电路基础及其故障诊断维修。

限于篇幅，本书使用二维码拓展阅读方式，提供充电系统的维护检测、启动系统的维护检测和汽车电子模块等知识内容，读者可扫一扫前言结尾处二维码进行学习。

**2. 本书主要特色**

本书描述了汽车上的主要电器组成及线路布局，提供了大量较为翔实

|   |   | 5.2.3 总线故障的排查 | 198 |

## 单元6　汽车电路图识别　<<<202

| 6.1 | 汽车电路图识读基础 | 202 |
| --- | --- | --- |
|   | 6.1.1 学习任务 | 204 |
|   | 6.1.2 汽车电路图的种类 | 208 |
|   | 6.1.3 汽车电路图中的符号 | 212 |
|   | 6.1.4 汽车电路图识读要领 | 220 |
| 6.2 | 主流车系电路图识别 | 223 |
|   | 6.2.1 学习任务 | 224 |
|   | 6.2.2 德国大众汽车电路图的识别 | 229 |
|   | 6.2.3 法国车系汽车电路图的识别 | 235 |
|   | 6.2.4 日本丰田汽车电路图的识别 | 238 |
|   | 6.2.5 美国通用汽车电路图的识别 | 240 |

## 单元7　电路系统检修　<<<244

| 7.1 | 灯光系统的认知与检修 | 244 |
| --- | --- | --- |
|   | 7.1.1 学习任务 | 246 |
|   | 7.1.2 灯光系统的分类 | 249 |
|   | 7.1.3 灯光电路的识别 | 254 |
|   | 7.1.4 灯光电路的检修 | 261 |
| 7.2 | 雨刮系统的认知与检修 | 264 |
|   | 7.2.1 学习任务 | 266 |
|   | 7.2.2 雨刮系统的组成 | 269 |
|   | 7.2.3 雨刮系统的工作原理 | 271 |
|   | 7.2.4 雨刮系统电路分析 | 275 |
|   | 7.2.5 雨刮系统电路的检修 | 278 |
| 7.3 | 汽车喇叭线路的连接与故障诊断 | 283 |
|   | 7.3.1 学习任务 | 285 |
|   | 7.3.2 汽车喇叭电路的识别 | 287 |
|   | 7.3.3 汽车喇叭线路的故障诊断 | 289 |

## 参考文献　<<<291

# 单元 1

# 汽车电路基础

## 1.1 汽车电路的认知

随着社会经济的飞速发展,人们的生活水平也显著提高,越来越多的汽车驶进我们的家庭。作为目前最为主流的交通工具之一,汽车电路的基本维护是每个车主必不可少的重要技能。汽车电路(图 1-1)分为十个系统:电源系统、启动系统、点火系统、照明系统、信号系统、仪表与报警系统、辅助电器系统、发动机电控系统、汽车底盘电控系统和汽车空调系统。在对汽车电路系统进行深入学习之前,我们先来了解一下电路的基础知识。

图 1-1 汽车内部的电路系统

◎ **客户委托 1-1**

客户有一辆 2016 年的大众高尔夫轿车,想改装 LED 日行灯(图 1-2),考虑到原厂的 LED 日行灯的价格较贵,想从网上购买,但却不知道买什么规格的,线路的供电电压是多少,能承受的电流是多少,从车上什么地方取电。于是,客户咨询了从事车辆改装工作的朋友,朋友支了一个招,让他学习一下电工学,从而来选择 LED 日行灯的规格及取电位置。

图 1-2　改装 LED 日行灯

## ◎ 学习目标

(1) 掌握电的基本知识与汽车安全用电的常识;
(2) 掌握电路的欧姆定律及其应用;
(3) 掌握电路的串联、并联以及开路、短路各自的特点;
(4) 掌握汽车电路的基本组成及其特点。

## ◎ 知识与技能点清单

| 序号 | 学 习 目 标 | 知 识 点 | 技 能 点 |
|---|---|---|---|
| 1 | 掌握电的基本知识与汽车安全用电的常识 | (1) 汽车电气系统安全准则;<br>(2) 汽车静电;<br>(3) 电的产生;<br>(4) 电的传导;<br>(5) 电流的三大效应;<br>(6) 电的三要素:电压、电流、电阻 | (1) 掌握和应用汽车电气系统安全准则;<br>(2) 掌握消除汽车静电的方法;<br>(3) 能够描述电的产生和传导原理;<br>(4) 能够描述电流的三大效应在汽车电气系统中的应用;<br>(5) 理解电压、电流、电阻的概念;<br>(6) 能够描述电压、电流、电阻的定义,并对它们在汽车电路中的应用有一定的了解 |
| 2 | 掌握电路的欧姆定律及其应用 | (1) 欧姆定律的应用;<br>(2) 电功率;<br>(3) 视在功率、有功功率、无功功率 | (1) 能够利用欧姆定律进行电压、电流、电阻三者间的切换计算;<br>(2) 能够利用欧姆定律进行电功率、电压、电流、电阻四者间的切换计算;<br>(3) 能够利用功率三角形的特性进行视在功率、有功功率、无功功率三者间的切换计算 |
| 3 | 掌握电路的串联、并联以及开路、短路各自的特点 | (1) 串联电路、并联电路、混联电路;<br>(2) 开路、短路;<br>(3) 过电路保护 | (1) 能够描述串联电路、并联电路以及混联电路的连接方式,以及它们在汽车电路中的应用;<br>(2) 能够根据故障的表象分析出电路处于短路或断路 |
| 4 | 掌握汽车电路的基本组成及其特点 | (1) 单线制、低压直流供电;<br>(2) 汽车电路的基本组成 | (1) 能够描述汽车电路的特点;<br>(2) 能够描述汽车电路的组成 |

**学习指南**

（1）明确学习目标与知识及技能点清单。

（2）按照学习任务列表完成每一项任务，任务知识部分需在课前提前完成。在完成知识部分任务时，可以参考本单元提供的学习信息，利用网络、厂家提供的维修手册、各类教学资源库等学习资源，也可以在课前或上课时向任课教师寻求帮助。任课教师会在正式上课时展示或共享大家对于知识部分任务完成情况，实现学习者交流。

（3）在任务列表中，涉及实操部分，可以在正式上课前自行完成，也可以由任课教师在课堂上安排完成。

（4）完成任务列表后，自行根据本节鉴定表进行自查，并根据不足进行知识与技能的补充学习。

（5）接受任课教师按照本节鉴定表进行知识与技能鉴定。请注意，鉴定可能是过程鉴定与终结性鉴定，学习者平时对学习任务的学习过程也将作为鉴定的依据，例如学习态度、学习过程中的技能展示、职场安全意识等。

## 1.1.1 学习任务

**1. 掌握电的基本知识与汽车安全用电的常识**

**材料 1-1**：张某最近工作很忙，每天早出晚归。这天，他拖着疲惫的身体开车回到家，因急于上楼休息，在并未关掉音响和车灯的情况下直接熄火，如图 1-3 所示。第二天早上，他发现车辆怎么也打不着火了。急于赶路的他赶忙打开发动机盖，想要检查是不是蓄电池出现了故障，他先用手摸了摸蓄电池的极柱，发现并没有损坏，然后拆开了蓄电池的负极，又拆开了蓄电池的正极。最后，他将蓄电池拆卸下来，在检查外观没有破损和漏液后，他用万用表对蓄电池进行检测，发现蓄电池电压过低。

图 1-3 材料 1-1 参考图

（1）案例中，张某的汽车打不着火的原因是（　　）。

  A. 汽车电路故障　　　　　　　B. 车灯忘记关闭导致蓄电池电量耗尽

（2）张某直接用手触摸蓄电池极柱的方法十分危险，虽对人身安全无致命影响，但人体相当于导体，这样做可能导致电流过大使导线发热起火，同时损坏蓄电池。我国把安全电压的额定值分为 42V、_____、24V、_____ 和 6V 五种等级，当通过人体的电流超过_____ mA 时，将会导致生命危险。

（3）从汽车上拆下蓄电池时应先拆_____，后拆_____，所以，张某拆卸蓄电池的方法是_____（正确/错误）的，为什么？

_____

_____

(4) 在日常生活中要注意用电安全,在汽车电路的检修中同样需要注意,请简述有关汽车用电的安全准则。

**材料 1-2**：寒冷干燥的冬季,一直坐公交车上班的小林今天出门有些晚,怕时间来不及,于是临时决定开车上班。开到一半,仪表盘上的油量警示灯开始闪烁,原来是油箱里汽油不多了,如图 1-4 所示。小林看到一个加油站便拐了进去,进去才发现这是一个自助加油站,小林只能自己动手加注汽油。就在小林设置好加油量,提起油枪准备往油箱里加注汽油时,火苗突然从油箱里窜了出来。说时迟那时快,旁边加油的大叔见状立即拿起灭火器进行灭火,还好火势不大,一会儿就被控制住了,这时的小林已经瘫坐在了地上。

图 1-4　材料 1-2 参考图

(1) 案例中,小林加油起火的原因可能是(　　)。

  A. 车身静电　　　　B. 车身过热　　　　C. 人体静电

(2) 简述汽车静电的危害及消除方法。

**材料 1-3**：低碳、环保是汽车的发展方向。某汽车研发机构在汽车的车轮上安装了小型发电机,将减速时的部分动能转化并储存在蓄电池中,以达到节能的目的,如图 1-5 所示。

(1) 电是一种能量,是静止或移动的电荷所产生的物理现象。它不是凭空产生的,而是由其他能量转换过来的,以下能量能转化为电能的有(　　)。

图 1-5　材料 1-3 参考图

  A. 化学能　　　　B. 热能　　　　C. 风能　　　　D. 机械能
  E. 核能　　　　　F. 潮汐能

(2) 电能够在不同的导体中进行传导,如有一根导线,分别通以不同的电流,并保持温度不变,当电流增大时,单位体积内自由电子数不变,自由电子定向运动的速率会相应增大,电流的传导速度不变,请解释原因。

（3）请将电流的三大效应与利用其原理制造的汽车部件用直线连接起来。

## 2. 掌握电路的欧姆定律及其应用

**材料 1-4**：电流、电压、电阻被称为电的三要素（图 1-6）。三者共同组成的欧姆定律关系式 $I=\dfrac{U}{R}$ 在电路学习和应用中更是占有重要地位。

（1）目前，汽车电气系统的额定电压有 12V 与 24V 两种，请简述汽油车、柴油车分别采用多少伏的电源系统，并说明为什么。

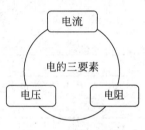

图 1-6  电的三要素

_____

（2）二氧化锡传感器常用于汽车尾气中一氧化碳浓度的检测，其特性电阻随一氧化碳浓度的增大而减小，若将二氧化锡传感器接入如图 1-7 所示的电路中，当二氧化锡传感器所处空间的一氧化碳浓度增大时，请分析电压表与电流表读数的变化。

_____

**材料 1-5**：功率是表示物体做功快慢的物理量，指的是单位时间内所做的功。功率可分为电功率、力的功率等，对于汽车而言，功率越大扭力越大，汽车的拉力也越高，常用最大功率来描述汽车的动力性能。另外，由电功率延伸出的"功率三角形"（图 1-8）定律在视在功率、有功功率和无功功率的计算方面具有重要作用。

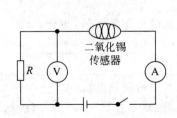

图 1-7  二氧化锡传感器检测电路图

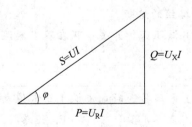

图 1-8  功率三角形

（1）汽车发电机启动时车灯会瞬时变暗,如图1-9所示,在打开车灯的情况下,发电机未启动时电流表读数为10A,发电机启动时电流表读数为58A,若电源电动势为12.5V,内阻为0.05Ω,电流表内阻不计,请计算因发电机启动,车灯的电功率降低了多少。

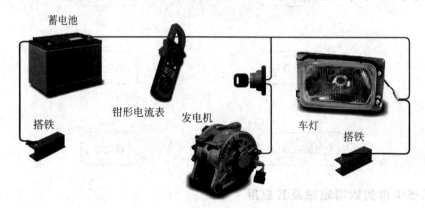

图1-9　汽车发电机启动时车灯的电功率检测

（2）在三相电路中,已知视在功率为500kVA,有功功率为400kW,求无功功率。

### 3. 掌握电路的串联、并联以及开路、短路各自的特点

**材料1-6**：赵五的丰田凯美瑞汽车已经开了7年,这天准备出去办事的他发现汽车出现了故障,启动机能够正常运转,但发动机却怎么也启动不起来。找不到故障原因的他给4S店维修服务打了电话,没多久,维修人员就带着专业的检测设备来了。经检查发现,保险盒中电动燃油泵的熔丝熔断了。换上新的熔丝,打开点火开关,听燃油泵有运转声音,但运转几秒后便停转,发动机依然不能启动(图1-10),检查发现熔丝又熔断了。最后发现,原来是汽车电路的短路故障导致了熔丝的熔断。

图1-10　材料1-6参考图

（1）低压保护开关串联在蒸发器温控开关和电磁离合器之间,为什么这么接呢?

（2）电路接通时电流低于正常值表明是什么类型的问题?（　　）
　　A. 断路　　　　B. 短路　　　　C. 线路电阻过大　　　　D. 熔丝熔断

（3）"开路是指电路中存在连续性遭到破坏的故障；短路是指电路中存在电流绕过部

分负载的故障。"请判断这种说法是否正确并写明原因。

（4）汽车电路中为防止电流过大而烧毁电子设备,通常在线路中串联熔断器、易熔线、继电器等元件,请简述这些元件在电路中起到的作用。

**4. 掌握汽车电路的基本组成及其特点**

材料1-7：小王是某职业院校"汽车运用与维修"专业的大一学生,当初他抱着对汽车的热爱和兴趣选择了这个专业,但复杂的汽车电路却给兴趣正浓的他浇了一盆冷水。直到上课教师给他们讲到"复杂的汽车电路可以分解为一个个单独的电路系统进行学习"（图1-11）时,小王的兴趣才又重新被点燃。

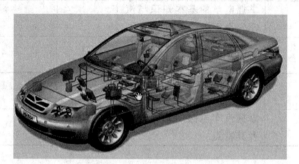

图1-11 复杂的汽车电路

（1）我国的汽车电路具有以下特点,请在正确的选项后面打"√"。

| 汽车单线制 | 负极搭铁 | 一个电源 | 用电设备并联 | 交直流混合供电 |
|---|---|---|---|---|
| 汽车双线制 | 正极搭铁 | 两个电源 | 用电设备串联 | 低压直流供电 |

（2）汽车电路由电源系统、启动系统、照明与灯光信号装置系统、仪表信息系统等组成,请指出图1-12所示电路属于哪一个环节。

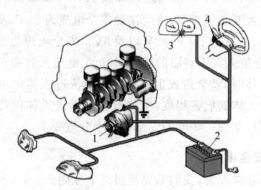

图1-12 某环节汽车电路
1—发电机；2—蓄电池；3—仪表盘；4—传感器

### 鉴定

任课教师可以通过平时教学过程中学习者的学习态度、参与教学活动的积极性、职场安全意识及终结性鉴定结果等确定其最后鉴定结果。每个学习者最多可以鉴定 3 次,鉴定教师可以把鉴定情况填入表 1-1 中。

表 1-1  1.1 节鉴定表

| 序号 | 学 习 目 标 | 鉴定 1 | 鉴定 2 | 鉴定 3 | 鉴 定 结 论 | 鉴定教师签字 |
| --- | --- | --- | --- | --- | --- | --- |
| 1 | 掌握电学的基本知识与汽车安全用电的常识 | | | | □通过<br>□不通过 | |
| 2 | 掌握电路的欧姆定律及其应用 | | | | □通过<br>□不通过 | |
| 3 | 掌握电路的串联、并联以及开路、短路各自的特点 | | | | □通过<br>□不通过 | |
| 4 | 掌握汽车电路的基本组成及其特点 | | | | □通过<br>□不通过 | |

### 1.1.2 电的安全常识

微课——电学基础与汽车安全用电常识

电能是一种方便、快捷、稳定的能源,其广泛应用形成了人类近代史上第二次技术革命,有力地推动了人类社会的发展,给人类创造了巨大的财富,改善了人类的生活。然而,电本身也是一把双刃剑,如果在生产和生活中不注意用电安全,也会带来灾害。例如,触电可能造成人身伤亡,高频用电设备可能产生电磁污染,设备漏电产生的电火花可能酿成火灾、爆炸等。安全电压在正常条件下是 36V,指的是人体较长时间接触而不致发生触电危险的电压。行业规定安全电压为不高于 36V,持续接触安全电压为 24V,我国对工频安全电压规定了以下五个等级,即 42V、36V、24V、12V 以及 6V。安全电流为 10mA,通常,1mA 的工频电流通过人体时,就会使人有不舒服的感觉,10mA 电流人体尚可摆脱,称为摆脱电流,在 50mA 的电流通过人体时,就会造成生命危险。当流过人体的电流达到 100mA 时,就足以使人死亡。电击对人体的危害程度,主要取决于通过人体电流的大小和通电时间长短。因此,在日常生活中,掌握一些电的安全常识十分重要。

**1. 汽车电气系统安全准则**

对于汽车内的电气系统而言,我们需要遵循以下原则。

(1) 任何情况下均不能用手鉴定导体是否带电,汽车电路可用试灯或专用设备鉴定。

(2) 检修汽车电器设备或更换熔丝时,先切断电源。

(3) 切断汽车电源时,应先断开蓄电池的负极。

(4) 长期停放的车辆建议每两周启动发动机给蓄电池充电 5~10min,如果停放时间超过两周,应断开蓄电池的负极接线。

(5) 车辆熄火前关闭音响、车灯等用电设备。

(6) 汽车发动机、发电机不工作状态下,听车载音乐会消耗蓄电池电量,最好在 30min 后着车为蓄电池充电,蓄电池电量一旦过低,汽车将无法正常启动。

**2. 汽车静电**

汽车静电主要来自于两个方面,一是人体在接触汽车之前本身就带电,与汽车接触自然就要放电,而且根据人体质的不同,带电量也不一样;另一方面,空气中的尘埃与车身金属表面相互摩擦产生了电,人一接触车辆,就会产生放电现象。

在寒冷干燥的环境下,人在开车门、触摸仪表台、接触座椅时,常会被积蓄在车上的静电击到。车辆停驶时,偶尔遭受静电袭击尚不会对身体造成什么损伤,但在行驶中,在没有防备的情况下遭遇静电袭击,很可能会造成惊吓过度,从而引起意外交通事故。此外,在加油站加油时,静电还有可能引发意外事故。那么,汽车静电该如何消除呢?

(1) 消除人体静电。在进行车辆维护检测前,我们可以先洗一下手,或者把手放在墙上抹一下消除静电。如果条件有限,也可以双手在车上拍一下放完电后再进行操作,相比于指尖接触汽车表面,双手直接附上去可扩大接触面积,减弱放电时带来的不适感。

另外,静电多发于干燥条件,通过喝水和润肤也能有效减少静电。

(2) 仪表台铺湿毛巾。其实防止汽车静电最简单的方法就是增加空气湿度。在仪表台铺一块湿毛巾可以通过毛巾中水分的蒸发来增加空气湿度,减少静电的产生。

(3) 少开内循环空调。打开空调内循环,会让本来就比较干燥的车内变得更干燥,我们可以适时开启外循环或是玻璃窗,增加车内空气湿度,从而达到消除静电的目的。

 **1.1.3　电的基本常识**

电是物质运动的一种形式。它是物质内所含的电子等载流子运动时的一种能量表现形式。从本质上讲,电是一种能量,通常称作电能。

**1. 电的产生**

电是一种自然现象,指的是电荷运动所带来的现象。电是像电子和质子这样的亚原子粒子之间产生的排斥力和吸引力的一种属性。电子运动现象有两种:我们把缺少电子的原子称为带正电荷,有多余电子的原子称为带负电荷。

电是一种能量,是静止或移动的电荷所产生的物理现象。它不是凭空产生的,而是由其他能量,比如化学能、热能、风能、机械能、核能、潮汐能等转换来的。产生电的方法也各种各样,例如电化学法、摩擦、电磁感应、压力、加热、光电等。

**2. 电的传导**

电的传导是指电流通过物质的迁移。在良好的导体金属里,电传导源自自由电子在电场影响下朝一个方向移动的迁移。在液态导体里,电传导是由于正离子朝一个方向迁移而电子朝反方向迁移。在气体里,电传导是由于正离子流向一个方向而电子流向另一个方向。在半导体里,电传导源自电子朝一个方向迁移而正离子朝反方向迁移。

## 3. 电流的效应

电流的效应是多方面的,电流三大效应是指电流的热效应、化学效应和磁效应。

（1）电流的热效应

电流通过导体要发热,这叫作电流的热效应。如电灯、电炉、电烙铁、电焊等都是电流的热效应的例子。电流的热效应在汽车的灯光系统中得到了广泛的应用。

汽车易熔线起到保险的作用,利用电流的热效应进行工作,可长时间通过额定电流,当线路过流过载时即时熔断,起保护线路和用电设备的作用,如图 1-13 所示。

（2）电流的化学效应

电流通过导电的液体会使液体发生化学变化,产生新的物质。电流的这种效应叫作电流的化学效应。如电解、电镀、电离等就属于电流的化学效应的例子。

汽车蓄电池作为汽车电器系统中重要的电源之一,主要有正（负）极板、隔板、电解液、槽壳、连接条和极桩等组成,通过电解液中发生化学反应来不断地进行充放电过程,如图 1-14 所示。

图 1-13　汽车易熔线　　　　　　　　图 1-14　汽车蓄电池

（3）电流的磁效应

给绕在软铁心周围的导体通电,软铁心就产生磁性,这种现象就是电流的磁效应。如电铃、蜂鸣器、电磁扬声器等都是利用电流的磁效应制成的。

大部分汽车都配备有较多的电子控制装置,电路复杂,这些电气元件的开断主要是通过继电器来控制。继电器的开断功能正是利用电流的磁效应来实现的,当继电器回路的两端加上一定的电压或电流,线圈产生的磁通通过铁心、轭铁、衔铁、磁路工作气隙组成的磁路,在磁场的作用下,衔铁吸向铁心极面,从而推动常闭触点断开,常开触点闭合;当线圈两端电压或电流小于一定值,机械反力大于电磁吸力时,衔铁回到初始状态,常开触点断开,常闭触点闭合,如图 1-15 所示。

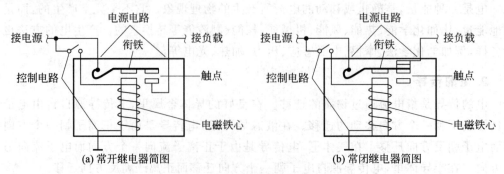

图 1-15　汽车继电器结构简图

### 1.1.4 电的三要素

电的三要素是电压、电流、电阻。

#### 1. 电压

水在水管中之所以能流动,是因为有着高水位和低水位之间的差别而产生的一种作用力,使得水能从高处流向低处。日常生活中使用的自来水,之所以能够一打开水门,就能从水管中流出来,也是因为自来水的贮水塔比地面高,或者是由于用水泵推动水产生压力差的缘故。同理,电流之所以能够在导线中流动,也是因为在电流中有着高电位和低电位之间的差别,这种差别叫电位差,也叫电压。换句话说,在电路中,任意两点之间的电位差称为这两点的电压。

(1) 电压的定义

电压也称作电势差或电位差,是衡量单位电荷在静电场中由于电势不同所产生的能量差的物理量。其大小等于单位正电荷因受电场力作用从 A 点移动到 B 点所做的功,电压的方向规定为从高电位指向低电位的方向。电压用符号 $U$ 表示,单位为伏特表示,简称"伏",用符号 V 表示。常用的单位还有毫伏(mV)、微伏($\mu$V)、千伏(kV)等。此概念与水位高低所造成的"水压"相似。需要指出的是,"电压"一词一般只用于电路当中,"电势差"和"电位差"则普遍应用于一切电现象当中。

(2) 电压等级分类

目前我国常用的电压等级:220V、380V、6kV、10kV、35kV、110kV、220kV、330kV、500kV。电力系统一般是由发电厂、输电线路、变电所、配电线路及用电设备构成。通常将 35kV 及 35kV 以上的电压线路称为送电线路。10kV 及其以下的电压线路称为配电线路。将额定 1kV 以上电压称为"高电压",额定电压在 1kV 以下电压称为"低电压"。我国规定安全电压为 36V、24V、12V 三种。日常生活中用到的三相交流电为 380V,单相交流电为 220V,家用电器铭牌上标有的额定电压"220V"一般指的是交流电电压的有效值。对于汽车电气系统而言,国内普遍采用的电压等级为 12V。

**提示**:汽车电气系统的额定电压有 12V 和 24V 两种,12V 电压普遍应用于汽油车,24V 电压应用于柴油车。

#### 2. 电流

广义的电流的本质是电荷的定向移动,电荷的载体可以是电子,也可以是离子。

(1) 电流的定义

科学上把单位时间里通过导体任一横截面的电量叫作电流强度,简称电流。通常用字母 $I$ 表示,它的单位是安培,简称"安",符号是 A。导体中的自由电荷在电场力的作用下做有规则的定向运动就形成了电流。电流的单位还包括毫安(mA)、微安($\mu$A)和千安(kA)。

大自然有很多种承载电荷的载子,例如,导电体内可移动的电子、电解液内的离子、等离子体内的电子和离子、强子内的夸克。这些载子的移动形成了电流。

(2) 电流的计算公式

通过导体横截面的电荷量 $Q$ 跟通过这些电荷量所用的时间 $t$ 的比值称为电流,也叫电流强度。即

$$I = \frac{Q}{t}$$

如果在 1s 内通过导体横截面的电荷量是 1C,导体中的电流就是 1A。

(3) 电流的产生条件

① 要有电源存在,即能够产生电势差。

② 形成闭合回路。

(4) 电流的分类

电流分为交流电流和直流电流。

交流电流简称交流电,是指大小和方向都发生周期性变化的电流。我们常见的电灯、电动机、插座、电视、空调等用的电都是交流电,一般用符号"~"表示。大小(电压高低)方向(正负极)在相对范围内不随时间发生改变的恒定电流称为直流电流,简称直流电。生活中使用的可移动外置式电源提供的是直流电。

在汽车电气系统中,发电机产生的电是交流电,蓄电池使用的是直流电,汽车内部的电子设备使用的也是直流电。因此,发电机向蓄电池充电或者向电子设备供电时,需要先通过整流器将交流电变为直流电。

**提示**:汽油发动机启动电流为 200～600A,有些柴油发动机的启动电流达 1000A。

### 3. 电阻

在物理学中,用电阻来表示导体对电流阻碍作用的大小。导体的电阻越大,表示导体对电流的阻碍作用越大。

(1) 电阻定律

不同的导体电阻一般不同,电阻是导体本身的一种特性。电阻元件是对电流呈现阻碍作用的耗能元件。电阻元件的电阻值大小一般与温度、材料、长度以及横截面积有关,衡量电阻受温度影响大小的物理量是温度系数,其定义为温度每升高 1℃ 时电阻值发生变化的百分数。导体的电阻 $R$ 跟它的长度 $L$ 成正比,跟它的横截面积 $S$ 成反比,还跟导体的材料有关系,公式为

$$R = \frac{\rho L}{S}$$

其中,$\rho$ 为制成电阻的材料的电阻率,$L$ 为绕制成电阻的导线长度,$S$ 为绕制成电阻的导线横截面积,$R$ 为电阻值。

(2) 电阻的分类

按阻值特性可以将电阻分为固定电阻、可调电阻、特种电阻(敏感电阻)。其中,不能调节的称为定值电阻或固定电阻;而可以调节的称为可调电阻,常见的可调电阻是滑动变阻器,例如收音机上用于调节音量的装置就是一个圆形的滑动变阻器。按电阻的制造材料可以将电阻分为碳膜电阻、金属膜电阻、线绕电阻、无感电阻、薄膜电阻等。其中,薄膜电阻是用蒸发的方法将具有一定电阻率的材料蒸镀于绝缘材料表面而制成的。

(3) 电阻的检测

通常情况下,用万用表来检测电阻器,在进行检测时,应先将功能开关置于合适的 Ω 量程挡,在汽车电路检修过程中,因指针式万用表内置阻值过小,不适合直接外接电子元件,故一般采用数字式万用表。

① 固定电阻器的检测。测量的数据所得的结果与其标称值一致,则质量无损;若测得的结果为0,表示该电阻器短路;若测得的结果为∞,表示该电阻器断路。

② 可调电阻器检测。先测两个固定端的阻值,测得结果应与标称值相符;再测中间抽头与任一固定端点间的阻值,同时慢慢转动转轴,观察其阻值是否连续变化,应呈现出由大到小或由小到大的变化,阻值最终为0或等于两固定端的标称阻值,否则表明该电阻器内部已经损坏。

## 1.1.5 欧姆定律

乔治·西蒙·欧姆(Georg Simon Ohm,1787—1854)是德国物理学家。1825 年 5 月欧姆在他的第一篇科学论文中发表有关伽伐尼电路的论文,论文阐述了电流产生的电磁力的衰减与导线长度的关系。1826 年的 4 月欧姆修正了论文中存在的缺陷,得出著名的欧姆定律。1827 年欧姆最著名的著作《伽伐尼电路的数学论述》出版,文中列出了公式,明确指出伽伐尼电路中电流的大小与总电压成正比,与电路的总电阻成反比,式中 $S$ 为导体中的电流强度($I$),$A$ 为导体两端的电压($U$),$L$ 为导体的电阻($R$),这就是今天的部分电路欧姆定律公式。

**1. 欧姆定律定义**

在同一电路中,通过某导体的电流跟这段导体两端的电压成正比,跟这段导体的电阻成反比,这就是欧姆定律。

如果用 $U$ 表示导体两端的电压,$R$ 表示导体的电阻,$I$ 表示导体中的电流,那么计算公式为

$$I = \frac{U}{R}$$

其中,$I$ 的单位为安培(A),$U$ 的单位为伏特(V),$R$ 的单位为欧姆(Ω)。

**2. 欧姆定律的应用**

关于欧姆定律的应用,要注意以下几个方面。

(1) 欧姆定律适用条件:适用于纯电阻电路(用电器工作时,消耗的电能完全转化为内能)。

(2) 公式中的 $I$、$U$ 和 $R$ 必须是对应于同一导体或同一段电路。若为不同时刻、不同导体或不同段电路中,$I$、$U$、$R$ 三者不能混用,所以,三个物理量一般情况下应加脚注(一般为下标)以便区别。

(3) 同一导体($R$ 不变),则 $I$ 与 $U$ 成正比;同一电源($U$ 不变),则 $I$ 与 $R$ 成反比。

(4) $R = \rho L/S$ 是电阻的定义式,它表示导体的电阻是由导体本身的材料、长度、横截面积决定的。另外,电阻还与温度等因素有关。由欧姆定律变换而来的公式是电阻的度

量式,它表示导体的电阻可由 $U/I$ 给出,即 $R$ 与 $U$、$I$ 的比值有关,但 $R$ 本身的大小与外加电压 $U$ 和通过电流 $I$ 的大小等因素无关。

（5）$I$、$U$ 和 $R$ 中已知任意的两个量就可求另一个量。

（6）需要特别注意和再次强调的问题：公式中的 $I$、$U$ 和 $R$ 必须是在同一段电路中；运用公式计算时,各个物理量的单位一定要统一。

欧姆定律在汽车电路中有着广泛的应用,例如,一辆汽车的车灯,灯丝电阻为 $30\Omega$,接在 12V 的电源两端,那么我们可以轻易通过欧姆定律得出这盏灯的电流：

$$I = \frac{U}{R} = \frac{12}{30} = 0.4(\text{A})$$

##  1.1.6　电功率

功率是表示物体做功快慢的物理量,指的是单位时间内所做的功。功率可分为电功率、力的功率等,对于汽车而言,功率越大扭力越大,汽车的拉力也越高,常用最大功率来描述汽车的动力性能。

### 1. 电功率

依据功率的定义可知,电功率是指电流在单位时间内做的功,用来表示消耗电能的快慢,用 $P$ 表示,它的单位是瓦特（Watt）,简称"瓦",符号是 W。其公式为

$$P = \frac{W}{t} = \frac{QU}{t} = UI$$

其中,$P$ 代表电功率,它的大小取决于电压 $U$ 和电流 $I$ 两个量的乘积,上面公式中各个字母所代表的含义为：$P$——电功率,单位瓦特（W）；$U$——电压,单位伏特（V）；$I$——电流,单位安培（A）；$Q$——电荷,单位库伦（C）。

对于纯电阻电路,由欧姆定律 $I = \frac{U}{R}$ 可得出电功率还可以用公式

$$P = UI = \frac{U^2}{R} \quad \text{或} \quad P = I^2 R$$

每个用电器都有一个正常工作的电压值叫作额定电压,用电器在额定电压下正常工作的功率叫作额定功率,用电器在实际电压下工作的功率叫作实际功率。

我们可以用万用表判断电水壶和电烙铁质量的好坏。若事先知道电水壶和电烙铁的电功率,根据公式 $P = \frac{U^2}{R}$,式中的 $U$ 为 220V,可计算出电器的电阻,然后用万用表测量出电阻值,根据测量的阻值情况,判断其好坏。

### 2. 功率三角形

"功率三角形"是表示视在功率 $S$、有功功率 $P$ 和无功功率 $Q$ 三者在数值上的关系三角形。如图 1-16 所示,它是一个直角三角形,两直角边分别为 $Q$ 与 $P$,斜边为 $S$。$S$ 与 $P$ 之间的夹角 $\varphi$ 为功率因数角,它反映了该交流电路中电压与电流之间的相位差（角）。

图 1-16　功率三角形

（1）视在功率

交流电源所能提供的总功率称为视在功率或表现功率，在数值上是交流电路中电压与电流的乘积。视在功率用 $S$ 表示。单位为伏安（VA）或千伏安（kVA）。

（2）有功功率

在交流电路中，凡是消耗在电阻元件上，功率不可逆转换的那部分功率（如转变为热能、光能或机械能）称为有功功率，用 $P$ 表示，单位是瓦（W）或千瓦（kW）。

（3）无功功率

在交流电路中，凡是具有电感性或电容性的元件，在通过后便会建立起电感线圈的磁场或电容器极板间的电场。因此，在交流电每个周期内的上半部分（瞬时功率为正值）时间内，它们将会从电源吸收能量用建立磁场或电场，而下半部分（瞬时功率为负值）的时间内，其建立的磁场或电场能量又返回电源。因此，在整个周期内这种功率的平均值等于零。就是说，电源的能量与磁场能量或电场能量在进行着可逆的能量转换，而并不消耗功率。

为了反映以上事实并加以表示，将电感或电容元件与交流电源往复交换的功率称为无功功率，用 $Q$ 表示。单位是乏（Var）或千乏（kVar）。

依据功率三角形，可知视在功率 $S$、有功功率 $P$ 和无功功率 $Q$ 三者有如下关系式

$$S = \sqrt{P^2 + Q^2}$$

$$P = \sqrt{S^2 - Q^2}$$

$$Q = \sqrt{S^2 - P^2}$$

## 1.1.7 汽车电路

电路是指为了某种需要而由电源、导线、开关和负载按一定方式组合起来的电流的通路。汽车电路一般由电源（发电机、蓄电池）、负载（用电设备）以及相应的线路构成。

微课——汽车电路组成及其特点

**1. 电路的连接方式**

电路有三种基本的连接方式：串联、并联和混联。

（1）串联

串联是一种电路连接方式。将电路元件（如电阻、电容、电感、用电器等）逐个顺次首尾相连接起来，就组成了串联电路，如图 1-17 所示。

串联电路具有以下特点。

① 电路中各处的电流强度相等，即

$$I_总 = I_1 = I_2 = I_3 = \cdots = I_n$$

② 电路两端的总电压等于各部分电路两端的电压之和，即

$$U_总 = U_1 + U_2 + U_3 + \cdots + U_n$$

③ 串联电路等效电阻等于各分电阻之和，即

$$R = R_1 + R_2 + \cdots + R_n$$

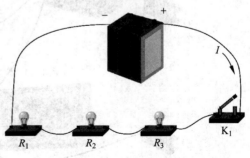

图 1-17 串联电路

④ 串联电路中的电阻有分压作用,其计算公式为

$$\frac{U_1}{R_1}=\frac{U_2}{R_2}=\cdots=\frac{U_n}{R_n}=\frac{U}{R}=I$$

⑤ 串联电路中各电阻的功率分配关系为

$$\frac{P_1}{R_1}=\frac{P_2}{R_2}=\cdots=\frac{P_n}{R_n}=\frac{P}{R}=I^2$$

串联电路在汽车电路中的作用有:用于降压、用电位器改变输出电压、用来控制负载电流等。

(2) 并联

由两个或多个电阻连接在两个公共点之间,组成一个分支电路,各电阻两端承受同一电压,这样的连接方式叫作并联电路,如图 1-18 所示。

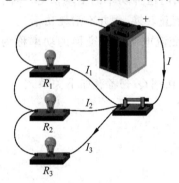

图 1-18 并联电路

并联电路具有以下特点。

① 电路中各支路两端的电压相等。

② 电路中的总电流强度等于各支路的电流强度之和。

③ 并联电路的等效电阻(总电阻)的倒数等于各并联电路的倒数之和,即

$$\frac{1}{R}=\frac{1}{R_1}+\frac{1}{R_2}+\cdots+\frac{1}{R_n}$$

④ 并联电路的电阻有分流作用,各电阻的电压相等,电流、电阻和电压的关系式为

$$I_1R_1=I_2R_2=\cdots=I_nR_n=IR=U$$

⑤ 并联电路中电阻的功率分配关系为

$$P_1R_1=P_2R_2=\cdots=P_nR_n=PR=U^2$$

并联电路具有分流作用,汽车上的用电器,如喇叭、车灯、启动机等都是并联在直流电源与发电机上的,如图 1-19 所示。

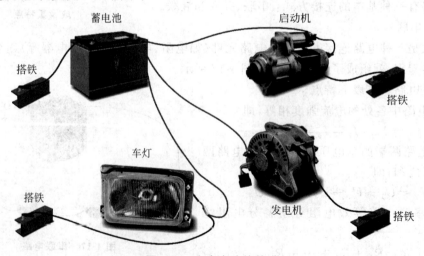

图 1-19 汽车电路的并联

(3) 混联

既有串联又有并联的电路称为混联电路,如图1-20所示。

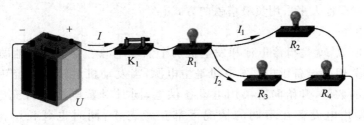

图1-20 混联电路

混联电路的优点:可以单独使某个用电器工作或不工作。

混联电路的缺点:如果干路上有一个用电器损坏或断路会导致整个电路无效。

分析混联电路的关键问题是看清楚汽车电路的连接特点,汽车倒车控制回路如图1-21所示,倒车信号灯与蜂鸣器之间是并联关系,继电器与蜂鸣器是串联关系。

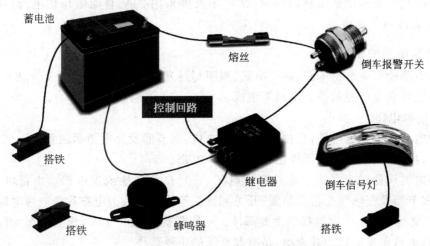

图1-21 倒车信号装置元件的混联

### 2. 汽车电路的特点

汽车电路不同于一般的电路系统,它具有以下几个特点。

(1) 汽车电路单线制

所谓单线制,就是指利用汽车发动机和底盘、车身等金属机件作为各种用电设备的共用连线(俗称搭铁),而用电设备到电源只需另设一根导线即可。任何一个电路中的电流都是从电源的正极出发,经导线流入用电设备后,通过金属车架流回电源负极而形成回路的。

采用单线制不仅可以节省材料(铜导线),使电路简化,而且便于安装和检修,降低故障发生率。但在一些不能形成可靠的电气回路或需要精确电子信号的回路中,应采用双线制。

(2) 负极搭铁

所谓搭铁,就是采用单线制时,将蓄电池的一个电极用导线连接到发动机或底盘等金属车体上。若蓄电池的负极连接到金属车体上,称为负极搭铁;若蓄电池的正极连接到金属车体上,称为正极搭铁。我国相关标准中规定汽车电器必须采用负极搭铁。目前,世界各国生产的汽车也大多采用负极搭铁的方式。

(3) 两个电源

所谓两个电源,就是指蓄电池和发电机两个供电电源。蓄电池是辅助电源,在汽车未运转时向有关用电设备供电;发电机是主电源,当发动机运转到一定转速后,发电机转速达到规定的数值,开始向有关用电设备供电,同时对蓄电池进行充电。通过两者的互补,可以使用电设备在不同的情况下都正常工作,同时也延长了蓄电池的供电时间。

(4) 用电设备并联

所谓用电设备并联,就是指汽车上的各种用电设备都采用并联的方式与电源连接,每个用电设备都由各自串联在其支路中的专用开关控制,互不干扰。

(5) 低压直流供电

汽车电气设备采用低压直流供电,柴油车大多采用 24V 直流电压供电,汽油车大多采用 12V 直流电压供电。

### 3. 汽车电路的组成

汽车电路通常由电源电路、启动电路、照明与灯光信号装置电路、仪表信息系统电路、辅助装置电路和电子控制系统电路等组成。

(1) 电源电路

电源电路也称充电电路,是由蓄电池、发电机、调节器及充电指示装置等组成的电路,电能分配(配电)及电路保护器件也可归入这一电路。

汽车电气设备所使用的电源是直流电源,它来自蓄电池或发电机。由蓄电池、发电机、电压调节器及充电状态指示装置、开关和导线等连接而成的电路称为电源电路。

① 蓄电池:汽车储存电量的主要部件。一般常规电压为 12V,作为汽车大部分用电器的电源,由汽车发电机为其充电,是电源系统的主要部件。

② 发电机:汽车的主要电源,向启动系统以外的所有系统供电并向蓄电池充电。

③ 电压调节器:发电机由发动机经皮带驱动旋转。发动机转速变化时,发电机输出电压即发生变化,电压调节器能使发电机在转速和负荷变化时保持输出电压的稳定。

④ 充电状态指示装置:充电指示灯或电流表、电压表,指示蓄电池处于充电状态还是放电状态。

⑤ 开关:主要用来接通与切断汽车电路。

⑥ 导线:汽车导线大部分为铜芯线,是汽车电路系统中起连接作用的元件,起到连接电源、开关与用电器的作用。

(2) 启动电路

启动电路是由启动机、启动继电器、启动(点火)开关、导线及启动保护电路组成的电路。也可将低温条件下启动预热的装置及其控制电路列入这一电路内。图 1-22 所示为汽车启动电路。

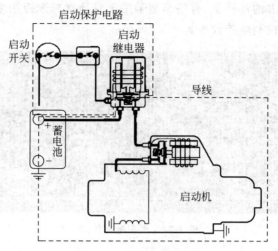

图 1-22　汽车启动电路组成

（3）照明与灯光信号装置电路

照明与灯光信号装置电路由前照灯、雾灯、示廓灯、转向灯、制动灯、倒车灯、车内照明灯及有关控制继电器和开关组成。图 1-23 所示为汽车全车灯光组成。

图 1-23　汽车全车灯光组成

（4）仪表信息系统电路

汽车电控仪表，即采用计算机控制，以数字或光条图形式，配以国际标准（ISO）符号，用来监测汽车或发动机各系统的工作情况的装置。汽车电控仪表由各种仪表、指示器，特别是驾驶员用警示灯报警器等组成，为驾驶员提供所需的汽车运行参数信息。现在的汽车电控仪表多为全数字汽车仪表，是一种网络化、智能化的仪表，其功能更加强大，显示内容更加丰富，线束连接更加简单。

汽车电控仪表是汽车与驾驶员进行信息交流的界面，为驾驶员提供必要的汽车运行信息，同时也是维修人员发现和排除故障的重要工具。汽车电控仪表如图 1-24 所示。

汽车电控仪表的电控系统运行原理如图 1-25 所示。电控系统接收不同传感器的模拟信号或数字信号，通过接口电路、中央处理器、输出驱动电路，最后控制电控仪表的显示器。对于控制电控仪表的计算机,有些车型采用车身计算机来控制电控仪表,而有些车型采用单独的计算机来控制电控仪表。

图 1-24 汽车电控仪表

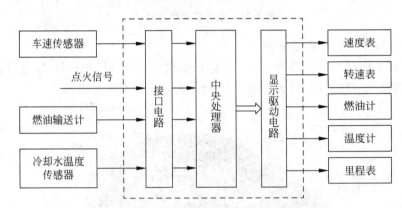

图 1-25 汽车电控仪表的电控系统运行原理

（5）辅助装置电路

汽车辅助装置电路由为提高车辆安全性、舒适性等而设置的各种电器装置组成。辅助电器装置的种类随车型不同而有所差异,汽车档次越高,辅助电器装置越完善。一般包括风窗雨刮器及清洗装置、风窗除霜(防雾)装置、空调装置、音响装置等。较高档的车型上还装有车窗电动举升装置、电控门锁、电动座椅调节装置和电动遥控后视镜等。通常情况下,将电子控制安全气囊归入电子控制系统。图 1-26 所示为汽车辅助装置电路中的安全气囊电路。

（6）电子控制系统电路

汽车电子控制系统电路主要由发动机控制系统(包括燃油喷射、点火、排放等控制)、自动变速器及恒速行驶控制系统、制动防抱死系统、安全气囊控制系统等组成。一般的电子控制电路主要包括传感器、微控制电脑(ECU,ECM)、执行器。图 1-27 所示为汽车发动机的电子控制系统电路示意。

**4. 开路、短路故障及过电流保护**

（1）开路

开路是指电路中两点间无电流通过或阻抗值(或电阻值)非常大的导体连接时的电路

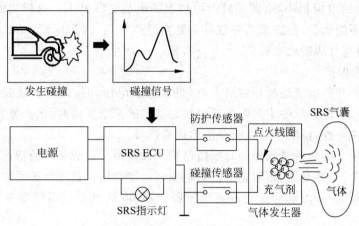

图 1-26 汽车安全气囊电路

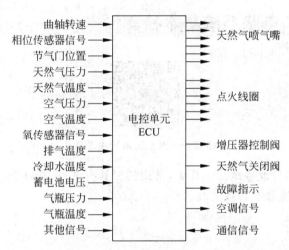

图 1-27 汽车发动机的电子控制系统电路示意

状态。

当电路中两点间的支路开路时,该两点间的电位差称"开路电压",可用电压表测量。通常又叫断路(但也有区别,开路是电路没有接通;断路是不知道的某个地方没有接通),是指因为电路中某一处因断开而使电阻无穷大,电流无法正常通过,导致电路中的电流为零。中断点两端电压为电源电压,一般对电路无损害。如有可能是导线断了,或用电器(如灯泡中的灯丝断了)与电路断开等。

汽车的用电器由于某处发生断开连接,使用电器不能工作的现象称为开路(也叫断路),如果用电器发生开路故障可以采用万用表、试灯、跨接线等进行故障检测。

(2) 短路

短路是指电路或电路中的一部分被短接。如负载与电源两端被导线连接在一起,就称为短路,短路时电源提供的电流比通路时提供的电流大得多,一般情况下不允许短路,如果短路,严重时会烧坏电源或设备。

电源短路是指在电路中,电流不流经用电器,直接连接电源正负两极。根据欧姆定律知道，由于导线的电阻很小，电源短路时电路上的电流会非常大。这样大的电流，电池或者其他电源都不能承受，会造成电源损坏；更为严重的是，因为电流太大，会使导线的温度升高，严重时有可能造成火灾。

(3) 过电流保护

过电流保护是当电流超过预定最大值（最大负荷电流）时，使保护装置动作的一种保护方式。当流过被保护原件中的电流超过预先整定的某个数值时，保护装置启动，并用时限保证动作的选择性，使断路器跳闸或给出报警信号。

过电流保护主要包括过载保护和短路保护两种类型。过载保护的特点是整定电流较小、反时限动作。热继电器、延时型电磁式电流继电器常用作过载保护元件。短路保护的特点是整定电流大、瞬时动作。电磁式电流脱扣器（或继电器）、熔断器常用作短路保护元件。

## 1.2 汽车电路系统基本检测设备

微课——汽修常用检测工具

在汽车电路检测与设备维修过程中，常用的工具有试灯、跨接线、万用表等，此外还要用到故障诊断仪、示波器等特殊工具。

### ◎ 客户委托1-2

图1-28 万用表检测

客户有一辆2017年的宝骏560，出现无法启动的故障。送入维修站后发现发动机燃油泵不工作，经询问车主得知车辆最近加装了一套防盗器，加了断油功能。维修人员遂判断为因加装防盗器导致继电器到油泵的线路出现问题。现有汽车检修工具试灯、跨接线、万用表（图1-28），请合理运用跨接线，证明该维修人员的推测，之后灵活运用万用表和试灯，判断继电器到油泵这段线路是断路还是虚接的问题。

### ◎ 学习目标

(1) 能够正确使用试灯、跨接线、万用表等常用检测设备；

(2) 能够使用故障诊断仪、示波器、钳形电流表、插针、探针等检测工具。

## ◎ 知识与技能点清单

| 序号 | 学 习 目 标 | 知 识 点 | 技 能 点 |
|---|---|---|---|
| 1 | 能够正确使用试灯、跨接线、万用表等常用检测设备 | (1) 有源试灯、无源试灯各自的特点；<br>(2) 跨接线的结构组成及其使用方法；<br>(3) 万用表的功能及其使用方法 | (1) 能够正确使用试灯对电路进行检测；<br>(2) 能够正确使用跨接线；<br>(3) 能够正确使用数字式万用表 |
| 2 | 能够使用故障诊断仪、示波器、钳形电流表、插针、探针等检测工具 | (1) 故障诊断仪的特点及使用方法；<br>(2) 汽车示波器的设置要领及使用方法；<br>(3) 钳形电流表的结构及使用方法；<br>(4) 插针、无损探针的使用方法 | (1) 能够正确使用故障诊断仪对汽车故障进行诊断；<br>(2) 能够正确使用汽车示波器；<br>(3) 能够正确使用钳形电流表；<br>(4) 能够正确使用插针、无损探针 |

## ◎ 学习指南

(1) 明确学习目标与知识及技能点清单。

(2) 按照学习任务列表完成每一项任务，任务知识部分需在课前提前完成。在完成知识部分任务时，可以参考本单元提供的学习信息，利用网络、厂家提供的维修手册、各类教学资源库等学习资源，也可以在课前或上课时向任课教师寻求帮助。任课教师会在正式上课时展示或共享大家对于知识部分任务完成情况，实现学习者交流。

(3) 在任务列表中，涉及实操部分，可以在正式上课前自行完成，也可以由任课教师在课堂上安排完成。

(4) 完成任务列表后，自行根据本节鉴定表进行自查，并根据不足进行知识与技能的补充学习。

(5) 接受任课教师按照本节鉴定表进行知识与技能鉴定。请注意，鉴定可能是过程鉴定与终结性鉴定，学习者平时对学习任务的学习过程也将作为鉴定的依据，例如学习态度、学习过程中的技能展示、职场安全意识等。

### 1.2.1 学习任务

(1) 汽车发电机后面有两个端口，分别连接指示灯控制线和励磁供电线，我们可以用试灯探针分别连接这两个端口，若试灯亮则表示所测线路为励磁供电线，若试灯不亮则表示所测线路为指示灯控制线，请根据图 1-29 所示信息判断上端口属于哪条线路。

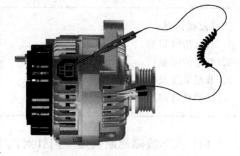

图 1-29 汽车发电机线路检测

(2) 李车主夜间准备行车时,尚未启动发动机就发现前照灯不亮,送入维修站后,经检测,是蓄电池到前照灯的线路出现了断路,连接示意图如图 1-30 所示,现有检测工具跨接线,请阐述如何使用跨接线连接图中所示的线路,从而达到检测的目的。

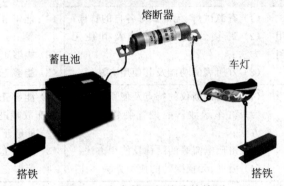

图 1-30　汽车前照灯线路的检测

_____

(3) 表 1-2 所示为某同学的万用表使用记录,利用万用表进行实际检测并帮他完成表格填写。

表 1-2　万用表使用记录

| 车(机)型: |  |
|---|---|
| 简述下图的万用表旋钮周围标注的功能。<br>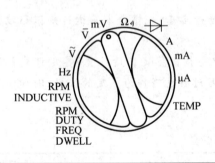 |  |

工作过程记录:

1. 表面功能识别:
2. 电阻的测量:
3. 节点电压及电压降的测量:
4. 发动机转速的测量:

(4) 汽车故障诊断仪是专门针对汽车检测的专业仪器,可实时检测车辆的性能,并对车辆故障进行检测,是检测车辆必备的一种工具,如图 1-31 所示,请简述故障诊断仪的常用功能。

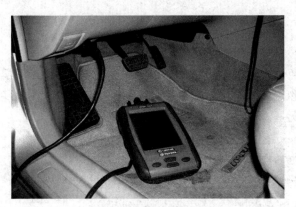

图 1-31　汽车故障诊断仪

(5) 汽车电子设备的信号变化速率是非常快的,变化周期达到千分之一秒,通常使用数字示波器测试这些信号。当我们用示波器测试点火高压线时,能不能将示波器探头直接接入点火次级电路?如果不能,应选择(　　)探头,并阐述为何这样选择。

　　A. 有源电流　　　　　　　　B. 专用的电容

(6) 图 1-32 是利用钳形电流表进行电流检测时卡钳导线的方法,请判断出哪种接法是正确的,并说明原因。

(7) A、B 两位同学对图 1-33 所示的无损探针的使用方法看法有所不同。A 同学认为它可以和示波器配合在不破线的前提下对线路的波形进行检测,B 同学认为它没有这项功能,你认为哪个同学的看法正确呢?

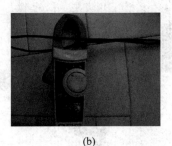
　　(a)　　　　　　　　(b)

图 1-32　钳形电流表检测电流方法

图 1-33　无损探针

### 鉴定

任课教师可以通过平时教学过程中学习者的学习态度、参与教学活动的积极性、职场安全意识及终结性鉴定结果等确定其最后鉴定结果,每个学习者最多可以鉴定 3 次,鉴定教师可以把鉴定情况填入表 1-3 中。

表 1-3　1.2 节鉴定表

| 序号 | 学 习 目 标 | 鉴定 1 | 鉴定 2 | 鉴定 3 | 鉴 定 结 论 | 鉴定教师签字 |
| --- | --- | --- | --- | --- | --- | --- |
| 1 | 能够正确使用万用表、试灯、跨接线等常用检测工具 | | | | □通过<br>□不通过 | |
| 2 | 能够使用故障诊断仪、示波器、钳形电流表、插针、探针等检测工具 | | | | □通过<br>□不通过 | |

### 1.2.2　试灯

试灯主要用于汽车线路故障的检查,根据灯的亮熄及明暗程度可判断线路有无断路、短路和搭铁故障以及被测线路的电压大小。试灯有无源试灯和有源试灯两种。

**1. 无源试灯**

无源试灯包括一个 12V 的灯泡和一对引线。在测试时,将其中一条引线接地,用另外一条引线分别接触不同的测试点,检测是否有电压。如果灯亮,则表示测试点有电压,如图 1-34 所示。

无源试灯的检测方法如图 1-35 所示。

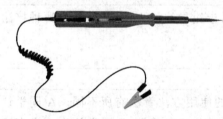

图 1-34　无源试灯

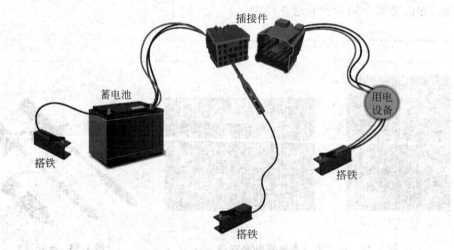

图 1-35　无源试灯的检测方法

## 2. 有源试灯

有源试灯同无源试灯类似，只是自带一个电池电源，将其连接到一根导线的两端时，试灯内灯泡点亮，可用于测试线路的通、断状态，如图 1-36 所示。

需要注意的是，不能用有源试灯测试带电电路，会损坏试灯。

图 1-36 有源试灯

### 1.2.3 跨接线

汽车电气系统故障无论发生在线路上，还是发生在电器设备上，一般都是由短路或断路引起的。当电路局部发生短路时，负载因短路而失效，使这条负载线路的电阻变小，从而产生极大的短路电流，导致电源过载、导线绝缘层被烧坏，严重时还会引起火灾。常见的电路短路现象有：电源正（＋）、负（－）极的两根导线直接接通；电路不经过负载直接接通；绝缘导线搭铁等。造成短路故障的原因有：导线绝缘层破坏并相互接触；开关、接线盒、灯座等外接线螺钉松脱，造成与线头相碰；接线时不慎使两线头相碰；导线头部碰触金属部分等。使用跨接线诊断电路故障的方法实际上就是短路法，它是汽车电路故障检测诊断的一种常见方法。跨接线可以用废弃的导线自行制作，找一段导线，将两端分别接不同形式的插头即可，如图 1-37 所示。

图 1-37 跨接线

常用的跨接线长度一般都在 2m 左右，过长不方便携带，过短有时可能会不够用。在汽车电路维修中，跨接线是非常实用的必备工具，在某些电器设备功能失效时，用跨接线将其短路，可以检查电器设备的工作情况。在使用跨接线时应特别注意，不可将被测试电器的正极导线与搭铁线直接跨接，以免造成短路，烧坏易熔线或熔断器。跨接线的连接如图 1-38 所示。跨接线是一根测试导线，可用已知性能良好的导线来代替怀疑有故障的电路部分，其作用相当于导通测试。注意，切勿将跨接线直接跨接在蓄电池的两端或蓄电池

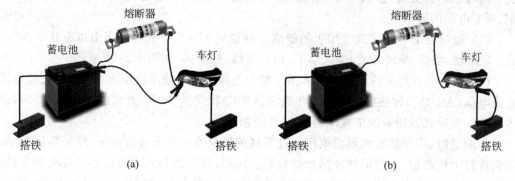

(a)　　　　　　　　　　(b)

图 1-38 跨接线的连接图

正极和搭铁之间。

## 1.2.4 万用表

万用表又叫多用表、三用表、复用表,分为指针式万用表和数字式万用表,是一种多功能、多量程的测量仪表。一般万用表可测量直流电流、直流电压、交流电流、交流电压、电阻和音频电平等,有的还可以测量电容量、电感量及半导体的一些参数。

**1. 万用表的选用**

指针式万用表读取精度较差,但指针摆动的过程比较直观,其摆动速度及幅度有时也能比较客观地反映被测量数值的大小,如测电视机数据总线(SDL)在传送数据时的轻微抖动;而数字式万用表读数直观,但数字变化的过程看起来很杂乱,不太容易观看。

指针式万用表内一般有两块电池,一块是低电压的1.5V,一块是高电压的9V或15V,其黑表笔相对红表笔来说是正端。数字式万用表则常用一块6V或9V的电池。在电阻挡,指针式万用表的表笔输出电流相对数字式万用表来说要大很多,用R1Ω挡可以使扬声器发出响亮的"哒"声,用R10kΩ挡甚至可以点亮发光二极管(LED)。

在电压挡,指针式万用表内阻相对数字式万用表来说比较小、测量精度比较差,某些高电压微电流的场合甚至无法测准,因为其内阻会对被测电路造成影响(比如在测电视机显像管的加速级电压时,测量值会比实际值低很多)。数字式万用表电压挡的内阻很大,至少在兆欧级时,对被测电路的影响很小,但极高的输出阻抗使其易受感应电压的影响,在一些电磁干扰比较强的场合测出的数据可能是不精确的。

总之,相对来说,在大电流高电压的模拟电路测量中适用指针式万用表,比如对电视机、音响功放的测量。在低电压小电流的数字电路测量中适用数字式万用表,比如对手机等的测量。但上述对万用表的适用范围的界定并不是绝对的,可根据具体情况选用指针式万用表和数字式万用表。

**2. 数字式万用表简介**

数字式万用表DMM(Digital Multimeter)又称数字式多用表,是一种多用途、多量程的电工仪表,它实际上是在直流数字电压表DVM的基础上增加了一些转换器而构成的。它不但可以测量交流/直流电压、交流/直流电流和电阻,而且还可以测量电容及信号频率、判断电路的通断等。

(1) 福禄克17B数字式万用表的组成。福禄克17B数字式万用表由以下几个部分组成:显示器、按钮、旋转开关、输入端子、测试导线、热电偶,如图1-39所示。

(2) 数字式万用表的组成原理框图。整个电路主要由数字电压表DVM和交流电压/直流电压(AC/DC)转换器、电流/直流电压(I/DC)转换器、电阻/直流电压(Ω/DC)转换器等组成。数字式万用表的组成原理如图1-40所示。

在测量时,应先把被测量的电压通过不同的转换器转换成直流电压,然后再用数字电压表进行电压测量,从而得到被测量的数值。因此,可以说DMM的核心是直流数字电压表DVM。直流数字电压表DVM(Digital Voltmeter)的测量过程是:利用A/D(模/数)变

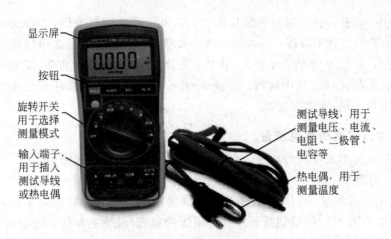

图 1-39 数字式万用表的组成

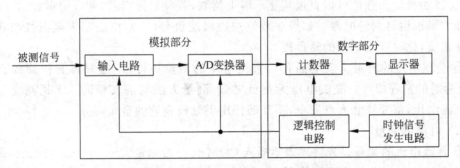

图 1-40 数字式万用表的组成原理框图

换器将被测的模拟电压变换成相应的数字量,然后通过电子计数器计数,最后把被测电压值以十进制数字的形式直接显示在显示屏上。

(3) 数字电压表组成及使用说明。万用表插孔如图 1-41 所示,图中标示序号部位具有不同的适用范围,具体情况如下。

图 1-41 中,①是适用于至 10A 的交流和直流电电流测量及频率测量的输入端子。②是适用于至 400mA 的交流电、直流电的微安和毫安测量及频率测量的输入端子。③是适用于所有测试的公共端子。④是适用于电压、电阻、通断性、二极管、电容、频率和温度测量的输入端子。

万用表显示器如图 1-42 所示,相关部位说明如下。

图 1-41 万用表插孔

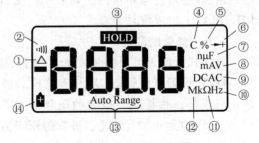

图 1-42 万用表显示器

图1-42中,①表示已启用相对测量模式;②表示已选用通断性;③表示已启用数据保持模式;④表示已选中温度;⑤表示已选用负载循环;⑥表示已选用二极管测试;⑦F表示电容法拉;⑧A、V分别表示安培、伏特;⑨DC、AC分别表示直流、交流;⑩Hz表示已选中频率;⑪表示Ω已选中欧姆;⑫M、K表示十倍数前缀;⑬表示已选中自动量程;⑭表示电池电量不足,应立即更换。

### 3. 数字式万用表的常见测量

利用数字式万用表可进行电压、电流、电阻、二极管、三极管等测量。

(1) 电压的测量

① 直流电压的测量,如对电池、随身听电源等的测量。首先将黑表笔插进COM孔,将红表笔插进V/Ω孔。将旋钮旋到比估计值大的量程(注意:表盘上的数值均为最大量程,V−表示直流电压挡,V～表示交流电压挡,A是电流挡),然后把表笔接电源或电池两端,保持接触稳定。数值可以直接从显示屏上读取,若显示为"1.",则表明量程太小,那么就要加大量程后再测量电器。如果在数值左边出现负号(−),则表明表笔极性与实际电源极性相反,此时红表笔接的是负极。

② 交流电压的测量。表笔插孔与直流电压的测量一样,不过只将旋钮旋到交流挡V～处所需的量程即可。交流电压无正负之分,测量方法与前文相同。无论测交流电压还是直流电压,都要注意人身安全,不要随便用手触摸表笔的金属部分。

(2) 电流的测量

① 直流电流的测量。先将黑表笔插入COM孔。若测量大于200mA的电流,则要将红表笔插入10A插孔并将旋钮旋到直流10A挡;若测量小于200mA的电流,则将红表笔插入200mA插孔,将旋钮旋到直流200mA以内的合适量程。调整好后,就可以测量了。将万用表串联进电路中,保持稳定,即可读数。若显示为"1.",那么就要加大量程;如果在数值左边出现负号(−),则表明电流从黑表笔流进万用表。

② 交流电流的测量。测量方法与直流电流的测量方法相同,不过挡位应该旋到交流挡位,电流测量完毕后应将红笔插回V/Ω孔。

(3) 电阻的测量

将表笔插进COM孔和V/Ω孔,把旋钮旋到Ω中所需的量程,将表笔接在电阻两端的金属部位,在测量的过程中可以用手接触电阻,但不要用手同时接触电阻两端,这样会影响测量的精确度,人体是电阻很大且为有限大的导体。读数时,要保持表笔和电阻有良好的接触,还应注意单位的正确使用:在200挡时单位是Ω,在2K到200K挡时单位为kΩ,2M以上的单位是MΩ。

(4) 二极管的测量

数字式万用表可以测量发光二极管、整流二极管。测量时,表笔位置与电压测量一样,将旋钮旋到二极管挡;用红表笔接二极管的正极,黑表笔接负极,这时会显示二极管的正向压降。肖特基二极管的压降是0.2V左右,普通硅整流管(1N4000、1N5400系列等)的压降约为0.7V,发光二极管的压降为1.8～2.3V。调换表笔,若显示屏显示"1."则为正常,因为二极管的反向电阻很大,否则此管已被击穿。

(5) 三极管的测量

表笔插位同上,其原理同二极管。先假定 A 脚为基极,用黑表笔与该脚相接,红表笔与其他两脚分别接触。若两次读数均为 0.7V 左右,则再用红表笔接 A 脚,用黑表笔接其他两脚,若均显示 1,则 A 脚为基极,否则需要重新测量,且此管为 PNP 管。那么如何判断集电极和发射极呢?数字式万用表不能像指针式万用表那样利用指针摆幅来判断。我们可以利用 hFE 挡来判断。先将挡位旋到 hFE 挡,可以看到挡位旁有一排小插孔,分为 PNP 和 NPN 管的测量。前面已经判断出管型,将基极插入对应管型的 b 孔,其余两脚分别插入 c、e 孔,此时可以读取数值,即 β 值;再固定基极,其余两脚对调;比较两次读数,读数较大的管脚位置与表面的 c、e 相对应。

需注意的是,上述方法只能直接对如 9000 系列的小型管进行测量,若要测量大型管,可以采用接线法,即用小导线将三个管脚引出。

### 1.2.5 特殊工具

在汽车电路检测与设备维修过程中,还要用到一些特殊工具,如故障诊断仪、示波器、钳形电流表等。

**1. 故障诊断仪**

故障诊断仪通过数据通信线以串行的方式获得控制电脑的实时数据参数,可检测多个系统和部件,是检测车辆必备的一种工具,包括催化转化器、发动机、颗粒捕集器、氧传感器、ERG、燃油系统、排放控制系统等。故障诊断仪是通过各种与排放有关的部件信息,连接到电控单元(ECU),其中 ECU 具备检测和分析与排放相关故障的功能。当出现排放故障时,ECU 记录故障信息和相关代码,并通过故障灯发出警告,告知驾驶员。ECU 通过标准数据接口,保证对故障信息的访问和处理。常用通用故障诊断仪如图 1-43 所示。

汽车故障诊断仪是维修中非常重要的工具,一般具有如下几项或全部的功能:①读取故障码;②清除故障码;③读取发动机动态数据流;④示波功能;⑤元件动作测试;⑥匹配、设定和编码等功能。

故障诊断仪大都带有使用手册,按照说明极易操作。一般来说有以下五步。

① 选择合适的故障检测接头,把接头先接上解码器连接线,如图 1-44 所示。

图 1-43 常见的通用故障诊断仪

图 1-44 连接故障诊断仪

② 根据车型，进入相应诊断系统，如图 1-45 所示。

图 1-45　选择车型

③ 在系统功能选择菜单中选择"读取故障码"，系统开始检测计算机随机存储器中存储的故障记忆内容，测试结果如图 1-46 所示。

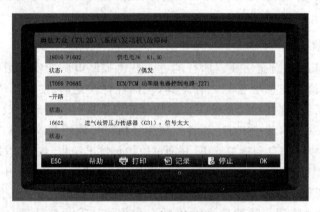

图 1-46　读取故障码

④ 诊断维修之后清除故障码，如图 1-47 所示。

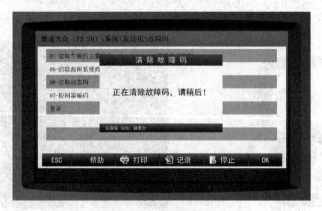

图 1-47　清除故障码

⑤ 动态数据流的读取与分析,如图 1-48 所示。

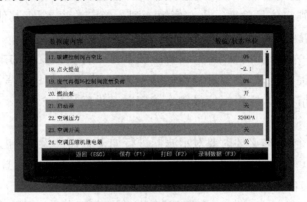

图 1-48　读取数据流

当电子控制系统中的某一电路出现超出规定的信号时,该电路及相关的传感器反映的故障信息以故障代码的形式存储到 ECU 内部的存储器中,维修人员可利用该诊断仪来读取故障码,使其显示出来。

① 通过 CAN、LIN 通信模块可以实现与车载内各电子控制装置 ECU 之间的对话,传送故障代码以及发动机的状态信息。

② 通过单片机的同步/异步收发器可以与 PC 进行串行通信从而完成数据交换,下载程序,以及诊断仪升级等功能。

③ 通过液晶显示器来显示汽车运行的状态数据及故障信息。

④ 通过键盘来执行不同的诊断功能。

⑤ 通过一种具有串行接口的大容量 FLASH 存储器来保存大量的故障代码及其测量数据。

### 2. 示波器

汽车示波器是一种较先进的诊断仪器,它是一种可以直观地在显示屏上通过波形变化反映被测量的电路或者元器件的工作频率的仪器,如图 1-49 所示。

(1) 使用汽车示波器的注意事项

① 测试点火高压线时,必须使用专用的电容探头,不能将示波器探头直接接入点火次级电路。

② 使用汽车示波器时,注意远离热源,例如排气管、催化器等,温度过高会损坏仪器。

③ 汽车示波器在测试时要注意测试线尽量离开风扇叶片、皮带等转动部件。

④ 测试时应确认发动机盖的液压支撑是好的,防止发动机盖自动下降时伤及头部或损坏汽车示波器。

图 1-49　汽车专用示波器

⑤ 在路试过程中,不要将汽车示波器放在仪表台上方,最好是拿在手中测试。

(2) 信号频率和时基选择

时基/频率表的用途是帮助测试者根据信号频率来选择时基或判断显示波形的频率。

时基/频率表的使用方法：可以通过计算机屏幕显示波形的循环次数(1~5)的方法，利用汽车示波器去判定信号频率。表左侧第一列为确定的频率数，其他列为当前时基数。

(3) 示波器设置要领

用示波器测试一个未知的信号时，设置示波器是一件相当复杂的事，本部分主要说明用汽车示波器去捕捉波形时，设置示波器的基本方法，它可以帮助读者理解并掌握示波器设置的要领。一般情况下，应根据信号频率确定时基设定值。

① 设置项目。

- 为了显示一个波形，必要时要对示波器进行如下方面的设定：电压比例、时基、触发电平(也可以将触发模式置于自动挡)、耦合方式(AC 交流、DC 直流或 GND 接地)。
- 直流(DC)耦合方式。
- 交流(AC)耦合方式。此方式能过滤信号中的直流部分，只显示交流分量，常用于两线变磁阻磁电式传感器信号的波形观察，以及信号中的噪声和发电机漪涟电压(二极管)的观察等。
- 接地 GND 方式。此方式用于判定接地位置或 0V 电压水平或显示示波器 0V 电压参考点。

② 设置要领。

- 当用自动设置功能(AUTORANGE)不能看到清楚显示的波形时，可以用手动设置(MANUAL)来进一步微调。
- 如果仍不能在显示屏上看到清晰的波形，可以根据推断，假设电压比例和触发电平，暂且先不设定时基。
- 用数字式万用表测量信号电压，并根据测出的电压来设置电压挡比例。
- 将触发电平设定在信号电压的一半以上，在设定电压比例和触发电平后，唯一未设定的就是时基了。
- 手动设定时基，大多数信号应在 1ms~1s。
- 时基/频率表可用来帮助选择时基，可以先用汽车示波器上的游动光标测量信号频率，然后确定所希望的显示波形的循环次数(个数)，再从表中找到信号频率与循环次数(个数)的交点，这就是要确定的时基数。

③ 当无法捕捉到波形时的应对措施。

- 确认触发模式是在自动(AUTO)模式下，如果在手动模式下汽车示波器有可能不触发。
- 确认汽车示波器的屏幕显示并未处在冻结(HOLD)状态，若屏幕已被冻结，按一下解除键即可。
- 确认信号是否真的存在，可以用万用表先检查电压，如果确定信号是存在的，而用汽车示波器和万用表仍不能捕捉到波形，则应检查测试线和接柱的连接情况。
- 确认耦合方式不在接地(GND)模式状态下，若在接地模式状态下，任何信号都无法进入。
- 确认触发源是定义在所选择的通道上。

④ 示波器用语。

- 触发电平：即示波器显示时的起始电压值。

- 触发源：示波器的触发通道[通道(CH1)、通道(CH2)和外触发通道(EXT)]。
- 触发沿：示波器显示时的波形上升或下降沿。
- 电压比例：每格垂直高度代表的电压值。
- 时基：每格水平长度代表的时间值。
- 直流耦合：测量交流和直流信号。
- 交流耦合：只允许信号的交流成分进入，通过它滤掉了直流成分（电容用来过滤直流电压）。
- 接地耦合：确认示波器显示的 0V 电压位置。
- 自动触发：如果没有进行手动设定，示波器将自动触发并显示信号波形。

（4）示波器使用步骤

不同型号的数字示波器配套的 PC 软件及其使用方法各有不同，下面我们以虹科 PicoScope 为例简单说明汽车示波器的操作方法。

① 将接好线的示波器与计算机通过 USB 数据线连接，打开相应的软件，如图 1-50 和图 1-51 所示。

图 1-50　示波器连接计算机

图 1-51　打开 PicoScope 软件

② 完成示波器的参数设置后，使用探针、鳄鱼夹头、钳表等工具连接汽车待测量元器件，如图 1-52 和图 1-53 所示。

图 1-52　示波器接线端子

图 1-53　连接汽车待测量元器件

③ 进入测试，测试波形如图 1-54 所示。

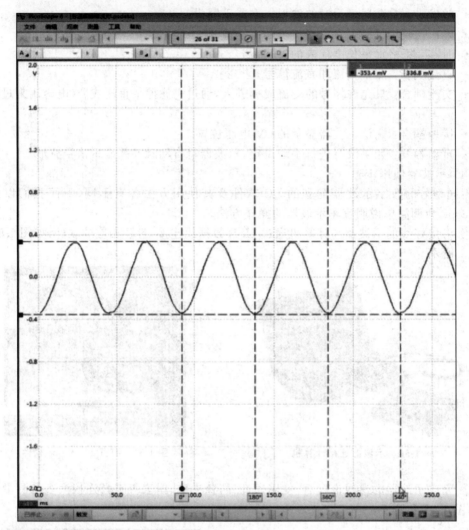

图 1-54　测试波形结果

④ 保存测试波形数据。

**3. 钳形电流表**

钳形电流表，简称"钳表"，是一种用于测量正在运行的电气线路的电流大小的仪表，可在不断电的情况下测量电流。钳表如图 1-55 所示。

（1）结构

钳表实质上是由一只电流互感器、钳形扳手和一只整流式磁电系有反作用力的仪表所组成的。

（2）使用方法

① 测量前要机械调零。

图 1-55　钳表

② 选择合适的量程，先选大量程，后选小量程，或看铭牌值估算。

③ 当使用最小量程测量，其读数还不明显时，可将被测导线绕几匝，匝数要以钳口中央的匝数为准，则读数为指示值、量程/满偏、匝数的乘积。

④ 测量时，应使被测导线处在钳口的中央，并使钳口闭合紧密，以减少误差。

⑤ 测量完毕，要将转换开关置于最大量程处。

(3) 注意事项

① 被测线路的电压要低于钳表的额定电压。

② 测高压线路的电流时，要戴绝缘手套，穿绝缘鞋，站在绝缘垫上。

③ 钳口要闭合紧密，不能在带电状态下更换量程。

此外，在汽车电路系统的检测中，还会用到插针（图1-56）和无须破线便可以检测电路信号的无损探针（图1-57）。

图 1-56　插针

图 1-57　无损探针

# 单元 2

# 蓄电池的维护检测

## 2.1 蓄电池基础知识

蓄电池是将化学能直接转化成电能的一种装置,是按可再充电设计的电池,通过可逆的化学反应实现再充电。蓄电池作为汽车电源之一具有重要意义,因此学习和掌握蓄电池的型号、结构和原理是汽车维修中必不可少的部分。

微课——蓄电池的认知

### ◎ 客户委托 2-1

王女士有一辆进口福特陶若斯汽车,最近新换湿式蓄电池(图 2-1)后,停放一周左右无法启动,每次搭电救援着车 10min 左右,熄火后都能顺利启动,王女士因此怀疑蓄电池质量有问题,遂与汽车 4S 店进行沟通。经询问得知,王女士工作单位离家比较近,因此很少开车,最多星期天开一次。维修人员判断王女士的爱车无法启动是维护使用不当引起的,因为湿式蓄电池开始使用必须进行几次充放电,使极板上的活性物质充分激活转化。维修人员按充电标准流程对蓄电池进行几次充放电后,故障得以排除。

图 2-1 湿式蓄电池

### ◎ 学习目标

(1) 掌握关于蓄电池使用和检修的安全常识;
(2) 能够识别汽车用蓄电池的种类;
(3) 能够描述蓄电池的基本结构与原理;
(4) 掌握蓄电池的跨接、维护与检测。

## ◎ 知识与技能点清单

| 序号 | 学习目标 | 知识点 | 技能点 |
|---|---|---|---|
| 1 | 掌握关于蓄电池使用和检修的安全常识 | (1) 电解液腐蚀的危害；<br>(2) 蓄电池短路对电控单元的损害；<br>(3) 蓄电池过热的危害 | (1) 能够描述蓄电池使用过程中的安全常识；<br>(2) 掌握避免蓄电池安全事故的方法 |
| 2 | 能够识别车用蓄电池的种类 | (1) 启动用铅酸蓄电池；<br>(2) 动力蓄电池；<br>(3) 蓄电池型号的识别 | (1) 能够识别各类蓄电池并指明其特点；<br>(2) 能够描述新能源动力蓄电池与燃油汽车启动用铅酸蓄电池的区别 |
| 3 | 能够描述蓄电池的基本结构与原理 | (1) 启动用铅酸蓄电池的基本结构、工作原理；<br>(2) 动力蓄电池的基本结构、工作原理 | (1) 能够描述和识别蓄电池的结构部件，并能指出它们各自的作用；<br>(2) 能够描述蓄电池的放电过程；<br>(3) 能够描述蓄电池的充电过程 |
| 4 | 掌握蓄电池的跨接、维护与检测 | (1) 蓄电池的跨接；<br>(2) 蓄电池的维护；<br>(3) 蓄电池的检测 | (1) 能够进行蓄电池的跨接操作；<br>(2) 能够保养维护蓄电池；<br>(3) 能够检测蓄电池的静态电压、动态电压、放电程度 |

## ◎ 学习指南

(1) 明确学习目标与知识及技能点清单。

(2) 按照学习任务列表完成每一项任务，任务知识部分需在课前提前完成。在完成知识部分任务时，可以参考本单元提供的学习信息，利用网络、厂家提供的维修手册、各类教学资源库等学习资源，也可以在课前或上课时向任课教师寻求帮助。任课教师会在正式上课时展示或共享大家对于知识部分任务完成情况，实现学习者交流。

(3) 在任务列表中，涉及实操部分，可以在正式上课前自行完成，也可以由任课教师在课堂上安排完成。

(4) 完成任务列表后，自行根据本节鉴定表进行自查，并根据不足进行知识与技能的补充学习。

(5) 接受任课教师按照本节鉴定表进行知识与技能鉴定。请注意，鉴定可能是过程鉴定与终结性鉴定，学习者平时对学习任务的学习过程也将作为鉴定的依据，例如学习态度、学习过程中的技能展示、职场安全意识等。

 **2.1.1 学习任务**

**1. 掌握关于蓄电池使用和检修的安全常识**

**拓展材料**：汽车蓄电池作为汽车消耗品之一，其设计寿命一般为2~3年，一般家庭用新车的电池很多用到3~4年，出租车比较费，单班车能用一年左右，双班车用8~10个月就差不多了。合理地使用蓄电池，能够相对地延长蓄电池的使用寿命。

(1) 汽车上的电子设备越来越多，一些车主驾车时经常开启过多的电子设备，使蓄电池经常处于超负荷工作状态，另外，在给蓄电池充电时，往往采取最省时间的快速充电3~5小时，你认同这种做法吗？并阐述自己的理由。

_____
_____

(2) 小李在检修汽车的过程中突然想去厕所，急匆匆的他随意将平口钳放在了蓄电池上。他的这种做法很危险，请简述这种不良习惯可能带来的危害。

_____
_____

(3) 在汽车电路维修的实操课堂上，当老师问到蓄电池的几种故障及其影响时，小赵自告奋勇地回答道："蓄电池过热首先会使电解液水分蒸发并逐渐干涸，继而充电效率降低、极板变形、内阻增加、机械部件氧化加速、烧坏极板或隔离物，最后表现在电池容量降低、寿命缩短。"你觉得小赵的说法正确吗？为什么？

_____
_____

(4) 在蓄电池维护的实操课堂上，老师看到有几位同学佩戴着金属手表，于是要求他们将手表摘下来后再进行操作，请阐述老师这一要求背后的原因。

_____
_____

**2. 能够识别出汽车用蓄电池的种类**

(1) 现在车用蓄电池的种类可谓是林林总总，比如免维护蓄电池、干荷蓄电池、新能源汽车专用的动力电池等（氢燃料电池、镍氢电池、锂离子电池），请根据图 2-2(a)~图 2-2(e) 所示的信息写出相应的蓄电池名称及其特点，并指明汽车市场上应用广泛的蓄电池是哪几种。

(a)

(b)

图 2-2 车用蓄电池的种类

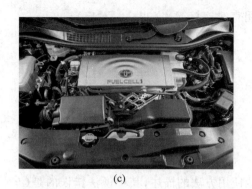
(c)

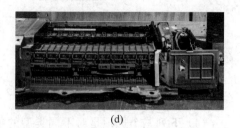
(d)

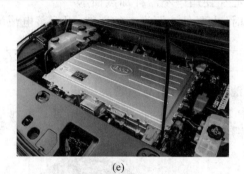
(e)

图 2-2（续）

（2）图 2-3 所示为一款蓄电池产品，同学们能说出外壳上面"6-QA-70A"字样代表的含义吗？

图 2-3　蓄电池外观

（3）新能源汽车是未来交通发展的主要方向之一，其类型有纯电动汽车（BEV）、混合动力汽车、燃料电池电动汽车（FCEV）、太阳能汽车和其他新能源（如高效储能器）汽车等。相应地，动力电池有氢燃料电池、镍氢电池、锂离子电池、太阳能电池等。请查阅资料,将主流的新能源汽车与其对应的蓄电池用直线连接起来(非一一对应)。

纯电动汽车　　　　　　　　　氢燃料电池

混合动力汽车　　　　　　　　镍氢电池

燃料电池电动汽车　　　　　　锂离子电池

(4) 下列三个选项是对不同类型的蓄电池使用方法的描述,其中说法错误的是(　　),并将它们错误的原因填写在横线处。

　　A. 干荷蓄电池加入电解液可以立即使用
　　B. 免维护蓄电池在使用中不需补加蒸馏水
　　C. 选择蓄电池时,主要是按照汽车的瓶架,根据蓄电池的外形尺寸来选

_____
_____

**3. 能够描述出蓄电池的基本结构与原理**

(1) 图 2-4 所示为铅酸蓄电池结构图,请在下图中将蓄电池结构的名称填写完整,并简述蓄电池各个结构的作用。

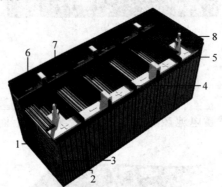

图 2-4　铅酸蓄电池结构图

_____
_____

(2) "在一个单格铅酸蓄电池中,负极板的片数总比正极板多一片。"请问这种说法是否正确?

_____
_____

(3) 请查看图 2-5 所示的铅酸蓄电池充电原理示意图并回答问题。
　　① 蓄电池充足电时,正极板上的活性物质是什么?

_____
_____

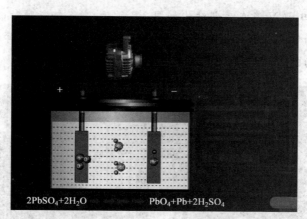

图 2-5　铅酸蓄电池充电原理示意图

② 请简述蓄电池的充电过程。

_____

（4）请查看图 2-6 所示的铅酸蓄电池放电原理示意图并回答问题。

图 2-6　铅酸蓄电池放电原理示意图

① 在放电过程中，正极和负极板上的活性物质都转变为硫酸铅。请判断这种说法是否正确，并说明自己的原因。

_____

② 请简述蓄电池的放电过程。

_____

（5）在"铅酸蓄电池的放电过程"相关知识的学习中，老师留了一个课后问题：蓄电池在放电过程中，其电解液的密度会如何变化？

_____

_____

**拓展材料**：丰田 FCV 汽车底部结构如图 2-7 所示，当车辆行驶时，通过进气栅格吸入氧气，与储氢罐中的氢气在燃料电池中发生氧化还原反应产生电流，再由动力控制单元驱动电动机工作，制动时，动力控制单元可将电能储存在储能电池中。

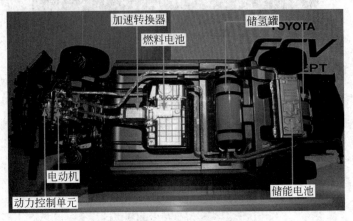

图 2-7　丰田 FCV 汽车底部结构图

（6）氢燃料电池汽车主要由储氢罐、电机控制系统、燃料电池组、热交换器、驱动电机、电容等部件组成。有人认为这种汽车只是把原来燃烧汽油提供动力的方式变成了燃烧氢气，你认同这种说法吗？请谈一下你的理解。

_____

（7）氢燃料汽车是以氢气为主要能量驱动的汽车，请根据图 2-8 所示简述氢燃料电池的工作原理。

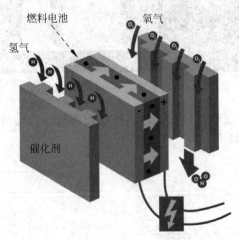

图 2-8　氢燃料电池的工作原理示意图

_____

**拓展材料**：动力电池系统指用来给电动汽车的驱动提供能量的一种能量储存装置，由一个或多个电池包以及电池管理（控制）系统组成如图 2-9 所示。

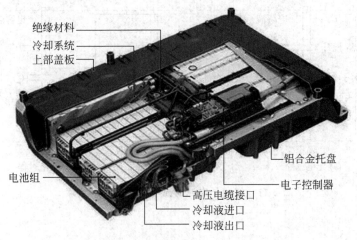

图 2-9　动力电池系统结构

（8）锂离子单体电池由正极、负极、隔膜板、PTC 元件、安全阀、绝缘板等结构组成，如图 2-10 所示。同学们知道隔膜板、PTC 元件、安全阀的作用吗？

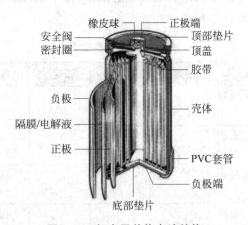

图 2-10　锂离子单体电池结构

（9）锂离子电池主要由正极（含锂化合物）、负极（碳素材料）、隔膜、电解液等组成，新能源汽车常用的是磷酸铁锂电池和三元锂电池，请根据图 2-11 所示的信息简述锂离子电池的充电和放电原理。

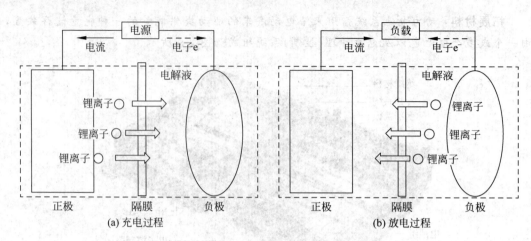

图 2-11　锂离子电池的充电和放电原理示意

鉴定

任课教师可以通过平时教学过程中学习者的学习态度、参与教学活动的积极性、职场安全意识及终结性鉴定结果等确定其最后鉴定结果,每个学习者最多可以鉴定 3 次,鉴定教师可以把鉴定情况填入表 2-1。

表 2-1　2.1 节鉴定表

| 序号 | 学习目标 | 鉴定1 | 鉴定2 | 鉴定3 | 鉴 定 结 论 | 鉴定教师签字 |
|---|---|---|---|---|---|---|
| 1 | 掌握关于蓄电池使用和检修的安全常识 | | | | □通过<br>□不通过 | |
| 2 | 能够识别车用蓄电池的种类 | | | | □通过<br>□不通过 | |
| 3 | 能够描述蓄电池的基本结构与原理 | | | | □通过<br>□不通过 | |
| 4 | 掌握蓄电池的跨接、维护与检测 | | | | □通过<br>□不通过 | |

## 2.1.2　蓄电池使用注意事项

汽车蓄电池是车辆所有电器动力的来源,是车辆启动时不可缺少的器件,若是蓄电池启动电量不足,则启动机无法带动发动机运转,从而造成汽车无法启动。因此,在平时的驾车生活中,车主应多加注意以下几点。

### 1. 蓄电池自行放电

蓄电池长久不用会慢慢自行放电,直至报废。夜间停车后,一定谨记要关闭前照灯再下车,这样就可以尽可能避免因不关前照灯造成的蓄电池放电完毕。每隔一段时间就应启动一次汽车,给蓄电池充电。汽车长久停用时,需将蓄电池上的两个电极拔下来,需注意的是要先拔下负极线,或卸下负极和汽车底盘的连接,然后再拔去带有正极标志(+)的另一端。

**2. 仪表盘上蓄电池警示灯常亮**

仪表盘上蓄电池警示灯亮起,无法正常充电。打开钥匙门,车辆开始自检时,该指示灯点亮。启动后一般会正常熄灭,如果仍常亮,说明发电机线路出现了问题,蓄电池无法正常充电,需要检查维修。

**3. 发动机熄火后避免长时间使用大功率电器**

尽量避免在汽车发动机停机后,使用车上的各种大功率的电器,如音响、前照灯等,因为此时发电机不工作,所有的电器设备都是由蓄电池供电,蓄电池长时间处于这样的工作状态,对蓄电池的寿命也会造成影响。

**4. 蓄电池通气不畅**

蓄电池盖的排气孔被堵,产生的氢气和氧气排不出去,电解液膨胀时,会把蓄电池外壳撑破,影响蓄电池寿命。

**5. 无间断启动发动机**

在汽车发动机启动困难时,长时间或者多次无间断启动发动机,会引起蓄电池过度放电。要仔细排查无法启动的原因。

**6. 蓄电池短路**

检查蓄电池的正、负极有无被氧化的迹象,检查电路各部分有无老化或短路的地方。蓄电池极柱短路会直接使蓄电池报废,铅酸蓄电池短路造成的危害主要表现在以下5个方面。

(1) 大电流放电时,端电压迅速下降到零。
(2) 充电时,电压上升很慢,始终保持低值(有时降为零)。
(3) 充电时,电解液温度很快会上升到很高。
(4) 充电时,电解液密度上升很慢或几乎无变化。
(5) 自放电大,存放时开路电压下降过快,时间长了短路单体电压会直降到零。

**7. 蓄电池养护**

蓄电池的存电量会随着温度下降而下降很多,一般情况下,蓄电池的最佳使用温度是25℃左右,而且每下降1℃,蓄电池的可用容量会下降0.8%左右。

经常短途行驶,例如每天不超过20km,甚至每天行驶5km都不到,这样蓄电池长期充电不足,导致亏电,蓄电池使用寿命缩短。蓄电池存电量保持在70%以上为最佳。

### 2.1.3 蓄电池的分类

蓄电池是目前世界上广泛使用的一种化学"电源",具有电压平稳、安全可靠、价格低廉、适用范围广、原材料丰富和回收再生利用率高等优点,是世界上各类电池中产量最大、用途最广的一种电池。

目前社会上的主流汽车有汽油车与新能源电动车两大类,根据车型的不同我们将汽车蓄电池分为启动用铅酸蓄电池和动力蓄电池。

**1. 启动用铅酸蓄电池**

根据国家标准《启动用铅酸蓄电池 第1部分 技术条件和试验方法》(GB/T 5008.1—2013)制定的内容,对于启动用铅酸蓄电池,我们有以下分类。

蓄电池按性能可分为:A类(普通类型蓄电池)、B类(长寿命、耐震动型蓄电池)、C类(高温启动型蓄电池)。

蓄电池按结构可分为:排气式蓄电池、阀控式蓄电池。

蓄电池按水损耗可分为:正常水损耗蓄电池、低水损耗蓄电池、微水损耗型蓄电池(免维护蓄电池)。

蓄电池按照分类方式的不同可分为不同的类型,这些分类领域之间互有干涉,并无明确的界限,例如图2-12所示,风帆6-QA-165蓄电池产品按照电池盖和排气栓结构可划分为排气式蓄电池,按照荷电状态可以划分为少维护蓄电池,按照结构特征可划分为干荷蓄电池等。在实际应用中,我们一般按照蓄电池型号加以区分识别。下面以我们市场上最常见的蓄电池专业名词做一下简单的文字介绍,重点放在蓄电池产品参数的识别读取上。

排气式蓄电池的电解液中的硫酸直接参与电池充放电反应过程,电池槽内除去极板、隔板及其他固体组装部件的剩余空间完全充满硫酸电解液,电池盖上有能析出气体产物的一个或多个排气装置,包括正常水损耗蓄电池、低水损耗蓄电池和微水损耗蓄电池。

阀控式电池由于采用了AGM材料和贫液设计,在充电过程中,由正极生成的氧能与负极活性物质迅速反应还原成水,正常情况下,电池电液不会损失,不用添加蒸馏水,同时抑制了氢气的析出,所以电池可以做成密闭的结构。"免维护"的说法也由此而来。

干荷蓄电池在制造负极板的铅膏中加入一定量的抗氧化剂,用特殊工艺制造和干燥,使负极板在干燥条件下能够长期保存其在制造过程中获得的电荷。干荷蓄电池在规定的保存期内,只要加入规定密度的电解液,放置15min以上,调整液面到规定高度后,无须初充电,就可以使用。对储存超期的干荷蓄电池,由于极板上的部分活性物质被氧化,使用前应进行补充充电5~10h。

免维护型蓄电池(图2-13),采用铅-钙合金做栅架,充电时产生的水分解量少,水分蒸发量也低,加上外壳采用密封结构,释放出来的硫酸气体也很少,使用寿命中具有不需添加任何液体,对接线桩头、电线和车身腐蚀少,抗过充电能力强,启动电流大,电量储存时间长等优点,在汽油车中得到最广泛的应用。

图2-12 风帆6-QA-165蓄电池

图2-13 免维护型蓄电池

蓄电池的型号都是按照一定标准来命名的，在国内市场上使用的蓄电池型号主要是按照国家标准以及日本标准、德国标准和美国标准等命名的。这里我们以国家标准蓄电池的命名规则介绍一下蓄电池型号里各项参数的含义。以型号 6-QA(W)-54$_a$ 蓄电池为例：

① 数字 6 表示由 6 个单格电池组成，每个为 2V，总电压为 12V。

② 第一个英文字母表示蓄电池用途，Q 表示汽车启动用蓄电池，D 表示电动车蓄电池、F 表示阀控型蓄电池。

③ A 和 W 表示蓄电池的类型，A 表示干荷型蓄电池，W 表示免维护型蓄电池。

④ 数字 54 表示蓄电池的额定容量为 54A·h。

⑤ 角标 a 表示对原产品的第一次改进，若为 b 则表示第二次改进，以此类推。

注：型号后加 D 表示低温启动性能好，如 6-QA-110D；型号后加 HD 表示高抗振型；型号后加 DF 表示低温反装，如 6-QA-165DF。

### 2. 动力蓄电池

随着科技的发展，新能源汽车已经成为未来汽车发展的主要趋势。新能源汽车有纯电动汽车(BEV)、混合动力汽车(油气混合、油电混合)、燃料电池电动汽车(FCEV)、太阳能汽车等。其中纯电动汽车主要由蓄电池、电动机/发电机等部件组成，蓄电池向电动机提供电能来驱动汽车，在制动或减速时，电动机作为发电机来回收能量，如图 2-14 和图 2-15 所示。

图 2-14 纯电动汽车

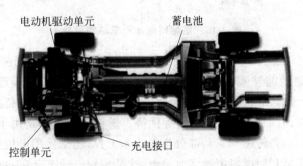

图 2-15 纯电动汽车结构

动力蓄电池与电池管理系统(BMS)、整车控制系统共同构成了电动汽车的三大核心技术，随着新能源汽车的种类不同略有差异。在纯电动汽车中，动力蓄电池是汽车驱动系统的唯一动力源；在混合动力汽车中，动力蓄电池既是汽车驱动系统的主要动力源，又可作为辅助动力源。

根据国家标准《汽车动力蓄电池编码规则》(GB/T 34014—2017)制定的内容，以电池材料类别代表电池类型，动力蓄电池的分类见表 2-2。

表 2-2 动力蓄电池类型及代码

| 电池类型 | 代码 | 电池类型 | 代码 |
|---|---|---|---|
| 镍氢电池 | A | 三元材料电池 | E |
| 磷酸铁锂电池 | B | 超级电容器 | F |
| 锰酸锂电池 | C | 钛酸锂电池 | G |
| 钴酸锂电池 | D | 其他 | Z |

新能源汽车的核心部件是动力蓄电池,目前新能源汽车所使用的动力蓄电池主要包括镍氢动力蓄电池、锂动力蓄电池(应用最为广泛)、燃料电池、太阳能电池等,下面以市面上流行的三种新能源动力蓄电池为例具体说明。

(1) 燃料电池

燃料电池汽车采用燃料电池作为电源,是一款节能、无污染(不含铅、镉等对人体有害的金属)的汽车,燃料电池一般是氢燃料电池,其结构示意如图 2-16 所示。

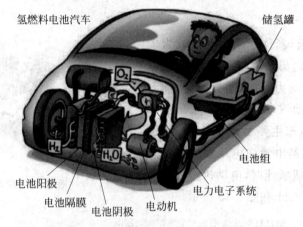

图 2-16 氢燃料电池汽车结构示意

氢燃料电池汽车虽然技术上还有待提高,但续航能力强等性能被认为是未来的理想车型之一。氢燃料电池能够实现自我发电,氢气和氧气在质子交换膜进行化学反应产生电能,无须燃烧,反应产物是水,没有其他的有害物质生成。这种电池具备能量转换效率高、噪声低、无污染、寿命长、启动迅速、比功率大等优势。燃料电池汽车是用车载燃料电池作为动力源的新能源汽车。动力传递和驱动部分与电动车无异,还是使用电机+控制器的组合,不过它不用外接充电而是利用燃料电池实时发电,这是相较电动车存在的一个明显优势。

目前氢燃料电池汽车的研发与生产主要集中在日本车企,代表车型如丰田氢燃料电池车 Mirai,如图 2-17~图 2-20 所示。

由于氢燃料存在诸多问题,包括生产难、储存难、运输难、成本高等原因,氢燃料电池汽车在市场上仍然无法大范围的应用。

(2) 镍氢动力蓄电池

镍氢动力蓄电池具有无污染、大功率、快速充放电、耐用等特性,镍氢动力蓄电池属于碱性电池,镍氢动力蓄电池循环使用寿命较长,但价格较高,镍氢动力蓄电池外观如图 2-21 所示。

图 2-17　丰田氢燃料电池车 Mirai

图 2-18　氢燃料电池

图 2-19　加氢口

图 2-20　高压储氢罐

镍氢电池技术在国内的发展比较成熟。但镍的价格昂贵，镍氢电池在生产成本上比锂电池高出不少。与镍氢电池相比，新一代锂电池重量将减轻一半，蓄电容量则增加 1 倍以上，一次充电后行驶里程将大大提高。而且镍氢电池的寿命在未来 3 到 5 年将达到极限。从长远来说，锂动力蓄电池将成为未来新能源汽车发展更值得倚重的动力源。

图 2-21　丰田 Prius 镍氢动力蓄电池

（3）锂动力蓄电池

锂动力蓄电池是一类由锂金属或锂合金为负极材料、使用非水电解质溶液的电池。锂离子电池作为新型高电压、高能量密度的可充电电池，其独特的物理和电化学性能，占据了新能源汽车市场的主要份额。其突出的特点是：重量轻、储能大、无污染、无记忆效应、使用寿命长。目前市场上流行的锂动力蓄电池有磷酸铁锂电池、钴酸锂电池、锰酸锂电池、三元锂电池等。

国内三元锂电池研发起步较晚，无论是技术、工艺还是设备，仍处于不断发展时期。另一方面，三元锂电池的材料配方，无论是镍钴锰酸锂，还是镍钴铝酸锂，都离不开两种贵金属，即钴和镍。这两种金属在中国都很匮乏，物质来源过于依赖国外进口。磷酸铁锂电池则刚好相反,不含任何贵金属,而且生产正极材料的主要原料氧化铁、碳酸锂在中国储量非常丰富,国内磷酸铁锂电池技术又在世界处于领先地位,种种原因导致了国内磷酸铁锂电池应用较为广泛,江淮 iEV 系列专用磷酸铁锂电池外观如图 2-22 所示。

三元锂电池是指正极材料使用镍钴锰酸锂(Li(NiCoMn)$O_2$)三元正极材料的锂电池,在介绍三元锂电池之前,我们先来了解一下电池比能量的概念,参与电极反应的单位质量的电极材料放出电能的大小称为该电池的比能量,单位为 W·h/kg,电池的能量密度越大,单位体积内存储的电量越多。

国内三元材料 18650 电池知名企业——比克电池 18650 电池的能量密度已经达到了 232W·h/kg,相比之下,目前国内主流的磷酸铁锂电池能量密度仅达到 150W·h/kg 左右。能量密度较低的磷酸铁锂电池将会占据原本就不大的汽车空间,并且由于更大的质量,在使用时的放电续航也会受到比较大的影响。相对而言能量密度较高的三元锂电池在解决重量问题的同时也为家庭用车节省出了空间。

**注意:**18650 电池中 18 表示单节电池直径为 18mm,65 表示长度为 65mm,0 表示为圆柱形电池。

江淮、比亚迪、北汽等许多汽车厂商开始将旗下原本使用磷酸铁锂电池的车型逐渐向三元锂电池方向改进。跟随时代发展的潮流,比亚迪公司设计研发了元 EV360 三元锂电动汽车,如图 2-23 所示。三元锂电池的能量密度和充电效率相对于磷酸铁锂电池更为优质,是未来动力蓄电池发展一个热门方向。

图 2-22 江淮 iEV 系列专用磷酸铁锂电池

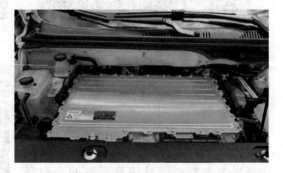

图 2-23 比亚迪元 EV360 三元锂电池

### 2.1.4 蓄电池的结构及其作用

汽车蓄电池一般由外壳、正极、负极、隔板(动力电池为隔膜)、电解液、电池盖组成,下面我们以启动用铅酸电池和新能源动力电池为两大类介绍其结构组成。

微课——蓄电池结构与工作原理

**1. 启动用铅酸蓄电池结构**

铅酸蓄电池主要由正负极板、隔板、电解液、外壳、极柱等组成,如图 2-24 所示。

(1) 极板。极板由栅架活性物质组成。活性物质是极板上的工作物质。正极板的活性物质为二氧化铅($PbO_2$),呈棕褐色。负极板上的活性物质为海绵状纯铅,呈深灰色。活性物质都做成膏状涂敷在有一定机械强度的栅架上,制成正极板和负极板。由于正极板上的活性物质容易脱落,通常把正极板做得比负极板厚些。蓄电池极板如图 2-25 所示。

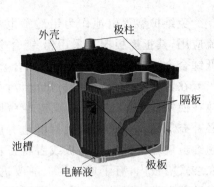

图 2-24　铅酸蓄电池的组成

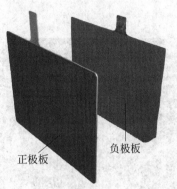

图 2-25　蓄电池极板

将正极板和负极板各一片浸入电解液中,就可获得 2V 的电动势。为了增大蓄电池容量,通常把多片正极板和负极板分别并联,用横板焊接成正负极板组,构成一个单格蓄电池,一个蓄电池通常由一个或几个单格电池串联而成。

(2)隔板。隔板的作用是使正极板和负极板尽量地靠近而不至于短路,以缩小蓄电池的体积,防止极板变形和活性物质脱落。为了有利于电解液渗透,隔板常用具有良好的耐酸性和抗氧化性的微孔塑料制成,隔板一面平滑,另一面有凹槽。为保证正极板在充电、放电过程中化学反应剧烈,而使电解液顺利地上下流通,安装时,带沟槽的一面应朝向正极板。这样还可保证活性物质脱落时,能沿隔板槽迅速沉至底,如图 2-26 所示。

(3)电解液。电解液是蓄电池内部发生化学反应的主要物质,由纯净硫酸和蒸馏水按一定的比例配制。电解液的作用是形成电离,促使极板活性物质溶离,产生可逆的电化学反应。蓄电池中的电解液是硫酸水溶液。

(4)外壳。外壳的作用是盛装电解液和极板组,使铅蓄电池构成一个整体。外壳材料有硬橡胶和塑料两种,由间壁将其分为六个相互分离的单格,底部有凸起的筋条支撑极板组,凸筋之间的空间用来容纳极板脱落的活性物质,以防极板短路,如图 2-27 所示。

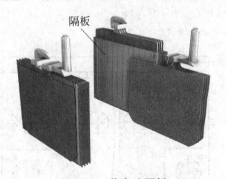

图 2-26　蓄电池隔板

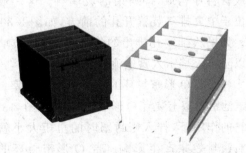

图 2-27　蓄电池外壳

(5)汇流排。汇流排的作用是将单格电池串联起来,提高整个蓄电池的端电压。汇流排一般由铅锑合金制成,有外露式、穿壁式和跨越式三种。

（6）接线柱。一个普通的铅蓄电池首尾两极板组的横板上焊有接线柱。一个为正接线柱，旁边标有＋或 P 记号；另一个为负极接线柱，旁边标有－或 N 记号，有的用不同颜色表示。

图 2-28 免维护型蓄电池结构

免维护型蓄电池作为铅酸蓄电池的主流应用，其正极板栅架采用铅-钙合金或铅-低锑合金，负极板栅架采用铅-钙合金，提高了氧在正极、氢在负极的析出电位，使蓄电池在使用时失水量少，在规定寿命期内不必补充蒸馏水。免维护型蓄电池一般采用超细玻璃纤维棉制作隔板或者将正极板放在袋式隔板内，有了这结构上的改进，可以保证蓄电池自放电少，荷电保持能力增强和极板寿命的延长。免维护型蓄电池结构如图 2-28 所示。

与其他铅酸蓄电池结构相比，免维护型蓄电池结构具有以下特点。

（1）中央排气装置。在具备中央排气装置的情况下，气体会从蓄电池上预先设定的位置排出。如图 2-29 所示，借助一条排气软管，气体可以按照预先设定的方式被引导到没有影响的一侧，例如使气体远离点火装置部件。根据蓄电池的安装位置，可以从正极侧或负极侧排气。

蓄电池通常在每侧电极上各设有一个开孔。这两个开孔中，必须有一个开孔是始终封闭的。这是为了确保气体只按照预先设定的方式通过所连接的排气软管排出。如果两个开孔都封闭，蓄电池就可能发生爆炸。因此必须按照原厂蓄电池安装说明中的表格操作，将其中一个排气孔中的塞子取出。

（2）防回火装置。防回火装置由一个多孔合成材料片构成，即所谓的玻璃料。这片玻璃料位于中央排气装置开孔的前方，如图 2-30 所示。如果从排气孔排出的气体被点燃，玻璃料可以阻止火焰窜入蓄电池的内部。

（3）带 O 形密封环的单格电池密封塞。单格电池密封塞上装有 O 形径向密封环（图 2-31），在它的作用下，拧入密封塞时的扭矩大小就不会对密封效果产生影响。带 O 形密封环的密封塞也有助于防止产生回火。当溢出的全部气体集中通过唯一的开孔排出时，密封塞就能发挥防回火的作用。

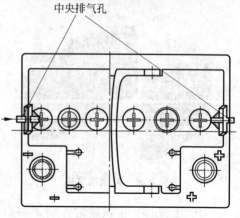

图 2-29 中央排气装置原理

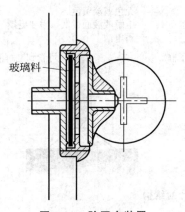
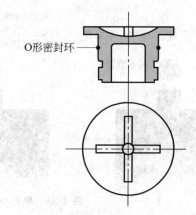

图 2-30　防回火装置　　　　　图 2-31　带 O 形密封环的单格电池密封塞

如果蓄电池密封塞上缺少了 O 形密封环，则有可能产生危险。当水溅到蓄电池上，水会通过不密封的塞子渗入蓄电池的内部。这种不密封的情况会使蓄电池内的液体过量，从而导致电解液溢出，使车身受损。另外一种情况，析出的气体会通过这个不带密封环的塞子漏出。最严重的情况，气体从外部被引燃，造成蓄电池爆炸。

（4）酸液收集器。在蓄电池配件中，中央排气通道的末端有一个收存器，伴随气流而来的少量酸液就会进入这个收集器中，如图 2-32 所示。

（5）电解液密度计。免维护型蓄电池与传统蓄电池相比，运行中只是免去了添加蒸馏水、调整电解液液面的工作，并非免去一切维护工作。

免维护型蓄电池一般都内置温度补偿式密度计，俗称电眼，也有的叫电解液密度计。电解液密度计的结构有两种，一种是单色小球，另一种装有双色小球。单色小球的电解液密度计利用绿色的浮子球在不同密度的电解液中沉、浮的状态，再通过显色杆折射放大后在观察窗中显示出对应颜色的环状图形，来判断蓄电池的荷电状态。通过观察电解液密度计的观察窗颜色可以判断蓄电池的技术状况，一般绿色表示电量充足（充电程度为 65% 或更高）；深绿色或黑色表示电量不足（充电程度低于 65%），需进行补充充

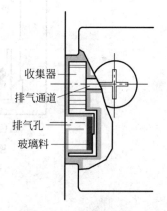

图 2-32　酸液收集器

电；无色或淡黄色表示电解液不足（蓄电池有故障），应报废或更换。单色小球电解液密度计的结构如图 2-33 所示。

双色小球电解液密度计结构如图 2-34 所示。这种蓄电池电解液密度计内装有红色和蓝色两种小球，同样也是利用两种颜色的浮子球在不同密度的电解液中沉、浮的状态，再通过显色杆折射放大后在观察窗中显示出对应颜色的环状图形，来判断蓄电池的荷电状态。

**2. 动力蓄电池**

动力蓄电池是用来给电动汽车的驱动提供能量的一种能量储存装置，由一个或多个电池包以及电池管理（控制）系统组成，动力蓄电池结构如图 2-35 所示。

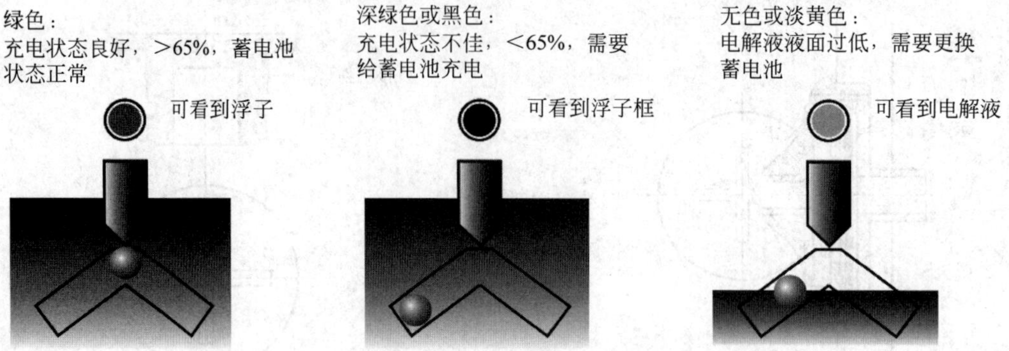

绿色：
充电状态良好，>65%，蓄电池状态正常

深绿色或黑色：
充电状态不佳，<65%，需要给蓄电池充电

无色或淡黄色：
电解液液面过低，需要更换蓄电池

可看到浮子　　　　可看到浮子框　　　　可看到电解液

图 2-33　单色小球电解液密度计的结构

观察窗

蓝色小球　红色小球　　显色杆

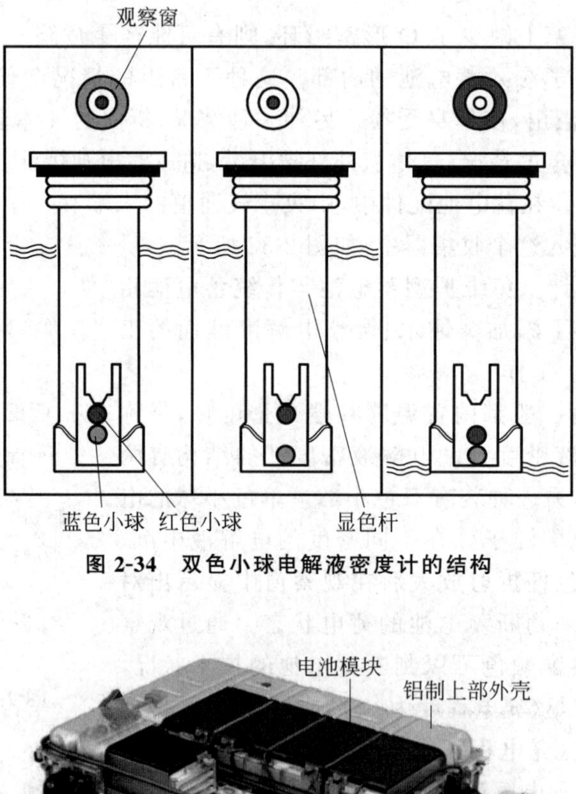

图 2-34　双色小球电解液密度计的结构

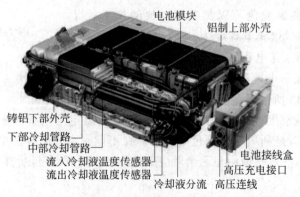

电池模块　　铝制上部外壳

铸铝下部外壳
下部冷却管路
中部冷却管路
流入冷却液温度传感器
流出冷却液温度传感器　冷却液分流　高压连线
电池接线盒
高压充电接口

图 2-35　动力蓄电池结构

（1）镍氢电池

镍氢电池正极是活性物质氢氧化镍 Ni(OH)$_2$，负极是储氢合金，用氢氧化钾作为电解质，在正、负极之间有隔膜，共同组成镍氢单体电池，在金属铂的催化作用下，完成充电和放电的可逆反应，结构如图 2-36 所示。镍氢电池在充、放电过程中，正、负极上在进行电化学反应时不发生任何中间态的可溶性金属离子，也没有电解质中的任何组分消耗和生成，因此镍氢电池可以做成密封型结构。

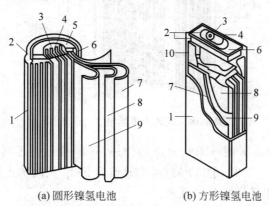

(a) 圆形镍氢电池　　(b) 方形镍氢电池

图 2-36　镍氢电池的结构

1—电池盒(—)；2—绝缘衬垫；3—盖帽(+)；4—安全排气口；5—封盘；
6—绝缘圈；7—阴极；8—隔膜；9—阳极；10—绝缘体

（2）锂离子电池

汽车锂离子电池是由单体经由串并联方式组合并加保护线路板及外壳后，能够直接提供电能的组合体，如图 2-37 所示。锂离子单体电池由正极、负极、隔膜、PTC 元件、安全阀、排气孔、绝缘板等结构组成，如图 2-38 所示。

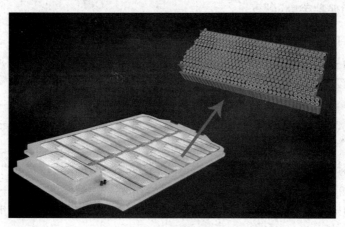

图 2-37　锂离子电池

锂离子电池正极由钴酸锂、锰酸锂、磷酸铁锂等为主要原料构成，负极活性物质由碳材料与黏合剂的混合物再加上有机溶剂调和制成糊状，覆盖在铜基体上，呈薄状分布。

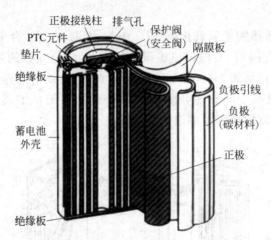

图 2-38 锂离子单体电池内部结构

隔膜：在电池中起到关闭或阻断通道的作用，一般使用聚乙烯或聚丙烯材料的微多孔膜，当电池温度异常上升时，能够阻断离子通道的细孔，从而防止因内、外部短路等引起的过大电流使电池产生异常发热的现象。

PTC 元件：在锂离子电池盖帽内部，当内部温度上升到一定温度时，或电流增大到一定控制值时，PTC 就起到了温度熔丝和过流保险的作用，会自动拉断或断开，从而形成内部断路。这样电池内部停止了工作反应，温度降下来。保证了电池的安全使用（双重保险）。

安全阀：为了确保锂离子电池的使用安全性，一般通过对外部电路的控制或者在锂离子电池内部设有异常电流切断的安全装置。即使这样，在使用过程中也可能有其他原因引起锂离子电池内压异常上升，这样，安全阀释放气体，以防止蓄电池破裂或爆开。安全阀实际上是一次性非修复式的破裂膜，一旦进入工作状态，保护蓄电池使其停止工作，是蓄电池最后的保护手段。

### 3. 蓄电池的作用

汽车上装有蓄电池和发电机两个直流电源，这两个电源并联，全车的用电设备均为并联，电源和用电设备串联连接。

蓄电池在汽车上的功用如下：

（1）启动发动机，蓄电池向启动系统、点火系统、燃油喷射系统及发动机等其他用电设备供电。

（2）当发电机低速运转，发电机电压低于蓄电池充电电压时，由蓄电池向用电设备供电。

（3）当发动机中、高速运转，发电机电压高于蓄电池充电电压时，蓄电池将发动机的剩余电能储存起来。

（4）当发电机过载时，蓄电池协助发电机向用电设备供电。

（5）蓄电池还可以吸收电路中的瞬间过电压，保持汽车电气系统电压的稳定，保护电子元件。

## 2.1.5 蓄电池的工作原理

蓄电池极板上的活性物质和电解液之间发生的电化学反应是可逆的,所以蓄电池是一个可逆电源。蓄电池既可以充电,又可以放电,这也是其可以作为汽车电源之一的重要原因。

**1. 铅酸蓄电池的充放电过程**

铅酸蓄电池的工作原理就是化学能与电能相互转化的过程,蓄电池将化学能转化为电能而向外放电,即放电过程;蓄电池与外界直流电源相连而将电能转化为化学能储存起来,即充电过程。

(1) 铅酸蓄电池的放电过程

铅酸蓄电池的放电过程如图 2-39 所示。

图 2-39 铅酸蓄电池的放电过程

铅酸蓄电池放电时,在蓄电池的电位差的作用下,负极板上的电子经负载进入正极板形成电流。同时在电池内部进行化学反应。

负极板上的每个铅原子放出两个电子后,生成的铅离子($Pb^{2+}$)与电解液中的硫酸根离子($SO_4^{2-}$)反应,在极板上生成难溶的硫酸铅($PbSO_4$)。

正极板的铅离子($Pb^{4+}$)得到来自负极的两个电子(2e)后,变成二价铅离子($Pb^{2+}$),与电解液中的硫酸根离子($SO_4^{2-}$)反应,在极板上生成难溶的硫酸铅($PbSO_4$)。正极板水解出的氧离子($O^{2-}$)与电解液中的氢离子($H^+$)反应,生成稳定物质水($H_2O$)。

电解液中存在的硫酸根离子和氢离子在电力场的作用下分别移向电池的正极和负极,在电池内部形成电流,整个回路形成,蓄电池向外持续放电。

放电时 $H_2SO_4$ 浓度不断下降,正、负极上的硫酸铅($PbSO_4$)增加,电池内阻增大(硫酸铅不导电),电解液浓度下降,电池电动势降低。

(2) 铅酸蓄电池的充电过程

充电时,应再外接一个直流电源(充电极或整流器),使正、负极板在放电后生成的物质恢复成原来的活性物质,并把外界的电能转变为化学能储存起来。

在正极板上,在外界电流的作用下,硫酸铅被离解为二价铅离子($Pb^{2+}$)和硫酸根负离子($SO_4^{2-}$),由于外电源不断从正极吸取电子,则正极板附近游离的二价铅离子($Pb^{2+}$)不断放出两个电子来补充,变成四价铅离子($Pb^{4+}$),并与水继续反应,最终在正极板上生成二氧化铅($PbO_2$)。在负极板上,在外界电流的作用下,硫酸铅被离解为二价铅离子($Pb^{2+}$)和硫酸根负离子($SO_4^{2-}$),由于负极不断通过外电源获得电子,则负极板附近游离的二价铅离子($Pb^{2+}$)被中和为铅($Pb$),并以绒状铅附着在负极板上。

在电解液中,正极不断产生游离的氢离子($H^+$)和硫酸根离子($SO_4^{2-}$),负极不断产生硫酸根离子($SO_4^{2-}$),在电场的作用下,氢离子向负极移动,硫酸根离子向正极移动,形成电流。充电后期,在外电流的作用下,溶液中还会发生水的电解反应。铅酸蓄电池的充电过程如图2-40所示。

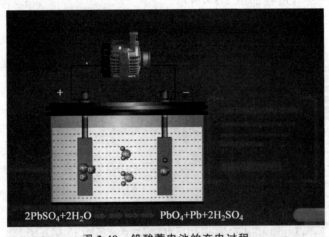

图2-40 铅酸蓄电池的充电过程

### 2. 氢燃料电池的工作过程

氢燃料电池汽车主要由储氢罐、电机控制系统、燃料电池组、热交换器、驱动电机、电容等部件组成,如图2-41所示。其工作原理为储氢罐中的氢气与大气中的氧发生化学反

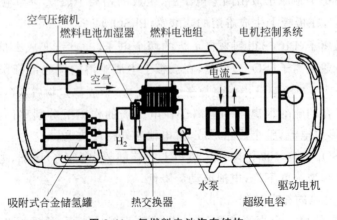

图2-41 氢燃料电池汽车结构

应,产生出电能发动电动机,由电动机带动汽车中的机械传动结构,进而带动汽车的前后万向轴、后桥等行走机械机构,转动车轮驱动汽车,燃料电池采用的直接能源来自于石油裂解反应提取的纯液化氢,采用的间接能源来自于甲醇、天然气、汽油等烃类化学物质。

如图2-42所示,氢分子在阳极催化剂作用下分解成氢离子和电子,氢离子经电解质向阴极运动,电子通过外部电流流向阴极,氧分子在阴极催化剂作用下分解成氧原子,氧原子与外电路的电子以及穿过电解质的氢离子结合成结构较为稳定的水分子,完成电化学反应放出热量并提供电力。

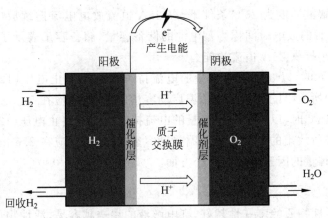

图2-42 氢燃料电池的工作原理

### 3. 锂离子电池的工作过程

锂离子电池主要由正极(含锂化合物)、负极(碳素材料)、隔膜、电解液等组成。充电时,正极上锂原子电离成锂离子和电子(脱嵌),锂离子经电解液流向负极,与自由电子结合被还原成锂原子嵌入碳层的微孔中;放电时,嵌在负极碳层中的锂原子失去电子(脱插)成为锂离子,通过溶液和隔膜,嵌入正极材料晶格中,如图2-43所示。在整个充放电过程中,锂离子往返于正极和负极之间,锂离子数量越多,充放电容量就越大。

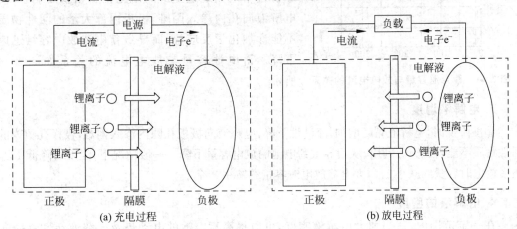

图2-43 锂离子电池的工作原理

## 2.1.6 蓄电池的容量及影响因素

蓄电池在规定条件下放出的电量称为容量,它是放电电流(单位为 A)与放电时间(单位为 h)的乘积,单位为 A·h。蓄电池的容量的表示分为三种,即额定容量、储备容量、启动容量。

蓄电池的额定容量用 20h 率容量表示:即将充足电的蓄电池在电解液温度为 25℃ 条件下,以 20h 率放电电流连续放电,直至单池平均电压降到 1.75V 时,输出的电量称为蓄电池的额定容量。

蓄电池在电解液温度为 25℃ 条件下,以 25A 恒流放电电流连续放电,直至单池平均电压降到 1.75V 时的放电时间称为蓄电池的储备容量,储备容量表示了汽车充电系统失效时蓄电池向汽车提供 25A 恒流的能力。

电解液在 30℃ 时,以 3 倍额定容量的电流持续放电至终止电压(12V 蓄电池为 8V,6V 蓄电池为 4V)所放出的电量称为常温启动容量(持续时间应在 5min 以上)。

电解液在 -18℃ 时,以 3 倍额定容量的电流持续放电至终止电压(12V 蓄电池为 6V,6V 蓄电池为 3V)所放出的电量称为低温启动容量(持续时间应在 2.5min 以上)。

影响蓄电池容量的因素有以下几个方面。

### 1. 极板

极板越薄,活性物质的多孔性越好,则电解液的渗透越容易,活性物质的利用率越高。在外壳不变的前提下,采用薄型极板可以增加极板片数,从而增大蓄电池容量;极板面积越大,同时参加化学反应的活性物质就越多,输出容量也就越大;缩短同性极板的中心距,可减小蓄电池内阻,因此,在保证具有足够电解液的前提下,尽可能缩短中心距,可增大蓄电池容量。

### 2. 放电电流

放电电流增大,化学反应速度加剧,极板的孔隙将过早地被迅速生成的硫酸铅所堵塞而缩小,使电解液向孔内渗入困难,极板内部大量的活性物质不能参加化学反应,从而导致蓄电池放电容量迅速下降。蓄电池容量与放电电流的关系如图 2-44 所示。

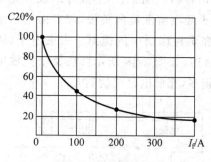

图 2-44 蓄电池容量与放电电流的关系

### 3. 电解液温度

温度降低时,电解液黏度增加,流动性下降,电解液向极板孔隙内渗入困难,极板孔隙内的活性物质不能得到充分利用,从而导致蓄电池的放电容量下降。一般情况下,温度每降低 1℃,缓慢放电时容量约减小 1%,大电流放电时容量约减小 2%。

### 4. 电解液的密度

在一定范围内,适当加大电解液密度,可以提高蓄电池的电动势及电解液活性物质向极板内的渗透能力并减小电解液的电阻,从而使蓄电池容量增加。但密度过大,将使其黏度增加,当密度超过某一值时,可使渗透能力降低、内阻增大、端电压及容量减小。另外,电解液密度过高,可使蓄电池自行放电速度加快,并对极板栅架和隔板的腐蚀作用加剧,从而缩短蓄电池的使用寿命。一般情况下,电解液密度偏低有利于提高放电电流量和容量,同时也有利于延长铅酸蓄电池的使用寿命。

**5. 电解液的纯度**

电解液由纯硫酸和蒸馏水配制而成。电解液中的一些有害杂质不仅会腐蚀栅架,而且沉于极板上的杂质易形成局部电池产生自放电。如电解液中含有1‰的铁,蓄电池一昼夜就能放完电。

## 2.2 蓄电池的维护与检测

在汽车使用过程中,经常遇到这种情况:蓄电池使用一段时间后,出现存电不足、电解液密度降低、缺水的现象。如果不懂蓄电池的技术性能,可能会认为只要添加电解液就可以使其恢复工作能力。殊不知,这样会导致蓄电池电解液密度不断升高,这不但会使其内阻增大、端电压迅速下降,还会因电解液黏度增加、渗透能力变差,使蓄电池电荷容量降低。如何正确地维护与检测蓄电池是从事汽车维修人员的必备技能之一。

微课——蓄电池的跨接、维护及检测

### ◎ 客户委托 2-2

一辆大众捷达汽车的车主在进行洗车后,点火启动后车辆仪表盘点亮,启动机发出"嗒嗒嗒"的响声。车主就近紧急搭电后送至修理厂进行检查,熄火后,维修人员打开发动机盖后,用万用表测量蓄电池电压,显示12V左右正常,启动后观察万用表,显示电压不到9V(图2-45),并伴随启动机发出"嗒嗒嗒"响声,请分析该现象产生的缘由。

图 2-45 显示蓄电池电压不到 9V

### ◎ 学习目标

(1) 能够正确地跨接车辆蓄电池;
(2) 能够维护汽车用蓄电池;
(3) 能够检测汽车用蓄电池;

(4) 能够排除蓄电池常见故障。

◎ 知识与技能点清单

| 序号 | 学习目标 | 知 识 点 | 技 能 点 |
|---|---|---|---|
| 1 | 能够正确地跨接车辆蓄电池 | 跨接车辆蓄电池 | 能够通过蓄电池的跨接使亏电故障车紧急启动 |
| 2 | 能够维护汽车用蓄电池 | (1) 蓄电池外表面、托架的清洁维护；<br>(2) 蓄电池极柱和电缆卡子的清洁维护；<br>(3) 蓄电池维护的注意事项 | (1) 能够正确清洁蓄电池外表面、托架；<br>(2) 能够正确清洁蓄电池极柱和电缆卡子；<br>(3) 掌握蓄电池维护的注意事项 |
| 3 | 能够检测汽车用蓄电池 | (1) 电池电解液密度、液面高度的检测；<br>(2) 蓄电池静态电压与启动动态电压的检测；<br>(3) 蓄电池放电程度的检测；<br>(4) 蓄电池放电率的检测；<br>(5) 蓄电池漏电检测 | (1) 能够正确检测电池电解液液面高度；<br>(2) 能够正确检测电池电解液密度；<br>(3) 能够正确检测蓄电池静态电压；<br>(4) 能够正确检测蓄电池启动动态电压；<br>(5) 能够正确检测蓄电池放电程度；<br>(6) 能够正确检测蓄电池放电率；<br>(7) 能够正确检测蓄电池是否漏电 |
| 4 | 能够排除蓄电池常见故障 | (1) 蓄电池电解液干涸；<br>(2) 蓄电池极板、极柱损坏；<br>(3) 蓄电池自放电 | (1) 能够正确判断蓄电池出现故障的原因；<br>(2) 能够正确处理蓄电池常见故障 |

◎ 学习指南

(1) 明确学习目标与知识及技能点清单。

(2) 按照学习任务列表完成每一项任务,任务知识部分需在课前提前完成。在完成知识部分任务时,可以参考本单元提供的学习信息,利用网络、厂家提供的维修手册、各类教学资源库等学习资源,也可以在课前或上课时向任课教师寻求帮助。任课教师会在正式上课时展示或共享大家对于知识部分任务完成情况,实现学习者交流。

(3) 在任务列表中,涉及实操部分,可以在正式上课前自行完成,也可以由任课教师在课堂上安排完成。

(4) 完成任务列表后,自行根据本节鉴定表进行自查,并根据不足进行知识与技能的补充学习。

(5) 接受任课教师按照本节鉴定表进行知识与技能鉴定。注意,鉴定可能是过程鉴定与终结性鉴定,学习者平时对学习任务的学习过程也将作为鉴定的依据,例如学习态度、学习过程中的技能展示、职场安全意识等。

 **2.2.1 学习任务**

(1) 李车主晚上回家后,忘了关汽车前照灯,第二天一早无法启动爱车,李车主遂使用车辆蓄电池跨接的方法启动爱车,图 2-46 所示为李车主跨接方法,请同学分析一下这种跨接线使用方法是否正确,若不正确,请阐述错误的原因。

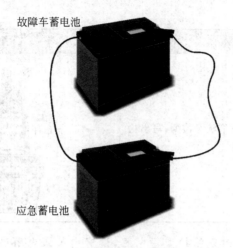

图 2-46　车辆蓄电池跨接方法

（2）表 2-3 所示为某同学的蓄电池清洗步骤，请指出其做得不到位的地方，并写出正确的清洗方法。

表 2-3　某同学的蓄电池清洗步骤

| 步骤 | 清洗部件 | 操作 |
| --- | --- | --- |
| 1 | 蓄电池外表面 | 用浓度为 8% 的苏打水溶液进行擦洗，然后用纸巾擦干 |
| 2 | 蓄电池极柱 | 用浓度为 8% 的苏打水溶液进行擦洗，然后用纸巾擦干 |
| 3 | 蓄电池托架 | 用腻子刀刮净腐蚀物，然后用苏打水溶液清洗，之后用水冲洗并干燥 |
| 4 | 蓄电池电缆卡子 | 用浓度为 8% 的苏打水溶液进行擦洗，然后用纸巾擦干 |

（3）蓄电池在使用过程中，要注意检查电解液液面高度，液面一般比极板组高 15mm，请阐述这种设计方式的原因。

（4）完成蓄电池技术状况的检测，并将你所检测的相应结果填写在表 2-4 中。

表 2-4　蓄电池技术状况检测结果表

| 操作步骤 | 图示 |
| --- | --- |
| 1. 根据右图完成蓄电池的技术状况检测，写出检测结果＿＿＿＿＿ | 上液位——最高液位<br>下液位——最低液位<br>（加注蒸馏水）<br>透明塑料壳体蓄电池 |

| 操作步骤 | 图示 |
|---|---|
| 2. 根据右图完成蓄电池的技术状况检测,写出检测结果_____ | |

**拓展材料**:对于全密封免维护型蓄电池,设有内装式电解液密度计,俗称电眼,其内部装有一颗能反光的绿色玻璃小球,通过顶端的检查孔观察其颜色来判断蓄电池的技术状况,若呈现绿色,则表明蓄电池已经充分充电;若呈现黑色,则表明充电或充电量较少;若呈淡黄色,则表明电解液不足;若呈白色,则表明蓄电池需要更换。

(5)小王在汽车蓄电池实训课程上检测蓄电池过程中,通过电眼观测到不同蓄电池绿色小球的各自状态,如图 2-47 所示,请同学们分析一下(a)、(b)、(c)所代表的信息含义。

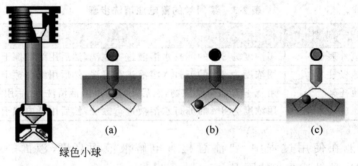

图 2-47 蓄电池技术状况的检测

_____

(6)宋先生有一辆比亚迪 G5 轿车。一日,宋先生对爱车蓄电池静态电压做检测时,先把万用表旋到 20V 挡,之后将红表笔与黑表笔分别连接蓄电池的正极和负极。万用表显示的数字如图 4-48 所示,请分析一下该蓄电池静态电压是否正常。

_____

(7)小李的爱车最近经常无法启动,送入维修站检修后,工作人员发现汽车启动时,发动机运转无力,车内仪表盘灯光变暗,之后使用蓄电池检测仪检测启动电压,如图 2-49 所示,请分析一下该车的蓄电池是否正常。

_____

单元2 蓄电池的维护检测

图2-48 蓄电池静态电压的检测

图2-49 用蓄电池检测仪检测车辆启动电压

（8）用高率放电计测量蓄电池放电电压时不能超过5s，电压为10.6V以上为正常，如果电压偏低或再次测量时电压降较大，说明蓄电池有故障。你认同这种说法吗？请阐述自己的理由。

_____

（9）汽车蓄电池的放电率是衡量其质量优劣的一个重要指标，小王认为检测蓄电池放电率时，需要将蓄电池放电仪与蓄电池正负极连接，设置好放电电流后，观察蓄电池电压压降与时间的对应关系即可，你认同这种说法吗？是否有前提条件的补充？

_____

（10）汽车在停放的过程中，不可避免地会自放电，正常情况下蓄电池暗电流一般为20～50mA，纪车主对其爱车北京现代ix35进行暗电流检测时，其操作步骤总结如下：关闭所有用电器开关，关上门窗，车内灯全部熄灭、锁车门。打开发动机盖，将电池负极连接线螺钉松开，这时用万用表电流10A挡，万用表负极黑线接电池负极桩头，正极红线接电池连接线头，闭锁车辆2min后，读出暗电流数值为390mA，如图2-50所示。当纪车主拔掉发动机盖内的防盗开关时，如图2-51所示，测量的暗电流显示为20mA，同学们能分析出该现象的原因吗？

图2-50 蓄电池暗电流的检测

图2-51 发动机盖内的防盗开关插头

_____

(11) 同学们还记得蓄电池的内部故障和外部故障有哪些吗？下面请以连线的形式对号入座吧。

外部故障

内部故障

自放电

外壳破裂

活性物质脱落

极柱腐蚀

极板栅架腐蚀

极板硫化

极桩松动

极板短路

封胶干裂

极板拱曲

**拓展材料**：蓄电池的充电和放电过程是依靠内部的电解液来进行的，电解液消耗过快，会造成液面过低，极板露出液面，就会导致极板氧化和硫化，其后果是蓄电池容量易减少，降低蓄电池使用寿命。现在大多车型选用的都是免维护型蓄电池，封闭的结构设计能够避免汽车行驶过程中的剧烈震动而导致的电解液飞溅，此外就是充电电流过大，蓄电池内部温度上升，电解液沸腾后向外蒸发；另外，蓄电池外见裂纹，塞子没有旋紧，周围有高温影响都会使蓄电池消耗过快。

(12) 车主小王是一位对汽车维修有浓厚兴趣的人，最近自己的朗逸爱车经常亏电，即使充足电也只能维持很短的时间。动手能力较强的小王决定自己解决这一故障，鉴于自己朗逸爱车已行驶一年有余，初步判断为蓄电池故障（瓦尔塔品牌免维护型蓄电池），汽车未启动时，打开发动机盖后，小王使用万用表、电流钳表、试灯等工具检测电源回路一切正常。启动发动机后，已知小王爱车蓄电池规格为 12V、60A·h，用钳表测得充电电流为 25A。之后蓄电池断电，通过电眼观察浮子球呈无色或淡黄色，得出蓄电池液面过低的结论。

① 从检测的充电电流为 25A 这一信息，我们能判断出蓄电池液面过低的原因是什么？如何处理才能解决这一故障？

② 小王发现蓄电池液面过低后，自己网购了蓄电池电解液。他将蓄电池商标揭开后，通过旋塞孔注入电解液至合适高度，如图 2-52 所示，之后将蓄电池外观包装好后继续投入使用，你认为这种做法有不妥之处吗？请讲明原因。

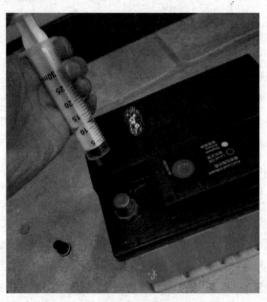

图 2-52 蓄电池电解液的注入

_____

**拓展材料**：蓄电池在无负载状态下，电量自行消失的现象称为自行放电（俗称"漏电"），若每昼夜电量降低超过 2% 额定容量，说明蓄电池有自行放电故障，如果车辆长时间不用，最好保持每 15 天重新启动一次，并每次让发动机运转 20min 左右，让蓄电池再次充满电。

（13）一辆长安标致雪铁龙 DS 7 汽车在启动时出现"嗒嗒"的声音，发动机不能正常启动。王车主检查启动电机没有损坏，蓄电池接线无虚接现象。进而怀疑是电池电量不足造成。使用正常车辆蓄电池跨接的方法汽车顺利启动后，王车主刻意将原电池电量充足后才关闭发动机，此时车内仪表、灯光、喇叭系统一切正常，但是仅过了一天，同样的故障再次出现。请问该故障产生的原因是什么呢？如何解决这种故障？

_____

_____

### 鉴定

任课教师可以通过平时教学过程中学习者的学习态度、参与教学活动的积极性、职场安全意识及终结性鉴定结果等确定其最后鉴定结果，每个学习者最多可以鉴定 3 次，鉴定教师可以把鉴定情况填入表 2-5。

表 2-5　2.2 节鉴定表

| 序号 | 学 习 目 标 | 鉴定1 | 鉴定2 | 鉴定3 | 鉴 定 结 论 | 鉴定教师签字 |
|---|---|---|---|---|---|---|
| 1 | 能够正确地跨接车辆蓄电池 | | | | □通过<br>□不通过 | |
| 2 | 能够维护汽车用蓄电池 | | | | □通过<br>□不通过 | |
| 3 | 能够检测汽车用蓄电池 | | | | □通过<br>□不通过 | |
| 4 | 能够排除蓄电池常见故障 | | | | □通过<br>□不通过 | |

### 2.2.2　蓄电池的跨接

启动机工作时需要大量电能,如果蓄电池亏电导致电量不足,启动机就无法正常工作。此时需要借用其他车辆的蓄电池,将其连接到亏电车辆上实施跨接启动。跨接蓄电池时正负极绝对不能接反,否则会烧坏汽车电脑及其他控制模块(主要是反极性的电流击穿模块的控制元件),例如一辆奥迪 C5,因维修技师跨接蓄电池时接反极性,最终造成车身电脑、风扇控制模块烧坏。另外,刚充完电的干式蓄电池,如果极性接反会造成爆炸引发人身伤害事故,例如一辆奔驰 450,维修技师使用充了一晚上的干式蓄电池跨接启动时,接反极性引起了爆炸,烧坏技师的皮鞋及全身衣服。

车辆蓄电池正确跨接的具体步骤如下。

**1. 操作前检查**

在跨接蓄电池启动车辆前,首先应进行一些常规检查。

(1) 检查蓄电池外观,检查发电机皮带、连接线路是否牢固(同时对故障车发动机进行常规检查,如机油、防冻液等)。

(2) 救援车应停在故障车电瓶放置的一侧,特殊情况下可停在被救援车的另一侧或正前方。

(3) 确定故障车蓄电池正负极位,两组蓄电池的电压均为 12V,助力蓄电池的容量应与无电蓄电池的容量基本一致。如故障车蓄电池电压较低,则须先使用救援车进行充电 5～10min。

(4) 在 −10℃ 下,无电蓄电池会冻结。一旦冻结,应在其溶化后再进行跨接,救援车与故障车不可接触,否则正极连接,会使电往车身流失。

**2. 蓄电池的跨接**

利用蓄电池跨接启动车辆的步骤如下。

(1) 将红色跨接线一端与无电蓄电池正极相连,另一端与救援车的蓄电池正极相连接。

(2) 将黑色跨接线负极与救援车蓄电池负极连接,另一端不要直接跨接到故障车蓄电池负极上。因为直接跨接负极,电流会流入故障蓄电池内,不容易启动。另外,跨接负极可能会产生火花,引燃被救车蓄电池里的氢气发生危险。因此,把跨接线连接在车身的搭铁部位更为保险,如图 2-53 所示。

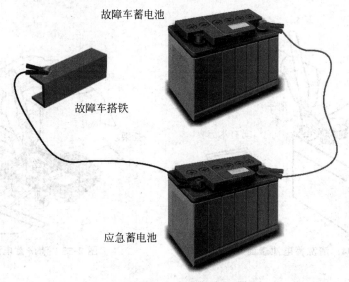

图 2-53 应急跨接

(3)挡位放置在空挡位置,并拉紧手制动。关闭故障车的所有用电设备,确认被救援车前方无人。

(4)常规启动被救援车,同时检查连接处有无不实或过热现象,如有应立即停止启动。

(5)解除跨接线时应先取负极,再取正极。即先摘取被救援车辆的负极搭线,然后再摘取救援车的负极搭线,最后取下被救援车辆的正极搭线,再取下救援车的正极搭线。

### 2.2.3 蓄电池的维护

经过了夏天的暴晒和雨淋,汽车蓄电池的连接处极可能出现氧化等故障。蓄电池是汽车上的主要储能装置,为车辆上的所有电子系统提供电力,其重要性毋庸置疑,现代化的汽车电子化程度越来越高,其对汽车蓄电池的依赖性也越强,电池缺电会导致整车瘫痪。因此,汽车蓄电池的维护和保养十分重要。

一般轿车上使用的蓄电池为铅酸蓄电池。常见的铅酸蓄电池有两类,一类是加水型铅酸蓄电池,另一类是免维护型铅酸蓄电池。目前市面上 80% 以上的车型用的蓄电池是免维护型铅酸蓄电池。安装前,应检查待用蓄电池型号是否和本车型相符,电解液密度和高度是否符合规定。

保持蓄电池外表面的清洁干燥,电解液泄漏会在极柱上产生白色的硫酸铅和黄色的硫酸铁糊状物质,这些物质都有较强的腐蚀性。

蓄电池极桩接线柱外表有腐蚀物,接线柱内表面也会出现腐蚀现象,导致电阻值增大,影响蓄电池的正常充电和放电,必须及时清除极柱和电缆卡子上的氧化物,对蓄电池、蓄电池托架、极柱和电缆卡子进行清洗时，应先用碱水或10%苏打水溶液或者氨水擦洗，再用清水冲洗，最后干燥，如图2-54～图2-56所示。注意清洗蓄电池之前，要拧紧加液孔盖，防止苏打水进入蓄电池内部，另外，极柱卡子应按规定力矩紧固，保证与极柱之间接触良好。

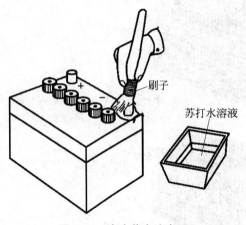

图2-54 清洗蓄电池表面

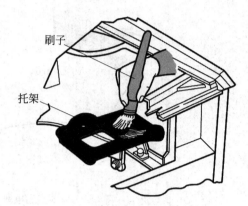

图2-55 清洗蓄电池托架

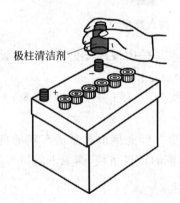

图2-56 清洁蓄电池极柱和电缆卡子

由于免维护型蓄电池没有加水孔以及液位刻度。我们需通过蓄电池上的电眼来判断蓄电池的状态。电眼为绿色，表示电池正常，充电足；电眼为黑色，表示蓄电池需要充电；电眼为白色，表示蓄电池需要更换。

## 2.2.4 蓄电池的检测

蓄电池的检测主要从电解液液面高度及密度、静态电压、启动动态电压、放电程度、放电率、漏电等几个方面展开。

**1. 检测蓄电池电解液液面高度与电解液密度**

检测液面高度判断电解液量是否充足。蓄电池电解液液面应高于隔板上沿10～15mm。对于外壳有高度指示标线蓄电池，可外部观察，正常液面高度应介于两线之间，检测蓄电池液面高度的方法有三种：玻璃管测量法、液面高度指示线法、加液孔液位判断，如图 2-57 所示。

### 2. 检测蓄电池电解液密度

检测蓄电池的电解液密度可以用来判断放电程度。电解液密度可用专用的吸式密度计测量，其测量过程如图 2-58 所示。测量蓄电池电解液密度时，蓄电池应处于稳定状态。蓄电池充、放电或加注蒸馏水后，应静置 0.5h 后再测量。

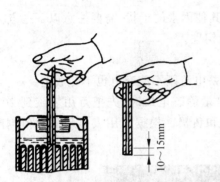

图 2-57 玻璃管测量法测量电解液面高度

图 2-58 检测蓄电池电解液密度

对于全密封免维护型蓄电池，设有内装式电解液密度计，其内部装有一颗能反光的绿色玻璃小球，通过顶端的检查孔观察其颜色来判断蓄电池的技术状况，若呈现绿色，则表明蓄电池已经充分充电；若呈现黑色，则表明蓄电池电量较少；若呈淡黄色，则表明电解液不足，如图 2-59 所示。

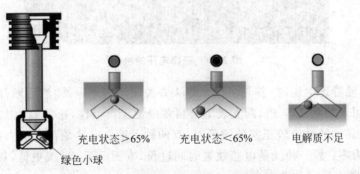

图 2-59 免维护型蓄电池内装式电解液密度计

蓄电池电解液密度和充电状态以及电压成正比，根据蓄电池电解液的密度可以判断放电程度，不同温度、不同型号的蓄电池电解液密度与充电状态之间的对应关系略有偏差，蓄电池电解液密度、充电状态、电压的对应关系近似值如表 2-6 所示。

表 2-6 蓄电池电解液密度和充电状态以及电压对应关系

| 电解液密度/(kg/m³) | 充电状态/% | 电压/V |
| --- | --- | --- |
| 1.28 | 100 | 12.7 |
| 1.21 | 60 | 12.3 |
| 1.18 | 40 | 12.1 |

### 3. 检测蓄电池静态电压与启动动态电压

汽车蓄电池静态电压是指电池处在不充电也不放电的状态测得的电压;动态电压是指在放电或充电状态测得的电压,一块 12V 的蓄电池典型指标如下:充满电的新电池静态电压为 12.6V 左右;在车上充电状态电压为 13～14.8V,最高电压不超过 15V;启动机运转状态下,状态好的电池(容量充足、存电充足)电压应大于 10V,最低不会少于 8V。

(1) 检测蓄电池静态电压

检测蓄电池静态电压时,为确保测量的数值无其他因素的干扰,需要注意以下三点。

① 关闭点火开关并断开所有用电器,拔出点火钥匙。

② 断开蓄电池负极接线端。

③ 充放电后至少等待 2h。在这个时间段内对蓄电池既不能充电也不能放电。

蓄电池的输出电压为 12V 左右,利用万用表测量静态电压时,先把万用表旋到 20V 挡,之后将红表笔与黑表笔分别连接蓄电池的正极和负极。根据万用表显示的数值判断蓄电池的静态电压是否正常,如图 2-60 所示。

图 2-60 静态电压的检测

检测蓄电池静态电压时,首先将汽车熄火并关闭所有用电器,然后断开蓄电池负极接线,最后将万用表旋到 20V 挡,两支表笔外接蓄电池正负极柱,正常值为 12.5V 以上。

当电压表显示的数值较正常值很低时,有两种可能:一种是蓄电池内部完全断路,电路不通,电压为零;另一种就是电瓶放置时间过长,电压低至 2V 或更低,甚至为零。

(2) 检测蓄电池启动动态电压

空载电压并不能完全说明蓄电池是否亏电,测量值为蓄电池开路电压,没有电流通过,蓄电池内阻没有分担电动势,所以测量电压较高。实际蓄电池在供电时,用电设备通过蓄电池构成回路。蓄电池内阻会分担一部分电动势,而且随着蓄电池的放电,其内阻不断增加,内部压降也随之提高,导致蓄电池实际输出电动势降低。因此引入了蓄电池启动电压的检查,检查蓄电池在启动负载条件下的输出电压。

蓄电池启动电压的万用表检测与上述静态电压的万用表检测方法类似,区别在于需要在发动机启动时测量蓄电池两端的放电电压,在此不再重复介绍。这里我们以另外的方法介绍启动电压的检测。

随着科技的发展,汽车检测工具也偏向智能化,不再局限于传统的万用表检测。如

图 2-61 所示,将 MICRO-100 蓄电池检测仪接线头与蓄电池正、负极搭接后,设置好相应的参数,按提示启动汽车,测试仪将自动完成启动系统测试并显示测试结果。

图 2-61　启动动态电压检测

### 4. 检测蓄电池放电程度

检测蓄电池放电电压就是测量蓄电池以启动电流放电时的端电压,可以判断蓄电池的技术状况、放电程度和启动能力。检测时可用高率放电计检测或就车启动检测。

高率放电计如图 2-62 所示。高率放电计是模拟启动机工作状态,检测蓄电池容量的仪表。它由一只电压表和一负载电阻组成,接入蓄电池时,蓄电池对负载电阻放电,放电电流可达 100A 以上。检测时将高率放电计的正、负放电针分别压在蓄电池的正、负极柱上,不超过 5s,观察此时蓄电池端电压的变化程度,如果电压在 9.6V 以上,并保持稳定,说明性能良好;如果稳定在 10.6~11.6V,说明存电充足;如果稳定在 9.6~10.6V,说明存电不足,应进行补充充电;如果电压迅速下降,说明蓄电池有故障,应进行修理或更换,绿色为好,黄色为弱。图 2-63 所示的指针指示在绿色区域说明蓄电池性能良好。

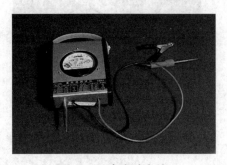

图 2-62　高率放电计

图 2-63　蓄电池放电电压测试结果

### 5. 检测蓄电池放电率

衡量蓄电池放电快慢的放电参数即是放电率,常见的放电时率为 20h、10h。例如,汽车启动用铅酸蓄电池容量为 120A·h,20h 的放电率是指用 120/20=6A 的电流放电,可以放电 20h。放电电流越大,蓄电池的实际容电量会显示得越小,如 20C 放电率的 120A·h 的蓄电池,如果使用12A放电(也就是10h的放电率,称为10C放电率),则必定不能使用10h。

蓄电池放电率是一种衡量汽车蓄电池容量的重要参考标准,检测蓄电池放电率时,首先需要确保蓄电池是充足电的状态,将蓄电池放电仪与蓄电池正、负极连接。之后合上放电仪控制开关,进入放电参数设置界面,按照蓄电池铭牌上的参数设置好放电电流、放电时间,最后合上放电开关,开始让蓄电池放电。在蓄电池放电过程中,需要记录下蓄电池电压随放电时间的变化。

图 2-64 TS-C 型 4 路放电仪

如图2-64所示,以TS-C型4路放电仪为例介绍蓄电池放电率的检测过程。将容量检测开关拨至报警处,将放电仪正、负极夹头夹在蓄电池正、负极上,设置好放电报警电压(如10.5V),当数字计数器走动,电阻丝发热时,表明放电仪正常工作,蓄电池在持续放电,放电时指示灯为红灯,当蓄电池电压低于报警电压设定值(如10.5V)时,放电仪绿灯开始报警,从放电到报警时间为容量检测时间,报警后,可取下蓄电池停止放电,也可以拨动开关,深度放电并记录相应的时间。

**6. 检测蓄电池充电电压、充电电流**

检测蓄电池充电电压、充电电流,确保蓄电池和发电机工作正常,如图2-65和图2-66所示。蓄电池充电状态电压为13~14.8V,最高电压不超过15V,发动机启动后,充电电流初始值一般为20~40A,随后慢慢下降,如果显示的电流没有变化或电流变化很大,则蓄电池充电过程存在故障。

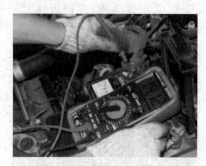

图 2-65 检测充电电压

图 2-66 检测充电电流

**7. 检测蓄电池是否漏电**

汽车蓄电池漏电现象是指汽车停驶一段时间(如隔夜等),蓄电池逐渐放电以致影响汽车启动或出现电器工作不正常的现象。导致汽车蓄电池漏电的原因如下。

(1) 停车时用电电器开关未完全关闭。

(2) 蓄电池极板短路或氧化脱落导致蓄电池自放电。

(3) 汽车电器、线束、传感器、控制器、执行器等电子元器件和电路搭铁造成漏电。尤其是对于一些老旧车型或原车线束遭到改装的车辆,此类漏电故障更容易发生。

当汽车存在漏电现象时,停放两三天后可能无法启动发动机,甚至无法打开遥控车门,检测汽车是否漏电,我们可以按照下列步骤进行。

(1) 接车之后检查外观,确保蓄电池、发动机机舱线束连接正常。

(2) 关闭车上所有用电设备:关上门窗,车内灯全部熄灭后,打开发动机盖,部分车型(如北京现代ix35)需要按下发动机盖的感应开关或者拔掉感应开关的插头(切断发动机盖报警系统回路的电流),锁好车门,将电池负极连接线螺钉松开,使用万用表、钳形电流表、蓄电池检测仪等工具检测汽车暗电流,如图2-67和图2-68所示。汽车内电子控制单元为了保持数据的记忆功能,必须长期供电,比如音响(记忆频段、CD曲目)、空调(记忆风向风速的设定),一些防盗传感器等,测量的暗电流一般为20~50mA,越高档的汽车,随着车内电器的增多,暗电流越大,例如宝马车系的休眠电流不大于80mA为正常。

图2-67 万用表检测暗电流

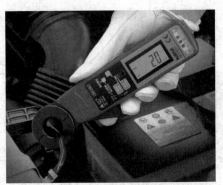

图2-68 钳形电流表检测暗电流

若测得的电流值过大,则说明车辆有漏电故障。这时我们应用故障排除法,将熔丝逐个拔下,观察电流值的变化。在排除改装之后,首先检测室内灯、门灯、化妆镜灯、后备厢照明灯等易发生故障的回路,之后从熔丝盒入手检测。如果拔出某个熔丝,电流降至正常范围,则故障点是通过此熔丝的电路或用电器。查阅电路图或查看线路走向,顺线路查找出损坏部位进行修理。

### 2.2.5 蓄电池的常见故障处理

蓄电池的常见故障包括外部故障与内部故障,其中外部故障有外壳裂纹、极柱松动、极柱腐蚀、封胶干裂等,内部故障有极板硫化、极板短路、极板栅架腐蚀、活性物质脱落、自放电等。现在汽车大多采用免维护型蓄电池,无须拆卸,本节从蓄电池故障产生的原因和免维护型蓄电池常见故障两方面着重介绍。

微课——蓄电池正极主供接线故障案例

**1. 蓄电池故障产生的原因**

(1) 极板硫化。极板硫化是指极板上生产一层白色粗晶粒的$PbSO_4$,在正常充电时不能转化为$Pb$和$PbO_2$的现象,如表2-7所示。

表 2-7 极板硫化特性描述

| 故障特征 | (1) 硫化的蓄电池电池容量小,放电时,电压急剧下降,过早降至终止电压;<br>(2) 蓄电池充电时单格电压上升过快,电解液温度迅速升高,但密度增加缓慢,充电时有气泡产生 |
|---|---|
| 故障原因 | (1) 长期过量放电或小电流深度放电,使极板深处活性物质的孔隙内生成 $PbSO_4$;<br>(2) 蓄电池长期充电不足或放电后没有及时充电,导致极板上的 $PbSO_4$ 有一部分溶解于电解液中,温度越高,溶解度越大。当温度降低时,溶解度减小,溶解的 $PbSO_4$ 就会重新析出,在极板上再次结晶,形成硫化;<br>(3) 电解液液面过低,使极板上部与空气接触而被氧化,在行车中,电解液上下波动与极板的氧化部分接触,会生成大晶粒 $PbSO_4$ 硬化层,使极板上部硫化;<br>(4) 新蓄电池初充电不彻底,活性物质未能得到充分还原;<br>(5) 电解液密度过高、成分不纯,外部气温变化剧烈 |

(2) 极板栅架腐蚀。极板栅架腐蚀现象为正极板栅架腐蚀,极板呈腐烂状态,如表 2-8 所示。

表 2-8 极板栅架腐蚀特性描述

| 故障特征 | 活性物质以块状堆积在隔板之间,蓄电池输出容量降低 |
|---|---|
| 故障原因 | (1) 蓄电池经常过充电,正极板处产生的 $O_2$ 使栅架氧化;<br>(2) 电解液不纯;<br>(3) 电解液密度、温度过高,充电时间过长,会加速极板腐蚀 |

(3) 活性物质脱落。活性物质脱落主要指正极板上的活性物质 $PbO_2$ 的脱落,如表 2-9 所示。

表 2-9 活性物质脱落特性描述

| 故障特征 | 蓄电池容量减小,充电时从加液孔中可以看到有褐色物质,电解液浑浊 |
|---|---|
| 故障原因 | (1) 蓄电池经常过充电,极板孔隙中逸出大量气体,在极板孔隙中造成压力,使活性物质脱落;<br>(2) 蓄电池充电电流过大,电解液温度过高,使活性物质膨胀、松软而易于脱落;<br>(3) 经常低温大电流放电使极板弯曲变形,导致活性物质脱落;<br>(4) 汽车行驶中的颠簸震动 |

(4) 极板短路。极板短路是指蓄电池正负极被其他导电物质短接构成直接回路,如表 2-10 所示。

表 2-10 极板短路特性描述

| 故障特征 | 极板短路的蓄电池充电时充电电压过低,电解液温度迅速升高,密度上升过慢 |
|---|---|
| 故障原因 | (1) 隔板破损使正、负极板直接接触;<br>(2) 活性物质大量脱落,沉积后将正、负极板连通;<br>(3) 极板组弯曲 |

(5) 自放电。蓄电池在无负载的状态下,电量自动消失的现象称为自放电,如表 2-11 所示。

表 2-11 自放电特性描述

| 故障特征 | 蓄电池充足电在 1 个月内每隔昼夜容量降低超过 3% |
|---|---|
| 故障原因 | (1) 蓄电池长期存放,硫酸下沉,使极板上、下部产生电位差,引起自放电;<br>(2) 蓄电池溢出的电解液堆积在电池盖的表面,使正、负极性形成通路;<br>(3) 电解液不纯,杂质与极板之间以及沉附于极板上的不同杂质之间形成电位差,通过电解液产生局部放电;<br>(4) 极板活性物质脱落,下部沉积物过多使极板短路 |

### 2. 免维护型蓄电池常见故障案例分析

**案例 2-1**：李车主最近驾驶爱车时,发现仪表盘灯光不足,发动机经常无法正常启动,送入维修后,检查发现该车蓄电池为一个 12V、72A·h 免维护型蓄电池,使用时间不长,充电到 12.8V 后进行放电,短路电流只有 300 多毫安。揭开蓄电池上盖检查,电解液已近干涸。

免维护型蓄电池在充电时基本不产生气泡,可以在密封状态下,省去了加水等维护工作。但蓄电池在充电和放电过程中要完全不产生气体是不可能的,为了释放气体,蓄电池不能完全密闭。撬开蓄电池上部的塑料盖板,就可以看到每个小电池上面都有一个用橡皮帽盖上的加液孔,蓄电池的水分可以通过橡皮帽蒸发出去。即使蓄电池不使用,水分也会蒸发,造成蓄电池容量下降,严重时蓄电池就会干涸而不能充、放电。当免维护型蓄电池电解液严重不足时,需要更换新的蓄电池。

**案例 2-2**：王车主有一辆标致 307 汽车,一天下班准备驾车回家时,发现电遥控钥匙无法打开车门,用机械钥匙只能打开驾驶门,车内灯光系统与喇叭全部失灵,整车处于失电的状态。由于王车主平时酷爱汽车维修,有一定的维修基础,遂判断出爱车蓄电池处于不导通的状态,打开发动机盖检查后,发现蓄电池极柱腐蚀并断掉一截。

汽车蓄电池接线部分出现故障时,蓄电池将无法向汽车所有用电设备供电,当蓄电池极柱腐蚀或者断掉一截时,需要更换新的蓄电池。

**案例 2-3**：一位酷爱汽车维修的宋车主,最近自己的捷达汽车蓄电池充满电放置一天后,会出现启动机运转无力、喇叭声音弱、前照灯灯光很暗的现象。打开发动机盖,蓄电池跨接启动后,车上电子设备恢复正常状态,测量发电机输出电压为 13.8V,基本正常。由此宋车主怀疑蓄电池存在自放电现象,当汽车熄火后,拆卸蓄电池负极时,发现接线柱有强烈的电火花,用钳形电流表测试暗电流,电流为 800mA。

当蓄电池出现亏电而不断电的现象,一般有以下两种原因。

① 车辆运行过程中蓄电池逐渐耗尽,可以考虑是发电机或充电系统有问题。

② 车辆运行过程中一切正常,当停止行驶一两天后,蓄电池亏电,可以考虑是蓄电池两极柱之间短路或部分车内设备无法正常关闭而存在持续耗电的现象。

案例 2-3 中宋车主的汽车明显是原因②中的漏电现象,此时应采用排除法逐一拔掉不经过点火开关的用电器(散热器风扇、点烟器、收音机、制动灯、门灯、小灯等)的熔丝,观察漏电电流的变化,若无变化则继续逐一拔掉所有继电器进行单一的排查。本案例中当宋车主拔掉进气歧管预热继电器后,漏电电流消失,手触碰该继电器表面发热严重。拆开发热的继电器,发现其内部烧蚀黏结。更换新的继电器后,漏电电流消失,蓄电池不再亏电。

# 单元 3

# 电器部件及检测

## 3.1 电路保护装置

在汽车整车电路中,电流由蓄电池或发电机出发,经导线、开关、连接器等分配到汽车的各个电器系统,为了保证各个用电器的正常工作,汽车保险装置一般串联在电路上游,可及时地切断电路下游由于电路短路、超负荷等引发的过电流,是保护构成汽车电路的导线、用电设备、装置等免遭火灾等事故损害的重要部件。

微课——汽车保险装置的介绍及检测

◎ **客户委托 3-1**

董先生有一辆玛莎拉蒂 V6 汽车,最近驾车时发现点烟器无法使用,遂求助自己从事汽车修理的技师朋友,该技师按照由浅入深的步骤进行排查时,如图 3-1 所示,对照说明书找到相应的保险片,发现保险片已经烧断了。同学们,你们能判断出该故障的原因吗?并谈谈如何进行维修。

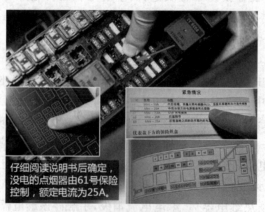

图 3-1 对照说明书找到相应的保险片

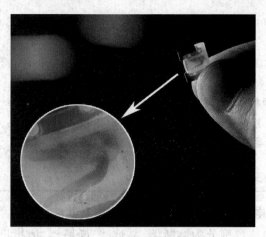

图 3-1(续)

## ◎ 学习目标

(1) 能够描述汽车电路保险装置的分类、结构及其特性;
(2) 能够正确检测汽车电路保险装置。

## ◎ 知识与技能点清单

| 序号 | 学习目标 | 知 识 点 | 技 能 点 |
| --- | --- | --- | --- |
| 1 | 能够描述汽车电路保险装置的分类、结构及其特性 | (1) 保险装置的分类;<br>(2) 保险装置的结构;<br>(3) 保险装置的特性 | (1) 能够识别熔断器、易熔线、断路器及其电气符号;<br>(2) 能够正确识别插片式熔断器的结构组成;<br>(3) 能够根据颜色标志判断出插片式熔断器、易熔线的额定电流;<br>(4) 能够指出熔断器盒在车身所处位置,并熟知它们各自保护的电器元件;<br>(5) 能够区分出恢复式断路器和手动恢复式断路器的功能 |
| 2 | 能够正确检测汽车电路保险装置 | (1) 影响保险装置烧毁的因素;<br>(2) 试灯检测法;<br>(3) 万用表电阻检测法 | (1) 能够通过试灯检测汽车电路保险装置;<br>(2) 能够通过万用表检测汽车电路保险装置 |

## ◎ 学习指南

(1) 明确学习目标与知识及技能点清单。

(2) 按照学习任务列表完成每一项任务,任务知识部分需在课前提前完成。在完成知识部分任务时,可以参考本单元提供的学习信息,利用网络、厂家提供的维修手册、各类教学资源库等学习资源,也可以在课前或上课时向任课教师寻求帮助。任课教师会在正式上课时展示或共享大家对于知识部分任务完成情况,实现学习者交流。

（3）在任务列表中,涉及实操部分,可以在正式上课前自行完成,也可以由任课教师在课堂上安排完成。

（4）完成任务列表后,自行根据本节鉴定表进行自查,并根据不足进行知识与技能的补充学习。

（5）接受任课教师按照本节鉴定表进行知识与技能鉴定。注意,鉴定可能是过程鉴定与终结性鉴定,学习者平时对学习任务的学习过程也将作为鉴定的依据,例如学习态度、学习过程中的技能展示、职场安全意识等。

### 3.1.1 学习任务

**1. 能够描述汽车电路保险装置的分类、结构及其特性**

（1）汽车电路保险装置可分为熔断器、易熔线、断路器,请指出图 3-2(a)～图 3-2(c) 分别是哪种保险装置,并将它们与其对应的常用符号连接起来。

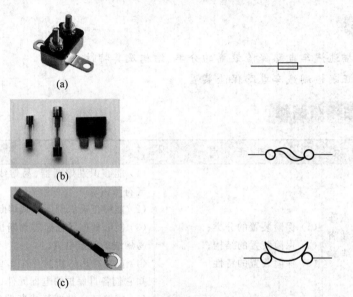

图 3-2　汽车电路保险装置及其常用符号

（2）插片式熔断器属于快熔型熔断器,它比普通导线的熔点低,主要由熔体、电极和支架三部分组成,如图 3-3 所示,请同学们简述图中序号所代表结构的名称。

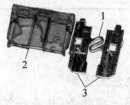

图 3-3　插片式熔断器的结构

(3) 插片式熔断器的不同颜色代表不同的电流,我们可以根据颜色的不同,区分不同插片式熔断器熔断电流的大小。请根据图 3-4 中插片式熔断器的颜色,标出它们所代表的额定电流。

| 额定电流/A | 插片式熔断器 |
|---|---|
| 30 |   |
|  |   |
|  |   |
|  |   |
|  |   |
|  |   |

图 3-4 插片式熔断器额定电流

(4) 易熔线的规格以易于熔断的电线线段的导体标称截面表示,并以其对应的颜色加以区分,请同学们查阅资料并填写表 3-1。

表 3-1 易熔线的规格

| 编号 | 易熔线导体截面积/mm² | 颜色标志 |
|---|---|---|
| 1 | 1.5 | 黄 |
| 2 |  | 黑 |
| 3 |  | 蓝 |
| 4 | 0.85 |  |
| 5 | 0.75 |  |
| 6 | 0.50 |  |
| 7 |  | 紫 |
| 8 | 0.25 | 绿 |

**拓展材料**:熔断器的熔丝固定在可插式塑料片上或封装在玻璃管中,通常将熔断器集中安装在一个盒中,并称之为熔断器盒或电源盒,如图 3-5 所示。通常情况下,在熔断

器盒盖上注明各熔断器的名称、额定容量和位置,有的还在熔断器上涂上不同的颜色,以便于检修时识别。

图 3-5　熔断器盒

(5) 汽车上一般有两个熔断器盒,一个负责汽车外部电器的安全(发动机舱内的熔断器盒),另外一个负责车内电器的正常工作(驾驶室的熔断器盒),如图 3-6 和图 3-7 所示。请同学们分别列举熔断器盒负责保护的电器元件,例如车灯、喇叭、安全气囊等。

图 3-6　汽车发动机舱内的熔断器盒外观　　　图 3-7　驾驶室的熔断器盒

_____

_____

(6) 断路器起保护作用的主要元件是双金属片和触点,主要有自动恢复式断路器、手动恢复式断路器。请简述自动恢复式断路器和手动恢复式断路器的区别。

_____

_____

(7) 老张开了多年的汽车,在夜晚行驶的时候总感觉车灯亮度不够,听从朋的建议,其将车灯换成了大功率车灯。夜晚行车的时候,车灯果然亮了许多。但没过多久,车灯突然熄灭。同学们,你们能猜测出车灯熄灭的原因是什么吗?

_____

_____

**2. 能够正确检测汽车电路保险装置**

(1) 刘师傅行车时,打开空调后发现无法制冷。停车后,在发动机未熄火且空调打开的条件下检测压缩机回路中的保险片是否熔断,根据熔断器盒上盖的图例找到对应的保险片后,利用试灯的方法进行检测,如图 3-8 所示,请简述相应的检测步骤。

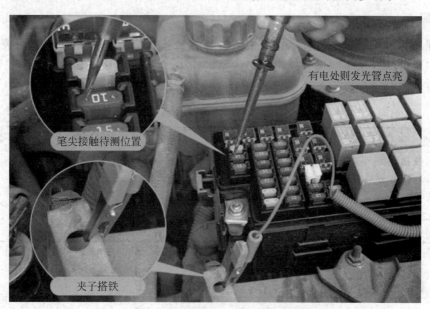

图 3-8　汽车电路保险装置的检测

(2) 某实训课上,小王利用万用表检测汽车保险片时,如图 3-9 所示,万用表发出了蜂鸣声,并显示阻值为 0.4Ω,请同学们简述一下被测的保险片是否正常,为什么?

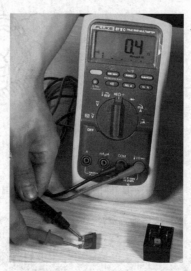

图 3-9　汽车保险片的检测

### 鉴定

任课教师可以通过平时教学过程中学习者的学习态度、参与教学活动的积极性、职场安全意识及终结性鉴定结果等确定其最后鉴定结果,每个学习者最多可以鉴定 3 次,鉴定教师可以把鉴定情况填入表 3-2。

表 3-2　3.1 节鉴定表

| 序号 | 学习目标 | 鉴定1 | 鉴定2 | 鉴定3 | 鉴定结论 | 鉴定教师签字 |
|---|---|---|---|---|---|---|
| 1 | 能够描述汽车电路保险装置的分类、结构及其特性 | | | | □通过<br>□不通过 | |
| 2 | 能够正确检测汽车电路保险装置 | | | | □通过<br>□不通过 | |

### 3.1.2　保险装置的分类、结构及其特性

汽车电路中设有保险装置,当线路因负荷超载、短路故障而电流过大时,保险装置自动断开电源电路,以防止线路或用电设备烧坏。汽车上常用的电路保护装置分为熔断器、易熔线、断路器,其常用符号如图 3-10 所示。

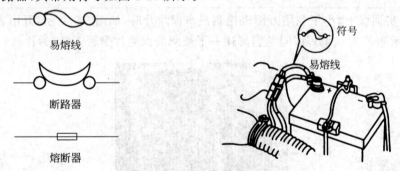

图 3-10　保险装置常用符号

**1. 熔断器**

熔断器俗称熔丝,如图 3-11 所示,其保护元件是熔丝,串联在所保护的电路中。当通

图 3-11　熔断器

过熔丝的电流超过其规定值时,熔丝发热熔断,从而保护了线路用电设备不被烧坏。熔丝有两个重要的工作参数,一个是工作电压,另外一个则是额定电流,车主在购买或更换时要根据电路中的电压和电流来选择。

汽车常用熔断器有高电流熔断器和中低电流熔断器。一般较容易接触到的为中低电流熔断器。中低电流熔断器大致可分为管式熔断器、旋紧式熔断器、插片式熔断器和平板式熔断器。下面我们以最常见的插片式熔断器为例详细说明。

插片式熔断器(俗称"保险片")一般安装在仪表盘附近或发动机盖下面的熔断器盒内,常与继电器组装在一起,构成全车电路的中央接线盒。插片式熔断器外观与熔值标注如图 3-12 所示。插片式熔断器一般额定工作电流为 2～80A。

图 3-12　插片式熔断器外观及其熔值标注

根据颜色的不同,可以很清楚地区分不同插片式熔断器熔断电流的大小,如图 3-13 所示。

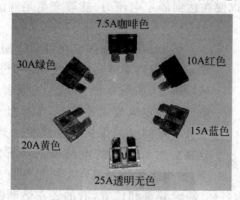

图 3-13　插片式熔断器颜色

通常不同型号的熔断器采用不同的颜色,见表 3-3～表 3-6。

表 3-3　普通熔丝

| 额定电流/A | 颜　　色 | 额定电流/A | 颜　　色 |
| --- | --- | --- | --- |
| 3 | 紫 | 15 | 蓝 |
| 5 | 棕黄 | 20 | 黄 |
| 7.5 | 褐 | 25 | 本色 |
| 10 | 红 | 30 | 绿 |

表 3-4　微型熔丝

| 额定电流/A | 颜　　色 | 额定电流/A | 颜　　色 |
| --- | --- | --- | --- |
| 5 | 棕黄 | 20 | 黄 |
| 7.5 | 褐 | 25 | 白 |
| 10 | 红 | 30 | 绿 |
| 15 | 蓝 | | |

表 3-5 大型熔丝

| 额定电流/A | 颜 色 | 额定电流/A | 颜 色 |
|---|---|---|---|
| 20 | 黄 | 60 | 蓝 |
| 30 | 绿 | 70 | 褐 |
| 40 | 淡黄 | 80 | 本色 |
| 50 | 红 | | |

表 3-6 温和型熔丝

| 额定电流/A | 颜 色 | 额定电流/A | 颜 色 |
|---|---|---|---|
| 30 | 粉红 | 50 | 红 |
| 40 | 绿 | 60 | 黄 |

插片式熔断器属于快熔型熔断器，它比普通导线的熔点低，主要由熔体、电极和支架三部分组成，如图 3-14 所示。其中支架壳体为透明，易于观察熔体是否断裂，熔体的尺寸要通过非常精确的校准，以便在达到额定电流时，能够产生足够的热量熔断该导体，断开电路。

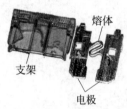

图 3-14 插片式熔断器结构

熔断器的熔丝固定在可插式塑料片上或封装在玻璃管中，通常将熔断器集中安装在一个盒中，并称之为熔断器盒或电源盒，如图 3-15 所示。熔断器的额定电流由汽车电子电气的额定电流大小确定，如果使用不可旁通熔断器或用更大容量的电路保护元件代替生产商已设计好的熔断器，这将会对汽车内的电路带来严重的安全隐患。通常情况下，将很多熔断器组合在一起安装在熔断器盒内，并在熔断器盒盖上注明各熔断器的名称、额定容量和位置，有的还在熔断器上涂上不同的颜色，以便于检修时识别。

图 3-15 熔断器盒

汽车上一般有两个熔断器盒,一个负责汽车外部电器的安全,如ECU、雨刮器、车灯、喇叭、ABS等电路的安全保护,位于发动机舱内,如图3-16所示;而另外一个负责车内电器的正常工作,例如点烟器、车窗升降、电动座椅和安全气囊等,一般位于驾驶室,如图3-17所示。

图3-16 发动机舱内的熔断器盒

图3-17 驾驶室的熔断器盒

## 2. 易熔线

易熔线比熔丝粗一些,被保护的线路的工作电流往往较大,通常连接在电源线路和通过电流较大的线路上,如北京切诺基汽车上设有五条易熔线,分别保护充电系统、预热加热器、雾灯、灯光及辅助电路。易熔线外观如图3-18所示。

根据行业标准《汽车用易熔线技术条件》(QC/T 220—2014)的规定,易熔线的规格以易于熔断的电线线段的导体标称截面表示,并以其对应的颜色加以区分,如表3-7所示。

图3-18 易熔线

表3-7 易熔线规格标记

| 编 号 | 易熔线导体截面积/$mm^2$ | 颜色标志 |
| --- | --- | --- |
| 1 | 1.5 | 黄 |
| 2 | 1.25 | 黑 |
| 3 | 1.00 | 蓝 |
| 4 | 0.85 | 橙 |
| 5 | 0.75 | 红 |
| 6 | 0.50 | 棕 |
| 7 | 0.30 | 紫 |
| 8 | 0.25 | 绿 |

易熔线应有明显的标志(图3-19),以便于熔断后的更换工作,并且在易熔线熔断后,不得因可能存在的裸露问题造成汽车电路的再次短路。

在常温常湿条件下,易熔线的熔断特性如表3-8所示。

图 3-19 易熔线规格标志

表 3-8 易熔线熔断特性

| 编号 | 易熔线导体截面积/mm² | 额定电流/A | 试验电线 | 熔断时间 |
|---|---|---|---|---|
| 1 | 1.5 | 65 | 10mm²/8±0.08m | |
| 2 | 1.25 | 55 | 8mm²/8±0.08m | |
| 3 | 1.00 | 45 | 6mm²/8±0.08m | |
| 4 | 0.85 | 40 | 5mm²/8±0.08m | ≤5s |
| 5 | 0.75 | 35 | 4mm²/8±0.08m | |
| 6 | 0.50 | 25 | 2.5mm²/8±0.08m | |
| 7 | 0.30 | 15 | 1.5mm²/8±0.08m | |
| 8 | 0.25 | 10 | 1.0mm²/8±0.08m | |

### 3. 断路器

断路器起保护作用的主要元件是双金属片和触点,主要有自动恢复式断路器、手动恢复式断路器。

(1) 自动恢复式断路器

图 3-20 所示为自动恢复式断路器结构示意。当被保护线路中的电流超过规定值时,双金属片受热弯曲而使触点张开,切断电路。电路断电后,双金属片因无电流通过逐渐冷

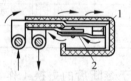 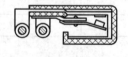

(a) 触点闭合通路　　　　(b) 触点张开断路

图 3-20 自动恢复式断路器结构示意

1—触点;2—双金属片

却伸直,触点又重新闭合,接通电路。如果导致线路电流过大的原因未及时排除,自动恢复式断路器就会使电路时而接通,时而切断,以限制通过线路的电流,起到线路过载保护的作用,可应用于汽车音响保护线路中。

(2) 手动恢复式断路器

图 3-21 所示为手动恢复式断路器结构示意。当被保护线路中的电流超过规定值时,双金属片受热向上弯曲,使双金属片两端的触点张开而切断电路。向上弯曲的双金属片冷却后不能自行恢复原形,若要重新接通电路,必须按下按钮才能使双金属片复位。

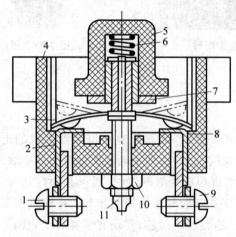

图 3-21　手动恢复式断路器结构示意

1、9—接线柱；2、8—触点；3—双金属片；4—外壳；5—按钮；6—弹簧；7—垫圈；10—锁紧螺母；11—调整螺钉

### 3.1.3　保险装置的检测

当汽车电路中负荷过大或存在短路(搭铁)故障时,会引起相应回路中熔断器、易熔线的熔丝熔断。改装汽车电器元件最容易造成保险片的烧毁,造成汽车保险装置损坏的主要原因如下。

(1) 改装大功率车灯,通常氙气灯的功率比汽车原配件大很多。

(2) 改装大功率音响。

(3) 用水冲洗发动机舱。

(4) 点烟器外接大功率电器,劣质的逆变器会增加保险片熔丝被烧断的风险。

汽车保险装置串联在电源与用电器之间,一旦保险装置被烧坏,与之相串联的用电设备将无法工作。下面我们以插片式熔断器为例详细介绍一下保险装置的两种检测方法。

**1. 观察法**

通常,可通过目视检查,从而辨别保险片是否已熔断。若有电器元件不工作,可能是熔丝烧毁导致的,检测时,需要使用夹子取下故障熔断器(图 3-22),之后观察插片式熔断器内的熔丝是否完整,如图 3-23 所示。

图 3-22　更换熔断器　　　　　　　图 3-23　插片式熔断器熔丝烧断

## 2. 测量法

（1）试灯检测法

利用试灯检测插片式熔断器时，需要接通与熔断器关联的电路，例如，测量点火和或喷射系统电源串联的熔断器时，必须启动车辆；测量雨刮器串联的熔断器时，需要扳动雨刮器开关手柄；测量灯光系统串联的熔断器时，测量必须打开大灯开关。

以实际案例来分析一下试灯检测法的详细步骤：一辆汽车驾驶时打开空调发现无法制冷。停车后，按压管路上的旁通阀阀芯，发现有白雾冒出，经检查确认管内有冷媒，初步圈定主要问题为压缩机不工作，按照由易到难的逻辑顺序进行排查，检测压缩机回路中的保险片是否熔断。根据保险盒上盖的图例找到对应的保险片后，如图 3-24 所示，将试灯测试导线一端的鳄鱼夹任意搭铁，用试灯表笔探针连接保险片上面的两个测试点，发现只有一端亮，说明保险片内部已断路。

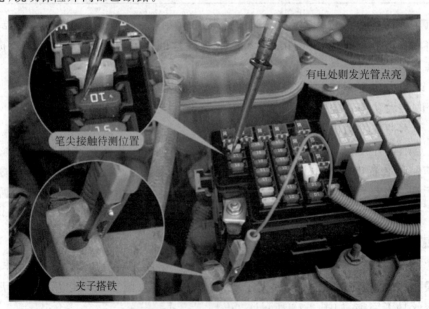

图 3-24　试灯检测插片式熔断器

(2) 万用表检测法

如图 3-25 所示,将万用表打至电阻挡,然后把万用表的黑、红表笔头各自连接同一个插片式熔断器上方的两个测试点。若测得的电阻为零,则表明所测得的熔断器正常;若测得的电阻无穷大,说明该熔断器内部熔丝已烧断。

图 3-25　万用表电阻挡检测熔断器

## 3.2　开关元件的检测

汽车电气系统有很多电器部件,车主可以根据自己的需求来选择这些电器部件是否运行,所有的电器部件都是通过开关来控制的。

◎ **客户委托 3-2**

张先生有一辆 2014 年大众 CC,最近行车时发现用右前门开关控制车窗升窗正常,降窗有时没有反应,需要多次按下按钮才能降下玻璃,初步判断为右前门车窗升降损坏。同学们,你们能够通过万用表检测升降开关(图 3-26),判断出故障原因吗?

微课——汽车开关的介绍及检测

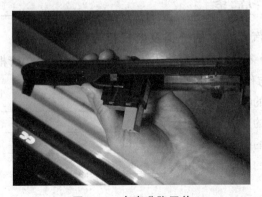

图 3-26　车窗升降开关

## ◎ 学习目标

（1）能够正确辨识汽车开关的分类及电气符号；
（2）能够正确识读汽车开关连通电路图；
（3）能够正确检测汽车开关。

## ◎ 知识与技能点清单

| 序号 | 学 习 目 标 | 知 识 点 | 技 能 点 |
|---|---|---|---|
| 1 | 能够正确辨识汽车开关的分类及电气符号 | （1）汽车开关的分类；<br>（2）汽车开关的电气符号 | （1）能够正确识别不同类型的汽车开关；<br>（2）能够识别汽车开关的电气符号 |
| 2 | 能够正确识读汽车开关连通电路图 | 汽车开关连通电路图的识读 | 能够根据汽车开关连通图分析出需要检测的开关触点 |
| 3 | 能够正确检测汽车开关 | 汽车开关的检测 | 能够分析开关线路故障，并使用跨接线、试灯、万用表等工具检测开关是否损坏 |

## ◎ 学习指南

（1）明确学习目标与知识及技能点清单。

（2）按照学习任务列表完成每一项任务，任务知识部分需在课前提前完成。在完成知识部分任务时，可以参考本单元提供的学习信息，利用网络、厂家提供的维修手册、各类教学资源库等学习资源，也可以在课前或上课时向任课教师寻求帮助。

（3）在任务列表中，涉及实操部分，可以在正式上课前自行完成，也可以由任课教师在课堂上安排完成。

（4）完成任务列表后，自行根据本节鉴定表进行自查，并根据不足进行知识与技能的补充学习。

（5）接受任课教师按照本节鉴定表进行知识与技能鉴定。注意，鉴定可能是过程鉴定与终结性鉴定，学习者平时对学习任务的学习过程也将作为鉴定的依据，例如学习态度、学习过程中的技能展示、职场安全意识等。

###  3.2.1 学习任务

**1. 能够正确辨识汽车开关的分类及电气符号**

（1）汽车内有多种多样的开关，如图3-27～图3-32所示。请根据图片信息简单叙述开关的类别及其功能与作用。

图3-27所示开关的类别：_____

图3-27所示开关的功能与作用：_____

图3-28所示开关的类别：_____

图3-28所示开关的功能与作用：_____

单元3　电器部件及检测

图 3-27　开关 1

图 3-28　开关 2

图 3-29 所示开关的类别：_____
图 3-29 所示开关的功能与作用：_____
图 3-30 所示开关的类别：_____
图 3-30 所示开关的功能与作用：_____

图 3-29　开关 3

图 3-30　开关 4

图 3-31 所示开关的类别：_____
图 3-31 所示开关的功能与作用：_____
图 3-32 所示开关的类别：_____
图 3-32 所示开关的功能与作用：_____

图 3-31　开关 5

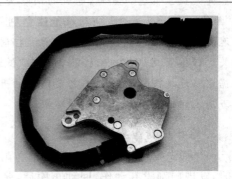

图 3-32　开关 6

(2) 表 3-9 所示为汽车开关在电路图中的图形符号,请补全表格中的信息。

表 3-9  汽车开关在电路图中的图形符号

| 名　称 | 图形符号 | 名　称 | 图形符号 |
| --- | --- | --- | --- |
|  | 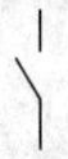  | 能定位的按钮开关 | 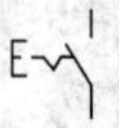  |
| 动断(常闭)触点 | 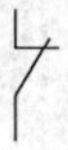  |  | 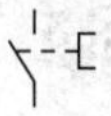  |
| 先断后合的触点 |   | 旋转、旋钮开关 | 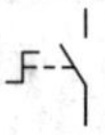  |
| 中间断开的双向触点 |   | 液位控制开关 |   |
|  |   | 机油滤清器报警开关 | 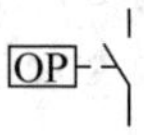  |
| 手动开关 | 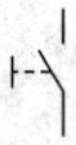  | 热敏开关动合触点 | 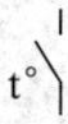  |
| 定位(非自动复位)开关 | 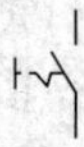  | 热敏开关动断触点 | 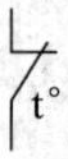  |
|  | 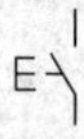  | 推拉多挡位开关 | 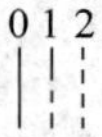  |
| 旋转多挡位开关 |   | 节气门开关 | 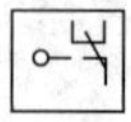  |

**2. 能够正确识读汽车开关连通电路图**

**拓展材料:** 丰田轿车挡风玻璃雨刮器开关有 5 个挡位,分别是低速挡(Lo)、高速挡(Hi)、停止复位挡(OFF)、间歇刮水挡(INT)和喷洗器挡,其电路图如图 3-33 所示,当雨刮器开关拨至低速位置时,电流的回路为:蓄电池"+"→端子 18→雨刮器开关"任意/除零"触点→端子 7→刮水电动机低速电刷 Lo→公共电刷→搭铁,电流回路形成后,电动机低速运行。如果雨刮器开关处于低速挡时,雨刮没有反应,需要对相关电路的线束、保险、开关进行排查测试,其中,检测雨刮器"低速"挡开关时,可以将汽车雨刮器拨至"低速"挡,根据电路连通图模拟分析出需要检测的开关触点(此处为"任意/除零"两个触点),之后通过万用表对这些触点进行检测即可。

**3. 能够正确检测汽车开关**

(1) 张先生驾驶自己的丰田汽车在雨天行驶时,因雨势太大,将雨刮器拨至"高速"挡位时,发现雨刮没有动作,回到车库后,张先生利用试灯、万用表对汽车的线束连接、保险进行检测,均未发现问题,当需要检测雨刮器开关时,看着密密麻麻的触点,张先生不禁犯

单元3 电器部件及检测

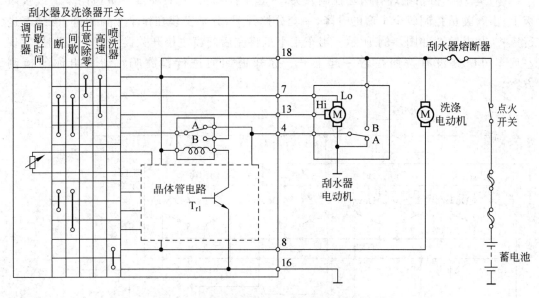

图 3-33 丰田汽车挡风玻璃雨刮器开关电路图

了难,你能帮助张先生完成开关的检测吗?请写出你的解决方案。

_____

_____

(2)一辆新桑塔纳轿车,高速行驶或大负荷运行时,冷却液温度过高,相关指示灯报警。某技师诊断流程如下,请补充缺少的信息。

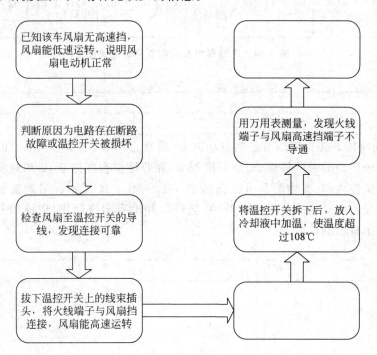

(3) 电动车窗系统装有两套控制开关,一套主控开关,安装在驾驶员边门车窗或仪表板上,由驾驶员控制每个车窗的升降,一套分控开关,分别安装在每个车窗中部,由乘客进行操控,其电路图如图3-34所示。当车主小王将左后门窗主控开关拨至Up位置时,发现左后车门窗并没有按照往常一起上升。你知道如何进行检测吗?请写出你的检测方案。

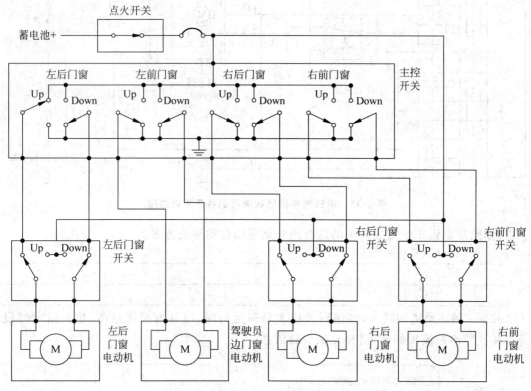

图 3-34　电动车窗系统控制开关电路图

(4) 电动座椅开关控制调节包括滑动调节、前垂直调节、后垂直调节、倾斜调节、腰椎调节,可以实现座椅的前后移动、前部高度调节、靠背倾斜程度调节、后部高度调节及腰椎前后调节,开关位置图、实物图及电路图如图3-35～图3-37所示。当调整靠背向前倾斜时,需要闭合倾斜电动机的前进方向开关,但座椅并没有响应动作,请模拟分析一下电流的走向,并写出自己的检测方法。

单元 3　电器部件及检测

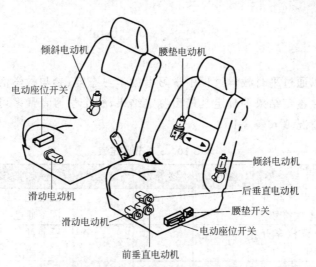

图 3-35　电动座椅开关位置图

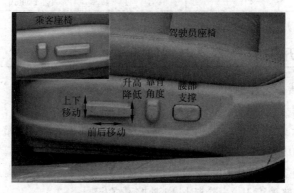

图 3-36　电动座椅开关实物图

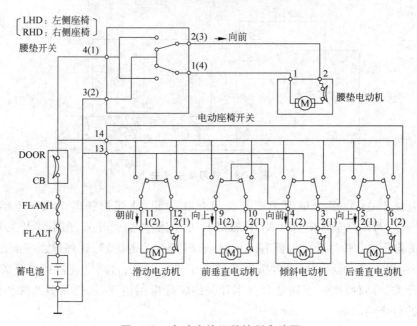

图 3-37　电动座椅开关控制电路图

## 鉴定

任课教师可以通过平时教学过程中学习者的学习态度、参与教学活动的积极性、职场安全意识及终结性鉴定结果等确定其最后鉴定结果,每个学习者最多可以鉴定3次,鉴定教师可以把鉴定情况填入表3-10。

表3-10  3.2节鉴定表

| 序号 | 学习目标 | 鉴定1 | 鉴定2 | 鉴定3 | 鉴 定 结 论 | 鉴定教师签字 |
| --- | --- | --- | --- | --- | --- | --- |
| 1 | 能够正确辨识汽车开关的分类及电气符号 | | | | □通过<br>□不通过 | |
| 2 | 能够正确识读汽车开关连通电路图 | | | | □通过<br>□不通过 | |
| 3 | 能够正确检测汽车开关 | | | | □通过<br>□不通过 | |

### 3.2.2  开关的分类及电气符号

汽车上开关的基本类型有单刀单掷开关、单刀双掷开关、联动开关、组合开关等,现简要介绍如下。

(1) 单刀单掷开关:用于通、断电路,分为开启、关断两个状态,常见的有喇叭开关、油压报警开关、制动灯开关、倒车灯开关、门控灯开关、液面报警开关等。

(2) 单刀双掷开关:多用于电路的切换,如图3-38所示。广泛应用于转向灯开关、前照灯变光开关、电动玻璃窗开关、冷却风扇温控开关等。

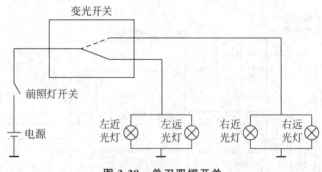

图3-38  单刀双掷开关

(3) 组合开关:由多个单刀单掷开关组合在一起,能够控制多个汽车电器元件,如图3-39所示。例如汽车转向灯开关、警报灯开关、前照灯变光开关、雨刮器开关等。

(4) 联动开关:联动开关内部有多个触点,随着开关的旋转,这些触点一起运动,相对位置不变,如图3-40所示。联动开关主要应用于点火开关、自动变速器挡位开关等。

汽车开关的品种较多,下面结合汽车开关的实际应用情况,从控制型开关和信号型开关两方面进行介绍讲解。

单元 3　电器部件及检测

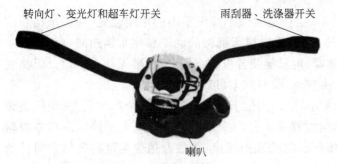

图 3-39　桑塔纳车系组合开关

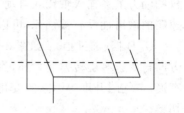

图 3-40　联动开关

**1. 控制型开关**

控制型开关是指需要通过人工驱动，才能产生相应的动作的开关。主要有以下分类。

（1）驾驶操作：驾驶操作有点火启动、恒速、超速、后视镜控制开关等，如图 3-41 和图 3-42 所示。控制的负载有电动机、继电器、灯、电路等。

图 3-41　宝马车系一键启动开关

图 3-42　奥迪 Q5 车系定速巡航开关

现代高档轿车有许多都采用自动挡操纵手柄，这里我们介绍一下自动挡的相关知识。

① P 挡（停车挡）：如图 3-43 所示，停车挡位于操纵手柄的最前方。当操纵手柄位于该位置时，自动变速器中的停车锁止机构将变速器输出轴锁止，使驱动轮不能转动，防止汽车移动；同时换挡执行机构使自动变速器处于空挡状态。当操纵手柄离开停车挡位置时，停车锁止机构被释放。

② R 挡（倒挡）：如图 3-44 所示，倒挡位于空挡与停车挡之间。当操纵手柄处于倒挡位置时，变速器的输出轴旋转方向与发动机旋转方向相反，让汽车实现倒退行驶。

图 3-43　停车挡

图 3-44　倒挡

③ N挡(空挡):如图3-45所示,空挡通常位于操纵手柄的中间位置,在倒车挡和前进挡之间。当操纵手柄位于空挡位置时,换挡执行机构的动作和停车挡相同,此时,发动机的动力虽经输入轴传入自动变速器,但只能使各齿轮空转,输出轴无动力输出。但是变速箱的输出轴没有被锁死,可以自由转动,此时汽车可以推动或拖走。

④ D挡(前进挡):如图3-46所示,前进挡位于空挡之后,在这个挡位上,发动机旋转方向与变速箱旋转方向相同,汽车向前移动。自动变速器的液压或电子控制系统能根据车速、节气门开度等因素的变化,按照设定的换挡规律,在最低挡位至最高挡位之间自动切换。

图3-45　空挡

图3-46　前进挡

(2)报警信号:报警信号有转向喇叭、停车灯、报警灯、制动灯开关等,如图3-47和图3-48所示。控制的负载有灯、继电器、电磁阀等。

图3-47　宝马车系报警灯开关

图3-48　奥迪Q5车系转向超车灯开关

(3)灯光系统:灯光系统有前照灯、雾灯、仪表灯、开关等,如图3-49所示。控制的负载主要是灯。

(4)雨刮器系统:雨刮器系统有雨刮器、洗涤器、风窗加热开关等,如图3-50所示。控制的负载有电动机、继电器、电阻、泵等。

(5)空调冷却系统:空调冷却系统有风扇、空调、温控开关等,如图3-51和图3-52所示。控制的负载有电动机、电磁阀等。

(6)门窗、锁系统:门窗、锁系统有门锁、电动摇窗机、油箱盖、行李箱、天窗开关等,如图3-53和图3-54所示。控制的负载有电动机、电磁阀等。

单元3 电器部件及检测

图 3-49　宝马车系灯光开关

图 3-50　奥迪 Q5 车系前后雨刮器开关

图 3-51　宝马车系空调面板控制开关

图 3-52　通用车系座椅加热温度控制开关

图 3-53　通用车系门锁开关

**2. 信号型开关**

信号型开关是通过数据信号（数字信号、模拟信号）的传输，从而发布指令，驱动执行机构动作的开关，这种开关无须人工操作，如汽车变速箱多功能开关（图 3-55）。

汽车变速箱多功能开关能够将换挡的机械运动转化为电信号，传递给自动变速箱电控单元，以控制变速箱的挡位。

图 3-54 奔驰车系车窗和倒车镜开关

图 3-55 奥迪车系自动挡变速箱多功能开关

当自动挡汽车的操纵手柄处于"D挡"（前进挡）时，通过踩或松油门，使车速发生变化时，车速传感器首先检测到自动变速器输出轴转速的变化，并将数据信号发送至行车电脑 ECU 相关的控制模块，经过分析计算后将电信号传递给变速箱多功能开关，之后驱动变速箱的行车齿轮体系发生变化，最终实现汽车的自动变速。整个过程无须换挡，通过数据信号来控制开关的变化。

汽车开关电气符号见表 3-11。

表 3-11 汽车开关电路图符号

| 名 称 | 图形符号 | 名 称 | 图形符号 |
| --- | --- | --- | --- |
| 动合（常开）触点 |  | 能定位的按钮开关 |  |
| 动断（常闭）触点 |  | 拉拔开关 |  |
| 先断后合的触点 |  | 旋转、旋钮开关 |  |
| 中间断开的双向触点 |  | 液位控制开关 |  |
| 联动开关 |  | 机油滤清器报警开关 |  |
| 手动开关 |  | 热敏开关动合触点 |  |
| 定位（非自动复位）开关 |  | 热敏开关动断触点 |  |
| 按钮开关 |  | 推拉多挡位开关 |  |
| 旋转多挡位开关 |  | 节气门开关 |  |

### 3.2.3 开关连通图的识读

在汽车电路实际维修过程中,需要参考相应的电路图以及电器元件对应表,从而根据故障现象分析出问题所在,最后根据模拟分析的结果使用检测工具对故障点进行一一检测。首先以车辆雨刮器的常规工作电路图(图 3-56)为例,初步认知一下开关连通图的识读。

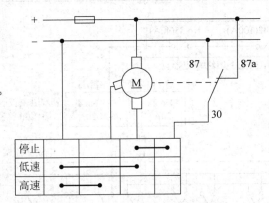

图 3-56 雨刮器的常规工作电路图

当雨刮器处于高速挡工作状态时,从图中可以得知,雨刮器控制开关的"高速"挡第 1 竖排、第 2 竖排的触点接入电路,再进行检测时,可以将雨刮器控制开关拨至"高速"工作挡位,之后用万用表检测这两个开关触点是否通路,正常情况下两触点的电阻应为零,否则说明雨刮器控制开关的"高速"工作挡位出现故障。

接下来以本田雅阁轿车为参考案例,详细介绍一下电动座椅开关电路图的识读。

电动座椅的常见故障是座椅完全不能动作或某个方向不能动作。其常见的主要原因有:熔断器熔断、线路断路、座椅开关故障、某个方向对应的电动机损坏、开关损坏、对应的线路断路等。

故障诊断步骤:如果是座椅完全不能动作,应首先检查熔断器是否熔断,若熔断器良好,则应先检查所在线路及其插接件是否正常,再检查开关;若是某个方向不能动作,可以先检查所在线路是否正常,再检查开关和电机。

本田雅阁轿车电动座椅电路图如图 3-57 所示,电动座椅调节开关对应表见表 3-12。

表 3-12 电动座椅调节开关对应表

| 开关位置 | 端子 | $A_1$ | $A_2$ | $A_3$ | $A_4$ | $A_5$ | $B_1$ | $B_2$ | $B_3$ | $B_4$ | $B_5$ | $B_6$ |
|---|---|---|---|---|---|---|---|---|---|---|---|---|
| 前端上下调节开关 | 向上 | | | | ● | | ●—— | ——● | | | ●—— | ——● |
| 前端上下调节开关 | 向下 | | | | ●—— | ——● | | | | | ●—— | ——● |
| 后端上下调节开关 | 向上 | | | | ●—— | ——● | | | ●—— | ——● | | |
| 后端上下调节开关 | 向下 | | | | ● | | ●—— | ——● | ●—— | ——● | | |

续表

| 开关位置 | 端子 | A₁ | A₂ | A₃ | A₄ | A₅ | A₆ | B₁ | B₂ | B₃ | B₄ | B₅ | B₆ |
|---|---|---|---|---|---|---|---|---|---|---|---|---|---|
| 前后调节开关 | 向前 | •—|—|—|—|—• | | | | | | •—|—• | |
| | 向后 | •—|—|—|—|—• | | | | | | | | •—|—• |
| 靠背倾斜调节开关 | 向前 | | | | | | | | •—|—|—|—• | | |
| | 向后 | | | | | | | | | •—|—|—|—• | | |

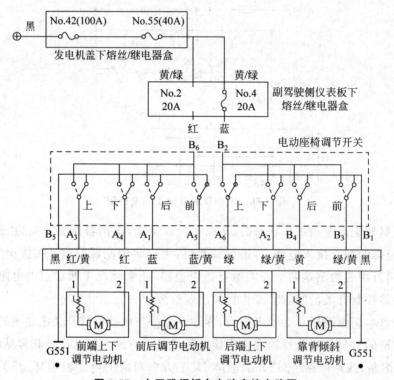

图 3-57  本田雅阁轿车电动座椅电路图

当需要检测电动座椅开关时,首先拔出开关按钮,然后从驾驶座椅处拆下调节开关罩,接着拆开调节开关的两个6芯插头,如图3-58所示,再拆下固定螺钉,这样就能从开关罩上完全拆下调节开关了。

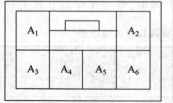 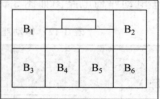

图 3-58  电动座椅调节开关6芯插头

当调节开关处于各调节位置时,可以根据表3-12给出的信息来判断两个6芯插头各端子之间的导通情况。以"前端上下调节开关"为例详细说明。当该开关置于"向上"位置时，我们对照表 3-12 第一行给出的信息可知，此时开关上的 $A_3$ 端子和 $B_6$ 端子接通、$A_4$ 端子和 $B_5$ 端子接通。此时将万用表调至电阻挡，将两个表笔分别与图 3-58 中的 $A_3$ 端子、$B_6$ 端子接触，如果阻值为零，说明此处连接正常，同样的方法再检查 $A_4$ 端子和 $B_5$ 端子，当阻值也为零时，说明"前端上下调节开关"中的"向上"调节开关一切正常。

同样的方法可以检查其他开关，当开关处于相应的位置时，表 3-12 对应的两组连线端子间的阻值都应为零，说明整个调节开关正常，否则应进行修理或更换。

### 3.2.4 开关的检测

当汽车开关线路发生故障时，可以通过跨接线、试灯、万用表等工具来进行检测。

**1. 跨接线短接检测**

跨接线可用于检测常开开关是否出现损坏，我们从单元 1 就已经学习到跨接线的使用方法。当怀疑汽车某一段线路的开关损坏时，用跨接线短接开关的两端，如图 3-59 所示为汽车点火系统上某一段故障线路。当点火开关置于 ON、开关 1 打开、开关 2 关闭时，在 A、B 两端接上跨接线，若汽车能够正常地点火启动，则证明开关 1 已经损坏。

**2. 试灯检测**

对于汽车门窗开关，如果车窗的上升速度比正常情况慢甚至没有动作，导致这一现象的原因有：搭铁点锈蚀、开关接触点松动、有间隙等，我们可以采用试灯检测开关触点是否带电的方法查找原因，如图 3-60 所示。

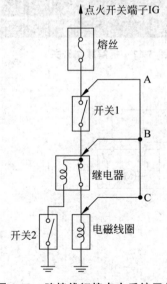

图 3-59 跨接线短接点火系统开关

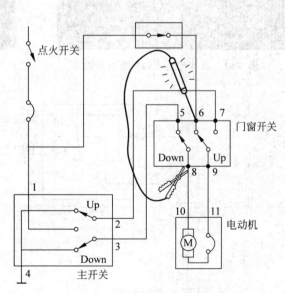

图 3-60 试灯检测门窗开关

现分析如下：当门窗开关（分控开关）拨至 Up 位置后，电流的流向为蓄电池→点火开关→电路断路器→门窗开关触点 6→门窗开关触点 9→电动机→门窗开关触点 8→门窗开关触点 5→主开关触点 3→主开关触点 4→搭铁。通过试灯检测门窗开关触点 6，试灯点亮,说明电流到这里时候仍是导通的,可以按照电流走向继续检测其他触点。试灯检测门窗开关触点 9 时,发现试灯不亮,说明电流到此处已经截止,将开关完全拆解后发现触点 9 连接点松动、间隙过大。

### 3. 万用表检测

以英菲尼迪 EX25 汽车上的腰垫开关(图 3-61)为例,详细介绍如何用万用表来检测开关的通断。

该车型的座椅具有以下功能:按图 3-61 所示腰垫开关的右侧,座椅从上至下局部按摩乘客的腰部;按图 3-61 所示腰垫开关的左侧,座椅从下至上局部按摩乘客的腰部。

已知该车故障现象为:腰部按摩功能异常,按图 3-61 所示腰垫开关的左侧后,座椅没有响应动作。检测时,首先需要将腰垫开关拆解下来,如图 3-62 所示。接着需要分析腰垫开关的电路图,如图 3-63 所示,来判断需要检测的触点。

图 3-61　英菲尼迪 EX25 腰垫开关

图 3-62　拆解腰垫开关

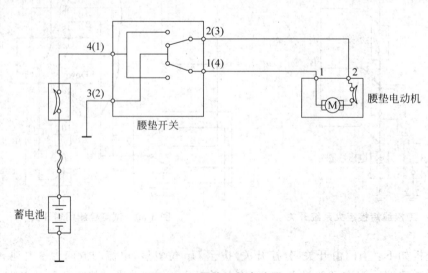

图 3-63　腰垫开关电路图

当按图 3-64 所示腰垫开关的左侧时,腰垫开关触点 2(3) 与触点 3(2) 断开,同时接通触点 4(1),电流流向为蓄电池→腰垫开关触点 4(1)→腰垫开关触点 2(3)→腰垫电动机触点 2→腰垫开关电动机触点 1→腰垫开关触点 1(4)→腰垫开关触点 3(2)→接地。此时,座椅能够从上至下局部按摩乘客的腰部,因此腰垫开关触点 4(1) 与腰垫开关触点 2(3) 处于导通状态,将万用表旋至欧姆挡 200Ω,测量的阻值很小,如图 3-64 所示。

接着,当按图 3-65 所示腰垫开关的右侧时,腰垫开关触点 1(4) 与触点 3(2) 断开,同时接通触点 4(1),电流流向为蓄电池→腰垫开关触点 4(1)→腰垫开关触点 1(4)→腰垫电动机触点 1→腰垫开关电动机触点 2→腰垫开关触点 2(3)→腰垫开关触点 3(2)→接地。此时,座椅无相应动作,将万用表旋至欧姆挡 200Ω,测量腰垫开关触点 4(1) 与腰垫开关触点 1(4),如图 3-65 所示,显示的阻值为无穷大,说明两个触点之间的连接存在故障,应予以检修后更换。

图 3-64 万用表检测腰垫开关连通触点

图 3-65 万用表检测腰垫开关故障触点

## 3.3 继电器的检测

汽车继电器常安装在控制盒、保险盒中,应用于车灯系统、雨刮器系统、启动机系统、空调系统、电动座椅系统、电动门窗系统、ABS 防抱死制动系统等,是汽车上最常见的电子元件之一。

微课——汽车继电器的介绍及检测

◎ **客户委托 3-3**

张先生有一辆 2012 款的长安逸动轿车,最近发现右后窗玻璃下降后不能上升关闭,需要降到底才能再升上来关闭,遥控一键开、关窗也失灵了。送入维修店后,技师根据故障现象拆卸右后车门,如图 3-66 所示,将右后车窗开关总成卸了下来,发现控制车窗上升的继电器已经烧蚀,造成闭合时接触不良。你能分析出原因并帮助技师完成最后的维修工作吗?

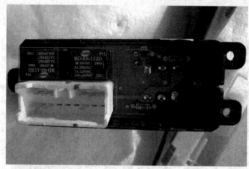 

图 3-66 拆卸右后车门

◎ 学习目标

(1) 熟知继电器的结构及其工作原理；
(2) 能够正确检测继电器。

◎ 知识与技能点清单

| 序号 | 学习目标 | 知 识 点 | 技 能 点 |
| --- | --- | --- | --- |
| 1 | 熟知继电器的结构及其工作原理 | (1) 继电器的结构；<br>(2) 继电器的工作原理 | 能够辨识继电器不同引脚端子各自的作用 |
| 2 | 能够正确检测继电器 | (1) 四脚继电器的检测；<br>(2) 五脚继电器的检测 | 能够分析继电器线路故障,并检测继电器是否损坏 |

◎ 学习指南

(1) 明确学习目标与知识及技能点清单。

(2) 按照学习任务列表完成每一项任务,任务知识部分需在课前提前完成。在完成知识部分任务时,可以参考本单元提供的学习信息,利用网络、厂家提供的维修手册、各类教学资源库等学习资源,也可以在课前或上课时向任课教师寻求帮助。

(3) 在任务列表中,涉及实操部分,可以在正式上课前自行完成,也可以由任课教师在课堂上安排完成。

(4) 完成任务列表后,自行根据本节鉴定表进行自查,并根据不足进行知识与技能的补充学习。

(5) 接受任课教师按照本节鉴定表进行知识与技能鉴定。注意,鉴定可能是过程鉴定与终结性鉴定,学习者平时对学习任务的学习过程也将作为鉴定的依据,例如学习态度、学习过程中的技能展示、职场安全意识等。

### 3.3.1 学习任务

**1. 熟知继电器的结构及其工作原理**

(1) 汽车继电器与保险片一般封装在中央配电盒、控制盒、保险盒当中,其结构如图 3-67 所示,请查阅相关资料,补全图中缺失的结构名称。

(2) 汽车继电器的构造如图 3-68 所示,请结合图片简述继电器的工作原理。

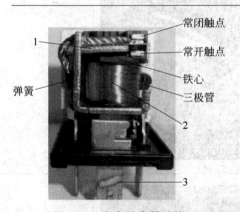

图 3-67　汽车继电器结构

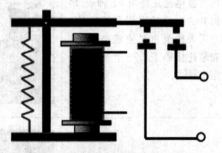

图 3-68　汽车继电器的工作原理

(3) 汽车继电器常用标准有两大类:一是 CEI 标准,引脚用 1、2、3、4、5 来表示,其中 1 脚和 2 脚是控制回路;二是 DIN 标准,我国市面上常见的车用继电器大多采用 DIN 标准,如表 3-13 所示。请查阅相关资料,补全表中缺失的信息。

表 3-13　汽车继电器标准

| | 接线端子标记 | 接线端子标记的含义 |
|---|---|---|
| 继电器<br>(DIN 标准) | 85 | 继电器控制回路末端输出接线端子 |
| | | 继电器控制回路始端输入接线端子 |
| | 87 | 继电器动触点和转换触点的输入接线端子 |
| | 87a | 常闭触点接线端子 |
| | 30 | |

## 2. 能够正确检测继电器

（1）某高校实训课堂上要求学生对汽车继电器进行检测，如表 3-14 所示，请按照要求进行检测并分析测量结果。

表 3-14　汽车继电器控制

| 操 作 要 领 | 图　示 | 数据及分析 |
|---|---|---|
| 万用表选择 200Ω 电阻挡，对于四脚继电器正负表笔分别接 85 脚、86 脚（继电器吸合线圈） |  | |
| 通过导线将 85 脚、86 脚分别与蓄电池正、负极（或搭铁）连接，之后将蓄电池正极与 87 脚或 30 脚的其中一个插脚用导线连接，将万用表拨至 20V 直流电压挡，红表笔连接剩下的一个端子，黑表笔搭铁 |  | |
| 将 85 脚、86 脚与蓄电池正、负极连接后，再引出一条蓄电池正极线与 87 脚或 30 脚的其中一个插脚连接，将试灯尾部夹头与蓄电池负极连接，试灯头部表笔连接剩下的端子，观察是否点亮 |  | |

**拓展材料**：汽车喇叭电路常用继电器来控制，大多数电路布线会将喇叭开关下面的触片接蓄电池电压。按下开关时，触点闭合而接通至搭铁的电路。此时，只需要小电流流过激励线圈，继电器铁心便产生吸力，吸动继电器衔铁，将常开触点闭合，从而接通喇叭电路。

(2) 某高校实训课堂上有一辆桑塔纳 2000 轿车，启动汽车后，按下喇叭开关，喇叭无声音发出，已知该车的喇叭电路如图 3-69 所示，请同学们合理地运用试灯、跨接线、万用表完成对喇叭电路的检测，并将自己的诊断、检测思路总结一下，填写到下方画线处。

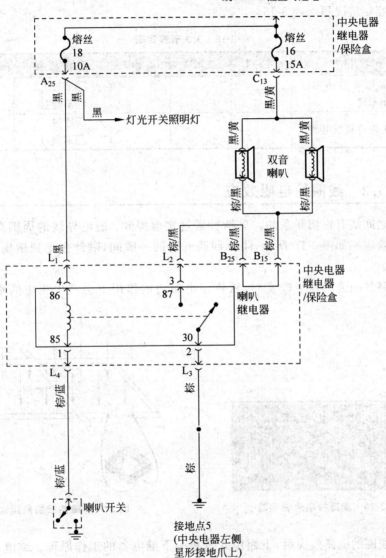

图 3-69 汽车喇叭电路的检测

**鉴定**

任课教师可以通过平时教学过程中学习者的学习态度、参与教学活动的积极性、职场安全意识及终结性鉴定结果等确定其最后鉴定结果,每个学习者最多可以鉴定3次,鉴定教师可以把鉴定情况填入表 3-15。

表 3-15  3.3 节鉴定表

| 序号 | 学 习 目 标 | 鉴定 1 | 鉴定 2 | 鉴定 3 | 鉴 定 结 论 | 鉴定教师签字 |
| --- | --- | --- | --- | --- | --- | --- |
| 1 | 熟知继电器的结构及其工作原理 | | | | □通过<br>□不通过 | |
| 2 | 能够正确检测继电器 | | | | □通过<br>□不通过 | |

### 3.3.2 线圈的电磁效应

电与磁之间是有密切联系的。奥斯特通过实验得知:通电导线的周围存在磁场,称为电流的磁效应。如图 3-70 所示,闭合回路开断的一瞬间,磁针会受到磁场的影响开始旋转。

闭合电路的磁通量发生改变时,铁棒在电磁力的作用下会产生相应的水平移动,如图 3-71 所示。

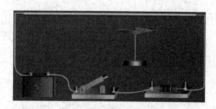

图 3-70  奥斯特电生磁实验

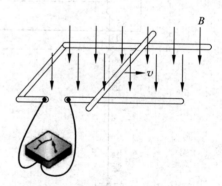

图 3-71  磁感线切割运动

明白了线圈的电磁效应后,下面深入分析一下继电器的工作原理。继电器实质上就是一个电磁开关,一般都被用在大电流输出,也就是通过继电器可以实现通过小电流控制大电流。同时还在电路中起着自动调节、安全保护、转换电路等作用。汽车继电器常用标准有两大类:一是 CEI 标准,引脚用 1、2、3、4、5 来表示,其中 1 脚和 2 脚是控制回路;二是 DIN 标准,引脚用 85、86、87、87a、30 表示,其中 85 脚、86 脚是控制回路。

继电器是一种用较小的电流去控制较大电流的自动开关。电路中开关通断的瞬间会产生火花,引入继电器后,通过继电器控制用电器,能有效地规避这一不利因素。

下面以五脚继电器为例详细介绍,未通电时内部电路如图 3-72 所示。

单元 3　电器部件及检测

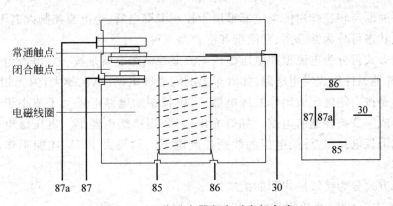

图 3-72　五脚继电器断电时内部电路

五脚继电器 85 脚和 86 脚连接的是电磁线圈，线圈最上方是一个柔性弹片或弹簧，在电磁线圈未通电的情况下 87a 脚和 30 脚是直通的。当 85 脚与 86 脚通电后，电磁开关开始产生电磁力，衔铁上的闭合触点受到电磁力的吸引向下运动，五脚继电器的状态转变为 87 脚与 30 脚导通，如图 3-73 所示。当电磁线圈断电后，磁感应产生的吸引力消失，衔铁在弹簧的反作用力返回原来的位置，通过闭合触点的吸合、释放，从而使继电器达到了在电路中导通、切断的目的。

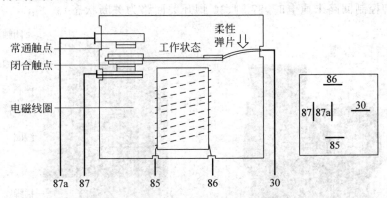

图 3-73　五脚继电器通电时内部电路

四脚继电器与图 3-73 中的五脚继电器结构相似，仅是缺少了 87a 脚常通触点。

### 3.3.3　继电器的分类

汽车继电器能够适应振动、高温、低温、潮湿等腐蚀性环境中，并且具有使用寿命长、体积小、功耗低、电磁兼容性强、阻燃性高、快速响应等优点。汽车继电器虽作为小电器元件，但承担了非常重要的作用。一旦继电器失灵，与之相关联的系统会立即瘫痪，例如启动机继电器失灵后，汽车将无法启动，由此可见继电器功能的重要。在汽车电路系统的检修中，关于继电器的检测，是排除问题、解决故障的重中之重，在对继电器检测之前，我们先来了解一下继电器的分类。

汽车继电器分类如下。

按用途可分为功能型与控制型。闪光继电器、雨刮继电器属于功能型继电器；单纯地起到电路通断与转换作用的继电器都属于控制型继电器(小电流控制大电流)。

按触点状态可分为常开型、常闭型和混合型三种。

按控制方式可分为电流型和电压型。电流型控制继电器是按一定电流值而动作的继电器,它和其他元件组成实用电路,如汽车上的闪光继电器,电流越大,闪光频率越高;电压型继电器是按一定电压值动作的继电器,当被控制的电路电压大于或小于一定值时继电器就接通或断开被控制的电路。如灯光继电器、喇叭继电器等。电压继电器主要用来控制大电流消耗电路,这种继电器的线圈控制电压一般要大于7V才能工作,而小于5V就停止工作。

按连接方式分为接线柱式和插接式。

按保护方式分为:电阻保护式和二极管保护式。

### 3.3.4 四脚继电器的检测

继电器与保险片一般封装在控制盒、保险盒当中,如图3-74和图3-75所示,四脚继电器一般由铁心、线圈、衔铁、触点、弹簧等组成,外部引出插脚分别为85、86、87、30端子,其中85脚、86脚是控制回路引出端,当控制回路有小电流经过时,通过电磁力使衔铁动作,从而实现控制87脚、30脚开关回路大电流的通断。汽车上绝大多数继电器为常闭型(85脚、86脚控制回路未通电时,87脚、30脚开关回路为关断状态)。

(a) 继电器外形

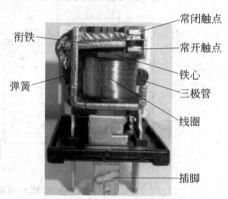
(b) 继电器内部结构

图3-74 四脚继电器外形及其内部结构

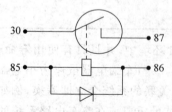

图3-75 四脚继电器内部电路

四脚继电器发生故障时,相应回路的电器将无法正常工作,最简单的判断故障的方法将继电器的控制回路通电,听测是否有电磁衔铁"咔嗒"的吸合声。另外,借助检测工具,我们可以通过下列方法检测继电器是否损坏,下面我们以继电器的单体检测和上电检测两个方向详细介绍。

**1. 继电器的单体检测**

继电器内部有一组电磁线圈,其引出线接点为85脚和86脚,电磁线圈电阻为100Ω左右。检测继电器性能时,首先将继电器取下来,之后将万用表旋至200Ω电阻挡,两支表笔连接85脚、86脚,如图3-76所示,测得的阻值应为60~100Ω,太大或太小都说明继电器已损坏。

### 2. 继电器的上电检测

如图3-77所示,使用导线将蓄电池正极与继电器86脚、30脚相连,蓄电池负极与85脚相连,之后使用试灯表笔连接87脚进行检测,如继电器无损坏,试灯将被点亮。

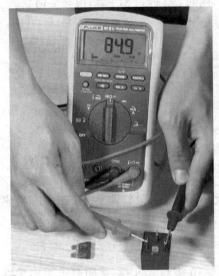

图3-76 继电器电磁线圈的检测

图3-77 试灯检测继电器

同样的方法,使用万用表测量30脚与87脚开关的电阻或电压,当85脚、86脚通电后,30脚与87脚开关内部开始导通,此时测量的阻值很小,趋向于零,电压为12V左右,如图3-78所示。

图3-78 万用表检测继电器

对于一些高级轿车而言,若一段线路的继电器出现故障,将导致该线路的用电器无法正常工作,故障继电器相应的控制模块(行车电脑、诊断仪)会报出故障码,比如,继电器控制线路断路、短路或控制信号不可靠。

## 3.3.5 五脚继电器的检测

五脚继电器与四脚继电器结构相似,区别在于五脚继电器多出一个常闭插脚87a,如图3-79所示。通常情况下,85脚、86脚控制回路没有电流经过,继电器内部30脚与87a脚处于导通状态;当85脚、86脚控制回路有小电流经过时,继电器内部的衔铁在电磁吸力的作用下向下运动,原先的30脚到87a脚回路立即关断,同时,30脚到87脚切换至导通状态。

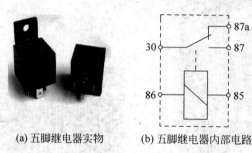

(a) 五脚继电器实物　　(b) 五脚继电器内部电路

图3-79　五脚继电器实物及内部电路

五脚继电器的检测方法与四脚继电器相同,在此不再赘述,只针对多出的87脚特别说明。

**1. 常闭触点的检测**

将万用表旋至200Ω电阻挡,然后将两支表笔连接30脚与87a脚(常闭触点引出接线脚),若测得阻值很小,如图3-80所示,则说明五脚继电器内部常闭触点回路接线正常;若测得电阻值为无穷大(万用表显示读数为1),说明五脚继电器常闭触点已经烧蚀,无法使用。

**2. 常开触点的检测**

使用外部电源(如汽车蓄电池)给五脚继电器控制回路(85脚、86脚)通电,之后将万用表旋至200Ω电阻挡,两支表笔连接30脚、87脚(常开触点接线脚),测量其阻值。若控制回路未通电时,万用表测得电阻无穷大;控制回路通电后,测得的电阻很小,如图3-81所示,则说明五脚继电器内部常开触点(与87脚相连)开断功能正常;否则,则说明五脚继电器已经损坏。

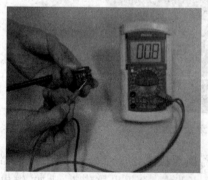 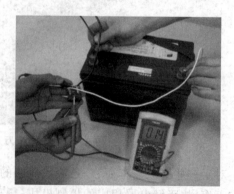

图3-80　万用表检测五脚继电器常闭触点　　图3-81　万用表检测五脚继电器常开触点

# 单元 4

# 汽车配线及修复

## 4.1 车辆线束特点及布置

线束是指由铜材冲制而成的接触件端子(连接器)与电线电缆压接后,外面再外加绝缘体或金属壳体等,以线束捆扎形成连接电路的组件。汽车线束是汽车电路的网络主体,没有线束也就不存在汽车电路。

对于汽车电气设备,可以根据其用途和工作性能归纳为电源系统、启动系统、点火系统、电子控制系统、照明、信号、仪表、报警系和辅助电气设备等部分。而汽车电气设备总线路就是通过开关、熔断器、导线等,将上述电气系统进行合理地连接而组成的总体。

随着对汽车的安全性、舒适性和经济性的要求越来越高,汽车上的电器配置、功能也越来越多,所以连接各个电器件的线束也越来越复杂。线束作为现代汽车故障的多发环节,在汽车设计和生产制造中受到越来越多的关注。

### ◎ 客户委托 4-1

王先生有一辆本田 XR-V 汽车,原车使用了 6 个声场喇叭,播放音乐时浑浊无力。为了获得更高的音质体验,王先生查阅资料后购买了一款车载音响,决定改装一下汽车音响,当拆卸下原车喇叭时,他看着密密麻麻导线,如图 4-1 所示,不禁犯了难。同学们,你们能查阅相关资料,帮助王先生选择合适的导线并完成线路的连接吗?

图 4-1 车门导线

### ◎ 学习目标

(1) 熟知汽车配线的形成;
(2) 能够确定汽车导线的规格及线号;

(3) 能够确定线束的布置并进行更换；
(4) 能够描述汽车护线器件的类型及作用。

◎ 知识与技能点清单

| 序号 | 学习目标 | 知 识 点 | 技 能 点 |
|---|---|---|---|
| 1 | 熟知汽车配线的形成 | 汽车配线的形成 | 能够掌握汽车配线的原则 |
| 2 | 能够确定汽车导线的规格及线号 | (1) 汽车导线的线径；<br>(2) 汽车导线的颜色及代号 | 能够结合实际对汽车导线进行选型 |
| 3 | 能够确定线束的布置并进行更换 | (1) 汽车线束的布置；<br>(2) 汽车线束的更换 | (1) 能够掌握汽车线束的布置；<br>(2) 能够更换汽车线束 |
| 4 | 能够描述汽车护线器件的类型及作用 | 汽车护线器件 | 能够辨识不同类型的汽车护线器件 |

◎ 学习指南

(1) 明确学习目标与知识及技能点清单。

(2) 按照学习任务列表完成每一项任务,任务知识部分需在课前提前完成。在完成知识部分任务时,可以参考本单元提供的学习信息,利用网络、厂家提供的维修手册、各类教学资源库等学习资源,也可以在课前或上课时向任课教师寻求帮助。任课教师会在正式上课时展示或共享大家对于知识部分任务的完成情况,实现学习者交流。

(3) 在任务列表中,涉及实操部分,可以在正式上课前自行完成,也可以由任课教师在课堂上安排完成。

(4) 完成任务列表后,自行根据本节鉴定表进行自查,并根据不足进行知识与技能的补充学习。

(5) 接受任课教师按照本节鉴定表进行知识与技能鉴定。注意,鉴定可能是过程鉴定与终结性鉴定,学习者平时对学习任务的学习过程也将作为鉴定的依据,例如学习态度、学习过程中的技能展示、职场安全意识等。

 4.1.1 学习任务

**1. 熟知汽车配线的形成**

汽车电路系统中,为了使全车线路不零乱、安装方便,全车配线都按照一定的规律进行排列。请查阅相关资料,总结并写出汽车配线需要遵循的原则。

**2. 能够确定汽车导线的规格及线号**

(1) 导线的截面积根据工作电流的大小来选取。对于一些电流特别小的电器,如指示灯电路,为了保证应有的力学强度,导线的截面积不得小于 $0.5mm^2$；对于启动机线路,由于启动机是短期工作,为了保证启动机正常工作时能发出足够的功率,因此导线截面积较大。汽车12V电气系统导线截面积推荐规格如表4-1所示,请同学们查阅相关资料,补全表中缺少的信息。

表 4-1 汽车导线规格及用途

| 标称截面积/mm² | 用 途 |
|---|---|
|  | 尾灯、顶灯、指示灯、仪表灯、牌照灯、燃油表、刮水电动机、水温表、油压表等电路用导线 |
| 0.8 | 转向灯、制动灯、停车灯等电路用导线 |
| 1.0 | 照明灯、喇叭（3A 以下）等电路用导线 |
| 1.5 | 前照灯、喇叭（3A 以上）等电路用导线 |
| 1.5~4.0 | 其他连接导线 |
| 4~6 | 电热塞电路导线 |
| 6~25 |  |
| 16~95 | 启动电路导线 |

（2）车主小王有一辆夏利 N3 汽车，夜间行车时感觉汽车前照灯不太亮，为了有更好的行车体验，小王决定自己动手改装汽车前照灯。通过收集相关信息，小王网购了一款 55W 的氙气大灯，但在搭线时遇到了困难，因缺乏专业性的知识，不知道如何选择连接导线。请同学们帮助小王确定导线的规格，如图 4-2 所示，要求写出具体的选择步骤。

图 4-2 导线

## 3. 能够确定线束的布置并进行更换

（1）汽车线束有发动机线束、仪表线束、车身线束、地板线束、门窗线束等，如图 4-3 所示，请同学将图中缺失的信息标注出来。

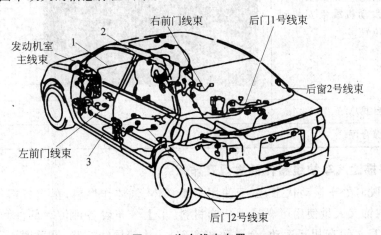

图 4-3 汽车线束布置

(2) 某高校实训课程设置了一辆轿车,已知该车发动机线束存在老化问题,要求同学们结合自己所学知识,对发动机线束进行更换,并填写表 4-2 所示的工作记录。

表 4-2 更换发动机线束工作记录

| 序号 | 步骤 | 图示 | 操作记录 |
| --- | --- | --- | --- |
| 1 | 打开发动机盖,拆下蓄电池负极,准备拆解线 | | |
| 2 | 将线束取出,拆解时记录原线束的安装位置 | | |
| 3 | 按照拆解的相反顺序将新的发动机线束安装到对应位置 | | |
| 4 | 学生自我总结 | | |
| 5 | 教师综合评价 | | |

### 4. 能够描述汽车护线器件的类型及作用

汽车行驶时处于振动状态,由于使用易燃液体、气体作燃料,车内各部件充装许多可燃润滑油,内饰又大量使用可燃易燃装饰材料,车上分布着各种传动部件和电源线路,如果线束与车身之间有相互运动,会导致线束破损,致使导线短路,严重时引起自燃。为防止汽车自燃,都加装了汽车护线器件。汽车内部的护线器件有以下几种,请同学们根据图 4-4～图 4-9 所示信息简述护线器件的类型及其作用。

单元 4　汽车配线及修复

图 4-4　护线器件 1

类型：_____

作用：_____

图 4-5　护线器件 2

类型：_____

作用：_____

图 4-6　护线器件 3

类型：_____

作用：_____

图 4-7　护线器件 4

类型：_____

作用：_____

图 4-8　护线器件 5

类型：_____

作用：_____

图 4-9　护线器件 6

类型：_____

作用：_____

### 鉴定

任课教师可以通过平时教学过程中学习者的学习态度、参与教学活动的积极性、职场安全意识及终结性鉴定结果等确定其最后鉴定结果。每个学习者最多可以鉴定 3 次，鉴定教师可以把鉴定情况填入表 4-3。

表 4-3　4.1 节鉴定表

| 序号 | 学习目标 | 鉴定 1 | 鉴定 2 | 鉴定 3 | 鉴定结论 | 鉴定教师签字 |
| --- | --- | --- | --- | --- | --- | --- |
| 1 | 熟知汽车配线的形成 | | | | □通过<br>□不通过 | |
| 2 | 能够确定汽车导线的规格及线号 | | | | □通过<br>□不通过 | |
| 3 | 能够确定线束的布置并进行更换 | | | | □通过<br>□不通过 | |
| 4 | 能够描述汽车护线器件的类型及作用 | | | | □通过<br>□不通过 | |

### 4.1.2 汽车配线

在汽车电路中,初级电路一般指能传送低压电的有线电路,电压一般是蓄电池的电压或者更低;次级电路一般指能传送高压电的有线电路,例如:点火系统电路由初级电路和次级绕组线路组成,初级电路给点火线圈提供蓄电池电压,次级电路将约2万伏感应高压电通过高压线传给火花塞,由高压电击穿火花塞电极间隙,完成高压点火。

微课——汽车配线的形成

将汽车中的初级电路、次级电路以及导线等通过端子、插接器等配置成一个经济合理,符合汽车使用要求的系统或网络的过程称为汽车配线,如图4-10所示。对于每个从事汽车修理的人来说,掌握汽车配线相关知识是非常重要的。

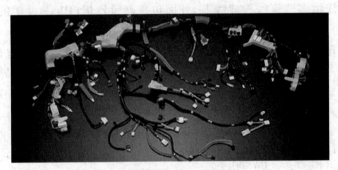

图4-10 汽车配线

汽车线路一般采用单线制、用电设备并联、负极搭铁,线路有颜色和编号加以区分,并以点火开关为中心将全车电路分成几条主干线,说明如下。

(1) 蓄电池火线/正极线(B线或30号线)。从蓄电池正极引出直通熔断器盒,也有汽车的蓄电池火线接到启动机火线接线柱上,再从那里引出较细的火线。

(2) 点火仪表指示灯线(IG线或15号线)。点火开关在ON(工作)和ST(启动)挡才有电的电线,必须有汽车钥匙才能接通点火系统、预充磁系统、仪表系统、指示灯系统、信号系统、电子控制系统等重要电路。

(3) 专用线(Acc线或15A线)。用于发动机不工作时需要接入的电器,如收放机、点烟器等。点火开关单独设置一挡予以供电,发动机运行时仍需接入,与点火仪表指示灯等同时工作,所以点火开关触刀与触点的接触结构要作特殊设计。

(4) 启动控制线(ST线或50号线)。启动机主电路的控制开关(触盘)常用磁力开关来通断。其接线方式有三种形式:小功率启动机磁力开关的吸引线圈、保持线圈可以由点火开关的启动挡控制;大功率启动机的吸引、保持线圈的电流也很大(可达40~80A),容易烧蚀点火开关的"30-50"触点对,必须另设启动机继电器(如东风、解放及三菱重型车);装有自动变速器的轿车,为了保证空挡启动,常将启动控制线(50号线)串接在空挡开关上。

(5) 搭铁线(接地线或31号线)。汽车电路中,以元件和机体(车架)金属部分作为一根公共导线的接线方法称为单线制,将机体与电器相接的部位称为搭铁或接地。搭铁点分布在汽车全身,由于不同金属相接(如铁与铝、铜与铝、铅与铁),形成电极电位差,有些搭铁部位容易沾染泥水、油污或生锈,有些搭铁部位是很薄的钣金件,都可能引起搭铁不良,如灯不亮、仪表不起作用、喇叭不响等。所以现代汽车局部采用双线制,设有专门公共搭铁接点,编绘专门搭铁线路图,堪与熔断器电路提纲图并列。为了保证启动时减少线路接触压降,蓄电池极桩夹头、车架与发动机机体都接上大截面积的搭铁线,并将接触部位彻底除锈、去漆、拧紧。

汽车电路配线的规范如下。

(1) 低压导线:传输低压和小电流,绝缘层薄。

(2) 高压导线:传输高压电,如点火系统的高压点火线,绝缘层较厚。

(3) 低压电缆:传输大电流的导线,用于启动机、蓄电池的连接和搭铁,绝缘层较厚。

汽车低压导线由多股铜线拧成线芯,外面包裹聚氯乙烯(PVC)。铜的电阻低,且易于连接和修复。

单股铜导线可以用在不需要柔软性的低压小电流电路,在高压大电流或者需要柔软性的电路只能使用多股铜导线,多股导线拧成线芯便称为多股线。之所以用多股线是因为电流具有表面流动性,同样标称截面的导线,多股线线芯露出的表面积比单股线大,电阻小,如图4-11所示。另外,多股线更软,便于安装,所以汽车上多采用多股线。

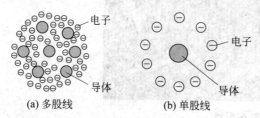

图4-11 多股线和单股线示意图

汽车配线的原则如下。

(1) 尽可能减少连接焊点及接头。

(2) 合理选择导线的规格。

(3) 尽量避免重复布线,每根导线力求最短。

(4) 导线颜色选择应该便于查清电路,不同用电设备,导线颜色不重复。

### 4.1.3 汽车导线规格

选择导线规格时必须留出保险余量,决定所用导线的恰当规格,要顾及以下三个因素。

(1) 导线直径必须大到足以传输负载部件正常运行所必需的电流。

(2) 足够的机械强度,能承受汽车行驶受到的振动。

(3) 耐辐射。

汽车线束常用的导线通常使用多股绞合铜导线,绝缘皮多用PVC绝缘材料。要有耐温、耐油、耐磨、防水、防腐蚀、抗氧化、阻燃等特性。

**1. 导线的线径**

汽车电路系统属于低压供电,工作电流越大,需要使用的导线截面也越大。导线的规格是根据导线线芯截面积制定的,截面积越大,导线的电阻越小。关系到导线电阻的另一因素是温度,温度升高,电阻也会增加。因此在汽车高温处(如发动机机舱)的导线,选择导线规格时,必须选取电阻增加后不会影响负载部件运行的导线,除此之外,导线的绝缘层也必须是耐高温的。导线及其示意图如图4-12所示。

图4-12 导线及其示意图

导线的截面积根据工作电流的大小来选取,对于一些电流特别小的电路,如指示灯电路,为了保证应有的力学强度,导线的截面积不得小于 $0.5mm^2$。对于启动机线路,由于启动机是短期工作,为了保证启动机正常工作时能发出足够的功率,要求在线路上每100A的电流所产生的电压降不能超过0.15V,因此导线截面积较大。汽车12V电气系统导线截面积推荐规格见表4-4。

汽车导线有两种规范——美国线规(AWG)和公制规格。在美国汽车用导线规定中,线规号码越大,导线越细,允许电流值越小。美国线规选择表以及与公制导线标称截面积的对应关系见表4-5和表4-6。

表4-4 汽车12V电气系统导线截面积推荐规格

| 标称截面积/mm² | 用 途 |
| --- | --- |
| 0.5 | 尾灯、顶灯、指示灯、仪表灯、牌照灯、燃油表、刮水电动机、水温表、油压表等电路用导线 |
| 0.8 | 转向灯、制动灯、停车灯等电路用导线 |
| 1.0 | 照明灯、喇叭(3A以下)等电路用导线 |
| 1.5 | 前照灯、喇叭(3A以上)等电路用导线 |
| 1.5～4.0 | 其他连接导线 |
| 4～6 | 电热塞电路导线 |
| 6～25 | 电源电路导线 |
| 16～95 | 启动电路导线 |

表4-5 美国线规(AWG)选择表

| 电流/A (12V) | 要求的线规/ft(1ft=0.3048m) | | | | | | | | | | | | | | |
| --- | --- | --- | --- | --- | --- | --- | --- | --- | --- | --- | --- | --- | --- | --- | --- |
| | 3 | 5 | 7 | 10 | 15 | 20 | 25 | 30 | 40 | 50 | 60 | 70 | 80 | 90 | 100 |
| 1 | 20 | 20 | 20 | 20 | 20 | 20 | 20 | 20 | 20 | 20 | 20 | 20 | 20 | 20 | 20 |
| 1.5 | 20 | 20 | 20 | 20 | 20 | 20 | 20 | 20 | 20 | 20 | 20 | 18 | 18 | 18 | 18 |
| 2 | 20 | 20 | 20 | 20 | 20 | 20 | 20 | 20 | 18 | 18 | 16 | 16 | 16 | 16 | 16 |
| 3 | 20 | 20 | 20 | 20 | 20 | 20 | 20 | 18 | 18 | 16 | 14 | 14 | 14 | 14 | 14 |

续表

| 电流/A (12V) | 要求的线规/ft(1ft＝0.3048m) | | | | | | | | | | | | | |
|---|---|---|---|---|---|---|---|---|---|---|---|---|---|---|
| | 3 | 5 | 7 | 10 | 15 | 20 | 25 | 30 | 40 | 50 | 60 | 70 | 80 | 90 | 100 |
| 4 | 20 | 20 | 20 | 20 | 20 | 20 | 20 | 18 | 16 | 16 | 14 | 14 | 14 | 14 | 12 |
| 5 | 20 | 20 | 20 | 20 | 20 | 20 | 18 | 18 | 16 | 14 | 14 | 14 | 12 | 12 | 12 |
| 6 | 20 | 20 | 20 | 20 | 20 | 18 | 18 | 16 | 14 | 14 | 14 | 14 | 12 | 12 | 10 |
| 7 | 20 | 20 | 20 | 20 | 18 | 18 | 16 | 16 | 14 | 14 | 12 | 12 | 12 | 12 | 10 |
| 8 | 20 | 20 | 20 | 20 | 18 | 16 | 16 | 14 | 14 | 12 | 12 | 12 | 10 | 10 | 10 |
| 10 | 20 | 20 | 20 | 20 | 16 | 14 | 14 | 12 | 12 | 10 | 10 | 10 | 10 | 10 | 8 |
| 12 | 20 | 20 | 20 | 18 | 16 | 14 | 14 | 14 | 12 | 10 | 10 | 10 | 8 | 8 | 8 |
| 15 | 20 | 20 | 18 | 18 | 14 | 12 | 12 | 12 | 10 | 10 | 8 | 8 | 8 | 8 | 6 |
| 20 | 20 | 20 | 18 | 16 | 14 | 12 | 10 | 10 | 8 | 8 | 6 | 6 | 6 | 6 | 6 |
| 24 | 20 | 18 | 16 | 14 | 12 | 12 | 10 | 10 | 8 | 8 | 6 | 6 | 6 | 6 | 4 |
| 30 | 18 | 16 | 16 | 14 | 10 | 10 | 10 | 10 | 6 | 6 | 6 | 6 | 4 | 4 | 4 |
| 36 | 16 | 14 | 14 | 12 | 10 | 8 | 8 | 8 | 6 | 6 | 4 | 4 | 4 | 4 | 4 |
| 50 | 14 | 14 | 14 | 12 | 10 | 8 | 8 | 8 | 6 | 4 | 4 | 4 | 2 | 2 | 2 |
| 100 | 14 | 12 | 10 | 8 | 8 | 6 | 4 | 4 | 2 | 2 | 1 | 0 | 0 | 0 | 2/0 |
| 150 | 12 | 10 | 8 | 6 | 6 | 4 | 4 | 2 | 2 | 1 | 0 | 2/0 | 2/0 | 3/0 | 3/0 |
| 200 | 10 | 8 | 6 | 4 | 2 | 2 | 2 | 1 | 0 | 2/0 | 3/0 | 4/0 | 4/0 | 4/0 | |

注：当机械长度是一个因素时，选用更大的线规。

表 4-6 美国线规（AWG）和公制导线规格的对比

| 公制导线尺寸/mm² | 美国线规尺寸 | 公制导线尺寸/mm² | 美国线规尺寸 |
|---|---|---|---|
| 0.22 | 24 | 5.0 | 10 |
| 0.35 | 22 | 8.0 | 8 |
| 0.5 | 20 | 13.0 | 6 |
| 0.8 | 18 | 19.0 | 4 |
| 1.0 | 16 | 32.0 | 2 |
| 2.0 | 14 | 50.0 | 1/0 |
| 3.0 | 12 | | |

### 2. 导线绝缘层的颜色

为便于区分汽车线路，其导线绝缘层采用不同颜色。有些导线采用单一颜色，被称为单色导线；有些则在主色基础上加辅助色，被称为双色导线，即绝缘表面为两种颜色的导线。对于双色导线，面积比例大的颜色被称为主色，面积比例比较小的颜色被称为辅助色。

在电路图中，导线的颜色多用英文字母表示（有一些国产汽车用汉字标出）。若导线为单色，则只用一个字母，若另有辅助色，则用两个字母表示。其中前一个字母表示其主色，后一个字母表示辅助色。导线颜色的代号见表 4-7～表 4-9。对于导线的颜色选用，应优先选用单色，再选用双色。

表 4-7 国产车系导线颜色与代号

| 导线颜色 | 黑 | 白 | 红 | 绿 | 黄 | 棕 | 蓝 | 灰 | 紫 | 橙 |
|---|---|---|---|---|---|---|---|---|---|---|
| 代号 | B | W | R | G | Y | Br | Bl | Gr | V | O |

表 4-8  美系车导线颜色与代号

| 导线颜色 | 黑 | 白 | 红 | 绿 | 黄 | 棕 | 蓝 | 灰 | 紫 | 橙 |
|---|---|---|---|---|---|---|---|---|---|---|
| 代号 | BK | WT | RD | GN | YL | BN | BU | GY | PL | OG |

表 4-9  日系车导线颜色与代号

| 导线颜色 | 黑 | 白 | 红 | 绿 | 黄 | 棕 | 蓝 | 灰 | 紫 | 橙 |
|---|---|---|---|---|---|---|---|---|---|---|
| 代号 | B | W | R | G | Y | BR | L | GY | PU | OR |

汽车电路一般分为 9 个系统,各系统的主色如表 4-10 所示。不同导线如果隶属同一电气系统,一般用上角标来区别,如蓝色线 $Bl^2$、$Bl^3$。

表 4-10  汽车电路各系统双色线的主色

| 序号 | 系统名称 | 导线主色 | 代号 |
|---|---|---|---|
| 1 | 电源系统 | 红 | R |
| 2 | 点火和启动系统 | 白 | W |
| 3 | 前照灯、雾灯及外部灯光照明系统 | 蓝 | Bl |
| 4 | 灯光信号系统,包括转向指示灯 | 绿 | G |
| 5 | 车身内部照明系统 | 黄 | Y |
| 6 | 仪表及警报指示和喇叭系统 | 棕 | Br |
| 7 | 收音机、点烟器等辅助系统 | 紫 | V |
| 8 | 各种辅助电动机及电气操纵系统 | 灰 | Gr |
| 9 | 电气装置搭铁线 | 黑 | B |

导线的截面积标注在颜色代码前面,单位为毫米时不标注,如 2.5R/Y 表示导线截面积为 $2.5mm^2$ 的双色导线,主色为红色,辅助色为黄色。

### 4.1.4  汽车线束的作用及构成

汽车上的全车线路(除高压线以外),为了不零乱、安装方便和保护导线的绝缘,一般都将同路的不同规格的导线用棉纱编制或用薄聚氯乙烯带缠绕包扎成束,称为线束。一辆汽车可以有多个线束。汽车线束在汽车电器中占有主要位置,尤其是近年来,随着汽车电器与电子设备的增多,线束总成的结构与电路也越来越复杂,因此对线束的结构、功能、适用性、可靠性都提出了更高的要求。

微课——汽车线束及护线器件

**1. 线束的组成与安装**

现代汽车的线束总成由导线、端子、插接器、护套等组成。

线路间的连接采用插接器。现代汽车线束总成中有很多个插接器,为了保证插接器的可靠连接,其上都有一次锁紧、二次锁紧装置,极孔内都有对端子的限位和止退装置。插接器的种类很多,可供几根到数十根导线使用,有长方体、多边体等不同形状。为了避免装配和安装中出现差错,插接器还可制成不同的规格型号、不同的形体和颜色,这样不仅拆装方便,且不易出现差错。

要安装汽车线束,一般先将仪表板和车灯总开关、点火开关等连接好,然后再将线束安装到汽车上。安装线束的主要注意事项如下。

(1) 线束应用卡簧或绑钉固定,以免松动磨坏。

(2) 线束不可拉得过紧,尤其在拐弯处。在绕过锐角或穿过金属孔时,可用橡皮或套管保护,否则容易磨损线束而发生短路、搭铁,并有烧毁全车线束、酿成火灾的危险。

(3) 连接电器时,应根据插接器的规格以及导线的颜色或接头处套管的颜色,分别接于电器上,若不易辨别导线的头尾时,一般可用试灯区分。

### 2. 常见车型的线束布置

一般汽车的线束分为发动机线束、仪表线束、车身线束等。图 4-13 所示为丰田威驰轿车整车线束布置。

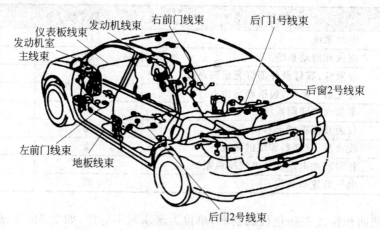

图 4-13　丰田威驰轿车整车线束布置

使用线束能减少悬在发动机罩下或仪表下的零散导线的数目,规范了导线布置。在汽车电路分析中,掌握线束在汽车上的分布及走向是很重要的。在电路检测时,往往需要知道某一根导线是从哪里来的,知道线束的布置,从而找到这根导线及其经过的插接器。图 4-14 所示为尼桑天籁全车线束分布简图。如果要分析一辆不熟悉的车辆的电路,首先要做的就是画出其线束分布简图。

### 3. 线束的更换

当汽车线束老化、严重破损、内部导线短路或断路时,可能会造成导线烧坏,线束端子氧化变形、接触不良,严重时汽车会发生自燃现象。检查时,若发现线束存在质量问题,应予以更换。线束的更换步骤如下。

(1) 准备线束拆装工具。

(2) 为了保证人身安全,拆除蓄电池负极接线。

(3) 断开与故障线束相连的插接器,将故障线束取下。

(4) 按照原先的接线方式装配新的线束。

单元4 汽车配线及修复

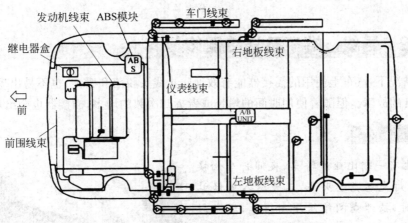

图 4-14 尼桑天籁全车线束分布简图

 ### 4.1.5 汽车护线器件

汽车运行时处于振动状态,线束避免不了发生抖动,如果线束与车身之间有相互运动,会导致线束破损,致使导线短路,严重时引起自燃,如图 4-15～图 4-21 所示,护线器件主要的作用是保证线束固定在车身上。

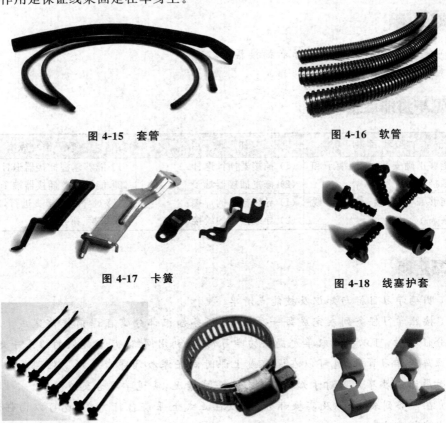

图 4-15 套管　　　　　　　　图 4-16 软管

图 4-17 卡簧　　　　　　　　图 4-18 线塞护套

图 4-19 扎带　　　　图 4-20 带箍　　　　图 4-21 保持架

## 4.2 导线、端子及插接器修复

一般情况下,汽车上使用的插接器能有效地防止线头脱落和腐蚀,也不易出现接头氧化等接触不良的故障。但随着使用时间的增长或者拆卸次数的增多,插接器也会出现问题。

### ◎ 客户委托 4-2

张先生有一辆比亚迪轿车,夜间行车切换远光灯时,灯光忽亮忽灭,第二天送入维修站进行检修时,技师查阅维修手册得知,远光灯电路搭铁端子(图 4-22)的编号为 BG4/5。检测时,一名技师在车内进行远光灯切换操作,另一名技师打开发动机盖进行观察,当切换灯光的瞬间,发现 BG4/5 搭铁端子产生了电火花,技师诊断为搭铁端子与车身存在接触不良。你能完成后续的端子维修工序吗?

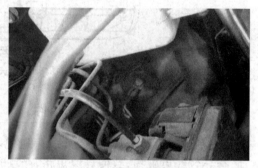

图 4-22 远光灯搭铁端子

### ◎ 学习目标

(1)能够正确安装、更换端子和插接器;
(2)能够正确连接、修复导线接头。

### ◎ 知识与技能点清单

| 序号 | 学习目标 | 知 识 点 | 技 能 点 |
|---|---|---|---|
| 1 | 能够正确安装、更换端子和插接器 | (1)插接器插针退针;<br>(2)修复插接器端子 | (1)能够掌握插接器退针操作;<br>(2)能够修复插接器端子 |
| 2 | 能够正确连接、修复导线接头 | (1)导线接头的焊接;<br>(2)导线接头的绞接、搭接 | 能够对导线的接头进行焊接、绞接、搭接、拼接处理 |

### ◎ 学习指南

(1)明确学习目标与知识及技能点清单。

(2)按照学习任务列表完成每一项任务,任务知识部分需在课前提前完成。在完成知识部分任务时,可以参考本单元提供的学习信息,利用网络、厂家提供的维修手册、各类教学资源库等学习资源,也可以在课前或上课时向任课教师寻求帮助。任课教师会在正式上课时展示或共享大家对于知识部分任务完成情况,实现学习者交流。

(3)在任务列表中,涉及实操部分,可以在正式上课前自行完成,也可以由任课教师在课堂上安排完成。

(4)完成任务列表后,自行根据本节鉴定表进行自查,并根据不足进行知识与技能的补充学习。

（5）接受任课教师按照本节鉴定表进行知识与技能鉴定。注意，鉴定可能是过程鉴定与终结性鉴定，学习者平时对学习任务的学习过程也将作为鉴定的依据，例如学习态度、学习过程中的技能展示、职场安全意识等。

###  4.2.1　学习任务

**1. 能够正确安装、更换端子和插接器**

（1）现在许多司机夜间行车时，为了追求更佳的行车体验，会在汽车内饰方面加装一些氛围灯。小张作为一位资深的汽车维修爱好者，决定给爱车加装一个脚窝灯，进行到插接器退针环节时，其操作流程如图 4-23 所示。请同学们根据图中信息总结一下插接器退针的流程。

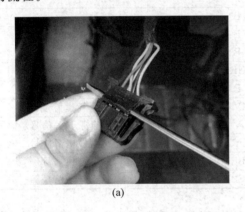
(a)

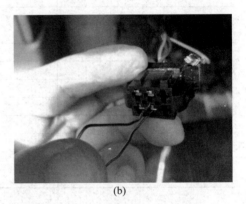
(b)

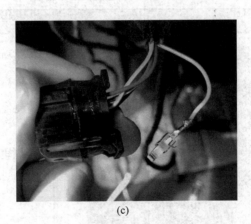
(c)

图 4-23　插接器退针环节的操作流程

**拓展材料**：汽车线束中每根导线都有自己的电流回路，承担不同的功能，并且与插接器上的插口一一配对。对端子、插接器进行更换处理时，需要对照维修手册中的插线表，在每根导线上进行标注，之后与新的插接器插口进行一一配对，完成端子、插接器的拼接。我们以NISSAN阳光汽车为例，仪表接线盒上的插线表、插接器插口如表4-11所示。

表4-11 仪表接线盒上的插线表、插接器插口一览表

| 端 子 号 | 导线颜色 | 信 号 名 称 |
|---|---|---|
| 27 | R | 电源 |
| 30 | LG | |
| 28 | GR | 点火信号 |
| 6 | W | 油位传感信号 |
| 1 | L | CAN-H |
| 2 | P | CAN-L |
| 23 | B | 接地 |
| 22 | B | 接地 |
| 21 | B | 接地 |
| 24 | GR | 油位传感接地 |
| 8 | P | 牵引开关信号 |
| 7 | V | 安全气囊信号 |
| 9 | V | 安全带开关信号 |
| 38 | Y | 交流发电机信号 |
| 11 | BR | 制动液位信号 |
| 10 | SB | 驻车制动信号 |

（2）秦先生有一辆NISSAN阳光汽车，因仪表盘出现故障，送入维修店进行更换。技师的工作流程见表4-12，请同学们补全表中缺失的端子、插接器安装过程。

表4-12 汽车仪表盘更换工作流程

| 步骤 | 图　　示 | 操作过程 |
|---|---|---|
| 1 |  | 拆下蓄电池负极 |

单元4 汽车配线及修复

续表

| 步骤 | 图　示 | 操作过程 |
|---|---|---|
| 2 |  | 将方向轴的盖板卸下，方向盘旋转90°，扭开左右两边的螺钉 |
| 3 |  | 打开方向轴上盖板 |
| 4 |  | 拆卸仪表盘螺钉 |

续表

| 步骤 | 图　示 | 操作过程 |
|---|---|---|
| 5 | | 取出仪表接线盒 |
| 6 | | 拔下仪表接线盒上的插接器 |
| 7 | | 对照维修手册插线表，准备好带数字信息的贴纸标签，之后依次拆解插接器上的接线端子，每拆下一根需要在导线上贴上标签，为端子与导线接头的拼接做好准备 |

续表

| 步骤 | 图示 | 操作过程 |
|---|---|---|
| 8 |  | |
| 9 |  | 按照上述步骤相反的顺序将仪表接线盒、仪表盘重新安装,点火进行测试,各项信息显示正常,完成安装 |

**2. 能够正确连接、修复导线接头**

(1)汽车导线的焊接是从事汽修行业的基础技能之一。表4-13是技师在车间进行导线焊接操作流程,请同学们根据图片信息,补充一下缺失的操作要领,并在实训课堂上进行实际操作。

表4-13 导线焊接操作流程

| 步骤 | 图示 | 操 作 要 领 |
|---|---|---|
| 1 | 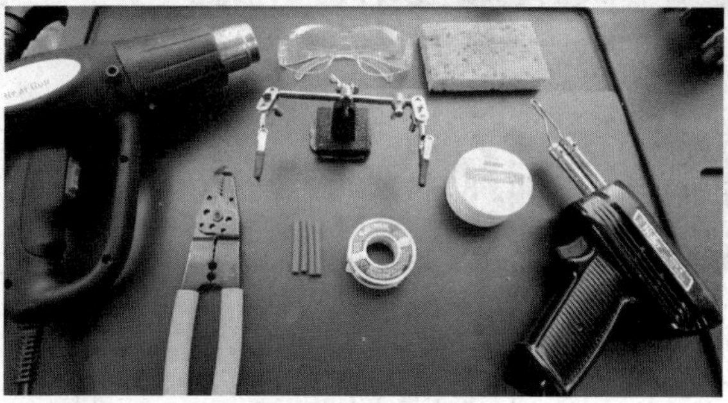 | 准备导线焊接的相关器材 |

续表

| 步骤 | 图示 | 操作要领 |
|---|---|---|
| 2 |  | 剥开导线的绝缘皮套 |
| 3 |  | 选择合适尺寸的热收缩管 |
| 4 | 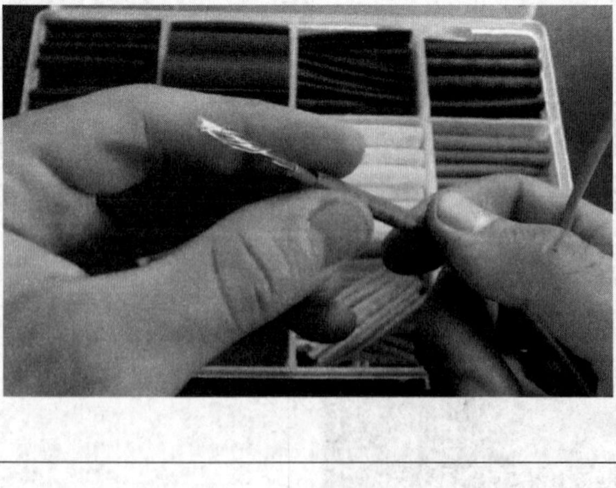 | 套上合适的热收缩管 |

续表

| 步骤 | 图示 | 操作要领 |
|---|---|---|
| 5 | 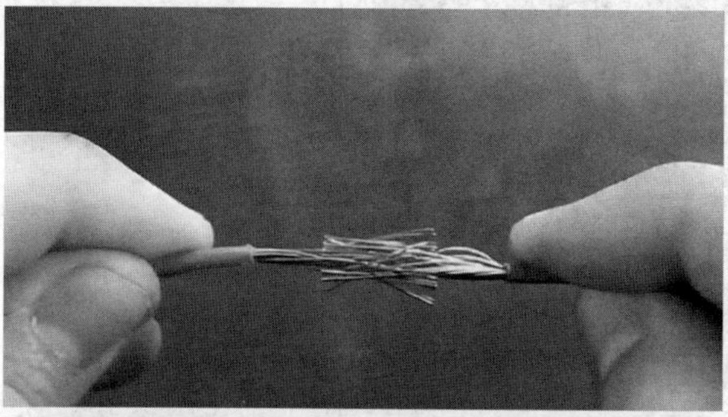 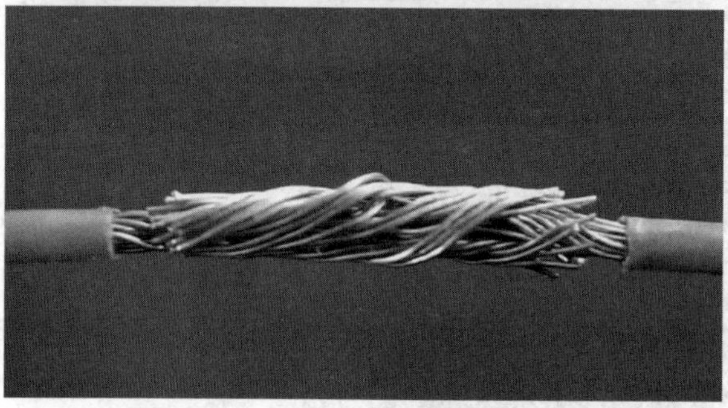  | 将两股导线的接头搭接在一起 |
| 6 |   | 固定好导线的两端,防止松动 |
| 7 |   | 在导线连接处涂抹适量的松香 |

续表

| 步骤 | 图示 | 操作要领 |
|---|---|---|
| 8 |   | 进行焊接 |
| 9 |  | 在导线连接处涂抹适量的硅质润滑脂 |
| 10 |  | 滑动之前设置的热收缩管,全面覆盖导线连接部位 |

单元4 汽车配线及修复

续表

| 步骤 | 图 示 | 操作要领 |
|---|---|---|
| 11 | | 加热热收缩管,使热收缩管紧贴导线连接处 |
| 12 | | 取下焊接导线 |

(2) 汽车导线接头的连接有绞接和搭接两种方式,其接线效果如图 4-24 所示,请同学们简述下两种接线方式的步骤及其优缺点。

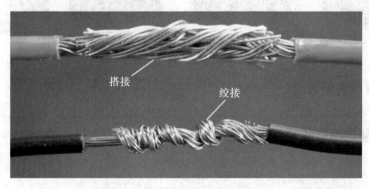

图 4-24 汽车导线接头的两种方式

### 鉴定

任课教师可以通过平时教学过程中学习者的学习态度、参与教学活动的积极性、职场安全意识及终结性鉴定结果等确定其最后鉴定结果。每个学习者最多可以鉴定 3 次,鉴定教师可以把鉴定情况填入表 4-14。

表 4-14  4.2 节鉴定表

| 序号 | 学习目标 | 鉴定 1 | 鉴定 2 | 鉴定 3 | 鉴定结论 | 鉴定教师签字 |
|---|---|---|---|---|---|---|
| 1 | 能够正确安装、更换端子和插接器 | | | | □通过 □不通过 | |
| 2 | 能够正确连接、修复导线接头 | | | | □通过 □不通过 | |

## 4.2.2　插接器插针退针和修复

微课——插接器插针退针和修复

插接器又称为连接器、接插件,是汽车电路中线束的中继站,线束与线束(或导线与导线)、线束(导线)与电器部件之间的连接一般采用插接器。汽车插接器主要由四大基本结构组件组成,即接触件、外壳(视品种而定)、绝缘体、附件,外观如图 4-25 所示。

阳性接触件为刚性零件,其形状为圆柱形(圆插针)、方柱形(方插针)或扁平形(插片)。阳性接触件一般由黄铜、磷青铜制成。阴性接触件即插孔,依靠弹性结构在与插针插合时发生弹性变形而产生弹性力与阳性接触件形成紧密接触,完成连接。

图 4-25　汽车插接器

**1. 插接器的表示方式**

插接器的表示方式如图 4-26(a)和图 4-26(b)所示(这里仅以 6 线插头和 8 线插座为例,其他插头或插座的表示方式与此类同,仅是导线数量不同),图 4-26(c)为其实物示意图。

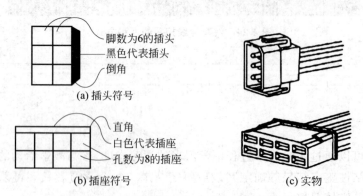

(a) 插头符号　　(b) 插座符号　　(c) 实物

图 4-26　插接器的表示方式和实物示意图

插接器的形状如图4-26所示,其识别原则是:涂黑标记的通常都表示为插头,长方框有不倒角或倒角的两种,不倒角表示插头采用针式接线端子,倒角表示插头采用片式接线端子;不涂黑(白色)标记的通常都表示为插座。

插接器按照锁定机构的不同分为锁扣式、滑锁式、锁杆式三种,锁扣式插接器的特点是插座上有一个锁扣,在插头上有一个凸起,插头插入插座后,锁扣扣住凸起,可以避免插接器意外松动或断开。

**2. 插接器退针**

汽车线束插头退针时,需要借助工具退针器来实现,如图4-27所示。使用时,需要根据插接器插头端子的形状来灵活选择退针器的类型。

我们以汽车前照灯的插头为例,详细介绍一下插接器退针的方法。如图4-28和图4-29所示,首先找到汽车前照灯线束的插头,掰动插接器上的锁扣,将插头安全取出。

之后,将插头里的紫色卡子推出,如图4-30所示。

使用退针器(若因条件限制,可以用曲别针来代替)插在想要退针的针孔里,夹紧插针后旋转90°,扯动插头后面的线即可安全地将插针退出,如图4-31~图4-33所示。

图4-27 汽车退针器

图4-28 前照灯线束插接器

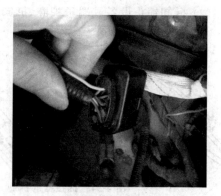

图4-29 取出插头

图4-30 推出插头内的紫色卡子

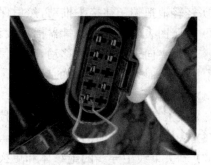

图4-31 夹紧插针

图 4-32 扯动导线退针

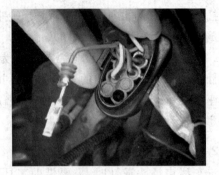

图 4-33 退出插针

### 3. 插接器端子修复

拆开连接器时,首先要解除闭锁,然后把插接器拉开。不允许在未解除闭锁的情况下用力拉线束,这样会损坏闭锁装置或连接线束。

1) 分辨接头的端子类型

从维修手册中提供的图片来确定接头品名,锁环片的位置,接通的方向和端子类型。插头或插座中的防脱装置有三种:①插针上有倒刺;②壳中有限位卡;③有一个可以抽拉的彩色限位片。

2) 端子更换

(1) 拔下插接器,插接器的拆卸方法如图 4-34 所示。

(2) 拆卸锁止设备或端子护圈,拆卸方法如图 4-35 所示。

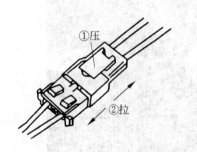

图 4-34 插接器的拆卸　　　　图 4-35 拆卸锁止设备

(3) 拆下接头上的端子,拆卸方法如图 4-36 所示。

① 轻轻地把端子往接头推动,然后保持不动。

② 依照图表的方向把退针器插入接头。

③ 把锁夹向未锁的地方移动,然后保持不动。

④ 拔端子时,要顺着接头的后部拔。

(4) 用测微计或者游标卡尺测量导线的正常规格,测量方法如图 4-37 所示。

(5) 从工具箱里选出恰当的替换的接头及导线,见图 4-38。

(6) 从接头处切断旧的接头,见图 4-39。

(7) 剥去束线中导线的绝缘体和更换端子导线,如图 4-40 和图 4-41 所示。

(8) 把端子和接头的引线的两头裸线插入接口,拼接起来,见图 4-42。

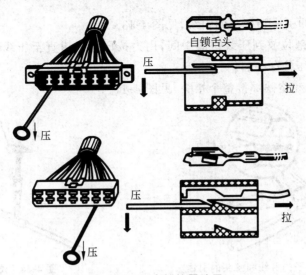

图 4-36 取出插接器端子

图 4-37 导线的测量方法

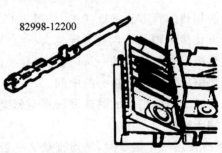

图 4-38 选取接头和导线

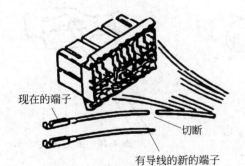

图 4-39 切断旧的接头

图 4-40 剥线钳

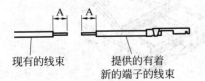

图 4-41 剥线钳剥掉绝缘材料

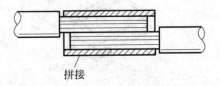

图 4-42 端子引线和接头引线的拼合

(9) 压接端子的引线和接头的引线,见图4-43。

把接头的中间部位放到压线钳的中间,用力按压压线钳直至压线钳的接触点碰到一起。确保接头紧密压接在一起。

(10) 用松香芯和烙铁焊接整个接头,见图4-44。

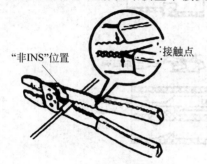

图4-43 压接端子的引线和接头的引线

图4-44 焊接接头

(11) 使用热缩管方法绝缘接头,见图4-45。

① 切下比接头稍长一点且直径稍大一点的热缩管。

② 把热缩管套进导线的一头(在连接导线前完成)。

③ 把热缩管置于焊接接头的中间。

④ 用热枪之类的工具加热热缩管直至紧缩到接头。

3) 新端子安装

(1) 再次使用一个端子时,请检查锁夹是否是好的,如图4-46所示。

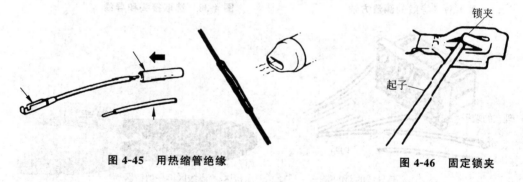

图4-45 用热缩管绝缘　　　　图4-46 固定锁夹

(2) 把端子推进接头直到听到"咔哒"一声就行了,如图4-47所示。

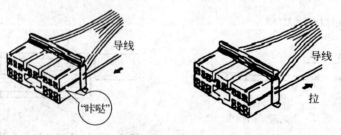

图4-47 端子安装

当所有端子都正确安装好后,请用力把端子朝导线方向推,以确保端子和接头紧紧地锁在一起。

(3) 关闭端子止动器锁止设备,如图 4-48 所示。

(4) 把维修线紧靠在接头处,如图 4-49 所示。

图 4-48　关闭端子止动器锁止设备

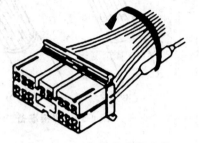

图 4-49　维修线紧靠接头处

4) 插接器的连接

插接器连接后,其导线的连接关系如图 4-50 所示。例如 A 线的插孔①与 a 线的插头①′是相配合的,其余以此类推。

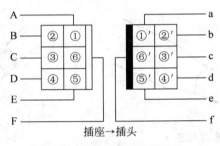

图 4-50　插接器的连接方法

### 4.2.3　导线及端子的连接修复

端子一般由黄铜、纯铜、铅材料制成,它与导线的连接采用冷铆压合的方法。

**1. 焊接操作**

电焊质量按 5 个位置进行判断,如图 4-51 所示。对于导线,只能使用树脂助焊剂。酸性焊剂存在腐蚀问题,不适合此项工作。焊接后不要清理树脂助焊剂,因为树脂具有防腐作用,可以保护焊接部位。铝导线是不能焊接的,因为它在焊接加热时易氧化。具体操作步骤如下。

(1) 焊接准备。如图 4-52 所示,焊接部位必须清洁和光亮,如图 4-52(a) 所示;酸蚀或粘有润滑脂的线端 (图 4-52(b)) 应剥除。务必使焊接部位和双手保持清洁。

(2) 烙铁准备。如图 4-53 所示,进行焊接前,烙铁头必须加热和粘锡。将烙铁预热至稍高于焊锡熔点的温度,

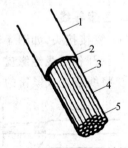

图 4-51　电焊质量判断

1—没有或几乎没有焊锡渗透到绝缘部位;2—未受损的绝缘皮;3—焊锡完全渗透;4—表面平滑、有光泽;5—铜丝无分叉

然后在烙铁头上涂上焊锡或将烙铁放到焊接部位上以使接触面散热。如果助焊剂开始流溢,则表示预热温度合适。

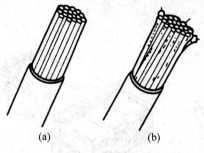

图 4-52 焊接准备

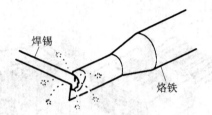

图 4-53 烙铁准备

(3) 形成热桥。如图 4-54 所示,使烙铁整个作业面接触焊接部位,并立即将焊锡加入烙铁和焊接部位形成的 V 形区。这个 V 形区称为热桥,在这里熔化的焊料加速传热,减短了焊接部位的受热时间。

(4) 撤走烙铁。如图 4-55 所示,焊接完毕时立即撤走烙铁,防止焊锡流出预定焊接部位。

图 4-54 形成热桥

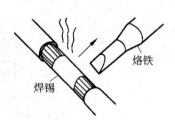

图 4-55 撤走烙铁

(5) 防止焊接部位移动。如图 4-56 所示,防止焊接部位移动,直到焊锡冷却。如果在焊锡刚从液体变为固体时,焊接的两个部件发生相对移动,会削弱焊接点的牢固程度。最好不要重新焊接,因为重新焊接还要延长加热时间以再次熔化焊锡。开始前设置好支撑物,直到焊锡冷却后再撤走。

**2. 连接导线**

(1) 绞接接头,如图 4-57 所示。绞接简单而结实。

① 剥开各导线绝缘皮 20mm,如图 4-57(a)所示。

② 将线芯拧成紧密的一股。

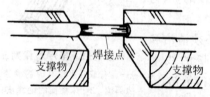

图 4-56 防止焊接部位移动

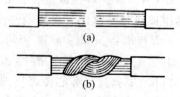

图 4-57 绞接接头

③ 将它们绞合在一起,如图4-57(b)所示。
④ 用焊锡将接头焊接牢固。
⑤ 用PVC绝缘胶带包裹接头,以便绝缘。

**注意**:为防止短路或接地短路,绝缘前应去除接头上的所有穿刺。导线线芯或焊锡本身都可能形成穿刺,它们会刺穿绝缘层。

(2) 搭接接头,如图4-58所示。搭接导线的步骤如下。
① 剥开绝缘皮约20mm并梳开线芯,如图4-58(a)所示。
② 将线芯推合在一起并沿相反方向扭绞端头,使接头连接紧实,如图4-58(b)所示。
③ 焊牢接头。
④ 用PVC胶带包裹接头,以便绝缘。

图4-59所示为Y形搭接接头。Y形接头用于连接与原线路并联的分路。图4-60所示为T形搭接接头。

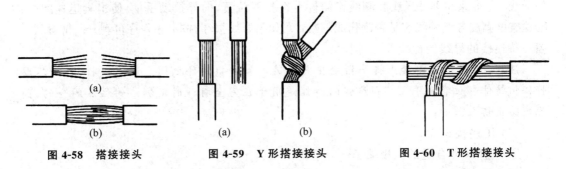

图4-58 搭接接头　　图4-59 Y形搭接接头　　图4-60 T形搭接接头

**注意**:要获得好的搭接接头不容易,但这种接头更整洁,包上胶带后体积更小。

### 3. 用压接端子搭接导线

压接端子包括在端子修理组件。压接端子是一种通用的导线修理装置,它不适合有特殊要求的应用场合,如防潮密封。用压接端子搭接导线具体操作步骤如下。

(1) 打开线束。线束可能用胶带包住或密封在塑料套管中。如果是用套管封装,只需打开套管并拉出所要的导线;如果线束是用胶带包住的,用裁缝刀(图4-61)打开线束,可防止损坏线束内部导线的绝缘层。裁缝刀可以在缝纫器材店买到。用尖头刃口在胶带上开一个小口,不要碰到任何导线,用圆头刃口按需要裁开胶带至一定的长度。注意不要割伤任何导线绝缘皮。

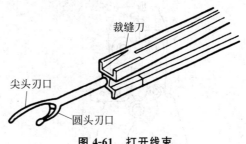

图4-61 打开线束

(2) 切断导线。切断线束时,应在线束上尽可能多地保留导线,这样需要时还可以再进行切断。

**注意**:保证每个接头距离其他接头、分线束或连接器至少40mm,这样可避免因为潮湿而使相邻的接头搭接短路,从而造成损坏。切勿割伤或割断铜线芯,否则会限制导线的载流容量。

（3）选择线径和类型正确的导线。导线必须与原来导线的线径相同或更大（易熔线除外）。导线绝缘的额定温度必须相同或更高，对于不经受高温的部分，可采用普通绝缘（PVC）；对于预计温度会较高的部位，采用 XLPE（交联聚乙烯）绝缘导线。

**注意**：可以用 XLPE 绝缘导线代替 PVC 绝缘导线，但不能用 PVC 绝缘导线代替 XLPE 绝缘导线。XLPE 绝缘导线不耐燃油，因此不得用在可能接触燃油的位置。

（4）剥开绝缘层。用线规（AWG）确定导线的线径。要用标有 AWG 线号的剥线钳剥掉绝缘皮。如果不知道线号，则从最大的剥线孔开始尝试，逐步减小，直到能够干净利落地剥掉绝缘皮而不划伤或割断导线为止。将剥线钳导板设置为 7.5mm 的剥线长度。接头应距离其他接头或分线束至少 40mm。

用剥线钳的操作程序：①右手握住手柄，使夹口朝左；②左手握住导线，将导线端头压到导板上，直接进入上刃口上相应的凹口；③合上左侧手柄，在切断绝缘层前先牢固地夹住导线；④如果在剥开导线后剥线钳铸件卡在打开位置，向外拉动手柄，使工具迅速闭合；⑤检查已剥皮导线的线芯是否割伤或割断；⑥如果导线损坏，按上述程序再剥开一节导线。

待连接的导线的裸线段应等长。

**注意**：任何时候都禁止将手指放在夹口铸件和切口铸件之间。剥线钳打开时，不要将任何铸件部位靠在手上。剥线钳的铸件是用于在完全打开时使剥线钳猛然闭合的，因此应防止伤人。

（5）压接接头。

① 选择尺寸合适的压接端子；

② 解锁压接钳；

③ 用压接钳前端略微压合端子，如图 4-62 所示；

④ 选择合适的压接砧；

⑤ 搭接两条绝缘层剥开的导线端，用拇指和食指捏住，如图 4-63 所示；

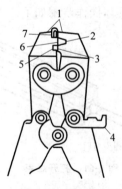

图 4-62 压接钳

1—前端；2—模子；3—小压接砧；4—锁片；
5—模子；6—大压接砧；7—压接端子

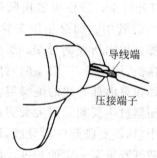

图 4-63 搭接两条绝缘层剥开的导线端

⑥ 将压接端子置于裸芯导线下的中心位置，并将压接端子保持到位，如图 4-63 所示。确保导线从压接端子两端伸出；确保压接端子未夹住绝缘皮、线芯未割伤或松脱；

⑦ 完全打开压接钳并将一只手柄靠在坚硬的平面上；
⑧ 将压接端子的背面放在合适压接砧的中央，在模子接触端子压接边的位置点合上压接钳，如图4-64所示；
⑨ 检查压接端子和导线是否仍在正确的位置上，然后用力合上压接钳；
⑩ 在压接端子两端各压接一次。操作时，勿使压接钳超出压接端子边缘。

（6）焊接。将树脂芯焊料涂在压接端子背面的孔中，如图4-65所示，应确保没有图4-66所示的缺陷。

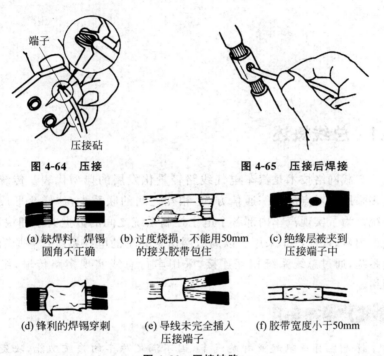

图 4-64　压接　　　　　　　　　图 4-65　压接后焊接

(a) 缺焊料，焊锡圆角不正确
(b) 过度烧损，不能用50mm的接头胶带包住
(c) 绝缘层被夹到压接端子中
(d) 锋利的焊锡穿刺
(e) 导线未完全插入压接端子
(f) 胶带宽度小于50mm

图 4-66　压接缺陷

（7）用胶带包住接头。将一块50mm×50mm胶带对准接头并绕上。如果导线不封装在套管或其他线束护套内，则在原来的胶带上再缠上胶带，要完全覆盖原来的胶带。

**4. 绞合/屏蔽导线的拼接**

（1）找出并切掉损坏的导线线段。不要切到聚酯薄膜带或切断加蔽线。
（2）从电缆的末端除去大约6mm长的外层套管。
（3）拆开聚酯膜带，但不要从电缆上除去聚酯薄膜带。
**注意**：修理这种导线时，要错开拼接夹片的接点，这样能防止短路。
（4）拆开绞合的导线，剥去其端头的绝缘外皮。
（5）用拼接夹片连接两根导线线芯，然后焊拼接点。
（6）用聚酯薄膜带捆扎导线露出的线芯，但不要把加蔽线捆扎进去。
（7）拼接加蔽线并焊拼接点。
（8）将加蔽线绕在导线和聚酯薄膜带上。
（9）用电工胶带或热缩管对电缆作绝缘处理。

# 单元 5

# 车载网络

## 5.1 总线概述

车载网络技术是汽车电气线路轻量化发展的典型代表。传统的电气系统大多采用点对点的单一通信方式，相互之间的联系少，这样会形成庞大的布线系统。为了实现汽车内部各个电子控制系统之间的数据共享和快速传输，降低线束用量，现代汽车采用了以局域网信息共享的电控系统代替原有的点对点布线系统，通过总线系统相互连接，采用串行总线实现多路传输，组成汽车电子网络。

◎ 客户委托 5-1

杨先生有一辆起亚智跑汽车，因不满足原车的导航功能，决定自己改装汽车导航。在更换线束时，看到密密麻麻的线束与总线接头（图5-1），他不禁犯了难，故咨询了从事汽修工作的朋友，朋友建议他学习一下线束与总线基础，明白汽车线束与总线的布局，从而完成导航的改装工作。

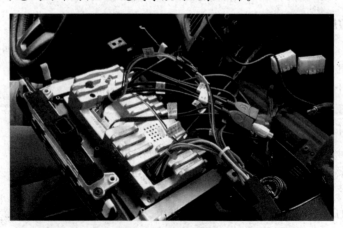

图 5-1 汽车导航线束

## ◎ 学习目标

（1）能够描述汽车总线的定义及类型；
（2）能够描述汽车 CAN 总线、LIN 总线、MOST 总线的应用及其性能特点。

## ◎ 知识与技能点清单

| 序号 | 学 习 目 标 | 知 识 点 | 技 能 点 |
|---|---|---|---|
| 1 | 能够描述汽车总线的定义及类型 | （1）总线的定义；<br>（2）总线的类型 | 能够熟知汽车总线网络的分类及结构 |
| 2 | 能够描述汽车 CAN 总线、LIN 总线、MOST 总线的应用及其性能特点 | （1）CAN 总线应用及其性能特点；<br>（2）LIN 总线应用及其性能特点；<br>（3）MOST 总线应用及其性能特点 | 能够熟知 CAN 总线、LIN 总线、MOST 总线各自的应用领域 |

## ◎ 学习指南

（1）明确学习目标与知识及技能点清单。

（2）按照学习任务列表完成每一项任务，任务知识部分需在课前提前完成。在完成知识部分任务时，可以参考本单元提供的学习信息，利用网络、厂家提供的维修手册、各类教学资源库等学习资源，也可以在课前或上课时向任课教师寻求帮助。任课教师会在正式上课时展示或共享大家对于知识部分任务完成情况，实现学习者交流。

（3）在任务列表中，涉及实操部分，可以在正式上课前自行完成，也可以由任课教师在课堂上安排完成。

（4）完成任务列表后，自行根据本节鉴定表进行自查，并根据不足进行知识与技能的补充学习。

（5）接受任课教师按照本节鉴定表进行知识与技能鉴定。注意，鉴定可能是过程鉴定与终结性鉴定，学习者平时对学习任务的学习过程也将作为鉴定的依据，例如学习态度、学习过程中的技能展示、职场安全意识等。

 **5.1.1 学习任务**

**1. 能够描述汽车总线的定义及类型**

（1）CAN 总线系统相关模块由电路、CPU 和输入/输出接口组成，消除了传统电气模块中过于庞大的输入/输出接口，模块尺寸小，简化了整车线束，提高了整车电气线路的工作可靠性。传统电控单元和 CAN 电控单元的对比参见图 5-2。请同学们概括汽车总线的定义。

_____

（2）汽车工程师协会（SAE）按照汽车上网络系统的性能由低到高的顺序，将汽车网络划分为 A 类、B 类、C 类、D 类。请同学们查阅资料，补全表 5-1 中缺少的信息。

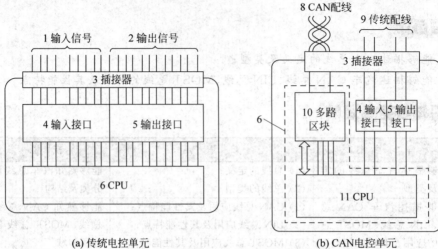

(a) 传统电控单元　　　　　(b) CAN 电控单元

图 5-2　传统电控单元与 CAN 电控单元结构

表 5-1　汽车网络的分类

| 类　别 | 总线名称 | 通信速度 | 应用范围 |
| --- | --- | --- | --- |
| A 类 | LIN | <10kbit/s | 灯光、门锁、后视镜等 |
| B 类 | 低速 CAN | 10～125kbit/s | |
| C 类 | | 125kbit/s～1Mbit/s | 引擎控制、传动系统、ABS 制动系统、悬挂系统、线控系统等 |
| | FlexRay | 1Mbit/s～10Mbit/s | |
| D 类 | MOST | >10Mbit/s | |

**2. 能够描述汽车 CAN 总线、LIN 总线、MOST 总线的应用及其性能特点**

(1) 汽车 CAN 总线采用星形拓扑结构(一种以中央节点为中心,把若干外围节点连接起来的辐射式互连结构),通过两根双绞线将汽车上的各个节点连接起来,如图 5-3 所示。请同学们概括 CAN 总线在汽车上的应用及其性能特点。

图 5-3　汽车总线系统

（2）LIN 总线是一种辅助的总线网络，能为不需要用到 CAN 的装置提供较为完善的网络功能，包括空调控制（Climate Control）、后视镜（Mirrors）、车门模块（Door Modules）、座椅控制（Seats）、智能性交换器（Smart Switches）、低成本传感器（Low-cost Sensors）等。LIN 网络在车镜控制上的应用如图 5-4 所示，请同学们简述 LIN 总线控制网络的性能特点。

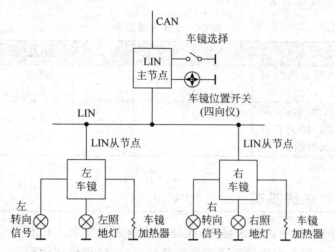

图 5-4　LIN 总线在车镜控制上的电路

（3）MOST 总线网络采用环状连接方式，其本身是一种面向多媒体信息传输的光纤。请同学们简述 MOST 总线在汽车上的应用及其性能特点，如图 5-5 所示。

图 5-5　MOST 总线网络

## 鉴定

任课教师可以通过平时教学过程中学习者的学习态度、参与教学活动的积极性、职场安全意识及终结性鉴定结果等确定其最后鉴定结果,每个学习者最多可以鉴定3次,鉴定教师可以把鉴定情况填入表5-2中。

表5-2  5.1节鉴定表

| 序号 | 学习目标 | 鉴定1 | 鉴定2 | 鉴定3 | 鉴定结论 | 鉴定教师签字 |
|---|---|---|---|---|---|---|
| 1 | 能够描述汽车总线的定义及类型 | | | | □通过<br>□不通过 | |
| 2 | 能够描述汽车CAN总线、LIN总线、MOST总线的应用及其性能特点 | | | | □通过<br>□不通过 | |

### 5.1.2 总线基础

随着汽车上的电控装置越来越多,线路将会越来越复杂。针对这一现象,汽车各大生产商先后引进了现场总线,以控制局域网的形式来简化汽车线路。

**1. 总线的定义**

现场总线是一个开放的通信网络,它通过线路将智能设备连接起来,使之成为集控制、测量、诊断为一体的综合网络。如图5-6所示,现场总线由数据传输线和节点两大部分组成。总线系统是一种连接不同的装置(如电子控制单元)并利用编码信号传递数据的网络系统。由于编码技术的应用,能够以最少的线路连接所有的装置。其优点是:较少的线路与装置能减轻重量与节省成本;使系统有更高的可靠度;复杂的功能较容易执行;采用通用传感器,达到数据共享的目的。

微课——汽车总线的认知

车用总线是用于车载网络中车用设备或车用仪表互连的通信网络,一般是指通过分时复用的方式,将信息以一个或多个源部件传送到一个或多个目的部件的一组传输线。以汽车行业最常用的CAN总线为例进行说明,CAN总线就好比城市里的公共汽车(Bus),如图5-7所示,能按照固定行车路线传输数据信息。总线可以同时传输的数据数称为宽度(Width),以比特(bit)为单位,总线宽度越宽,传输性能越佳。

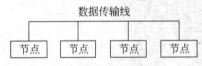

图5-6 现场总线的组成

目前汽车应用的通信网络包括CAN总线、LIN总线、MOST总线等。基于安全性和可靠性的要求,现代汽车使用电控系统代替原有的机械和液压系统。如图5-8所示,为了满足电控系统的正常使用,简化线路,提高信息传输的速度和可靠性,降低故障频率,必须找到一种设计优良的解决方案来使车内电路系统在不占用太大空间的情况下仍能保持其可操作性;通过总线系统的相互连接,采用串行总线实现多路传输,组成汽车电子网络,是一种既可靠又经济的做法。

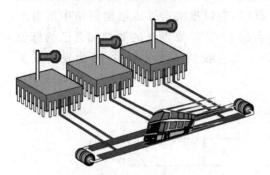

图 5-7 汽车 CAN 总线原理示意

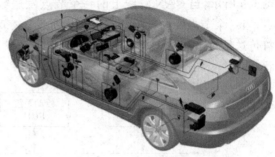

图 5-8 汽车总线系统

**2. 总线的分类**

汽车总线的分类有以下几种。

1) 按信息传输速度分类

汽车工程师协会(SAE)按照汽车上网络系统的性能由低到高的顺序,将汽车网络划分为 A 类、B 类、C 类、D 类,如表 5-3 所示。

表 5-3 汽车网络的分类

| 类别 | 总线名称 | 通信速度 | 应用范围 |
|---|---|---|---|
| A 类 | LIN | <10kbit/s | 灯光、门锁、后视镜等 |
| B 类 | 低速 CAN | 10～125kbit/s | 车身舒适控制、显示仪表等 |
| C 类 | 高速 CAN | 125kbit/s～1Mbit/s | 引擎控制、传动系统、ABS 制动系统、悬挂系统、线控系统等 |
|  | FlexRay | 1～10Mbit/s |  |
| D 类 | MOST | >10Mbit/s | 汽车导航系统、多媒体娱乐系统 |

(1) A 类。A 类网络通信目前首选的标准是局域互联网 LIN,它采用低成本的单向连接,例如传感器、执行器控制的低速网络,允许节点间的同一总线进行多路信号的发送或接收,适用于低数据率车身布线。A 类网络的数据传输速率通常只有 1～10kbit/s,主要应用于电动门窗、座椅调节、灯光照明等控制。

LIN 是一种低成本的串行通信网络,用于实现汽车中的分布式电子系统控制,它的目标是为现有汽车网络(例如 CAN 总线)提供辅助功能。在带宽要求不高、功能简单、实时性要求低的场合,如车身电器的控制等方面,使用 LIN 总线可有效地简化网络线束、降低成本、提高网络通信效率和可靠性。

(2) B 类。B 类网络通信使用最广泛的是 CAN 总线,这是数据在节点间传输的多主总线系统,可取消多余的系统组件。当需要将许多功能集成在一个模块时,最适于利用 B 类连接方式。传输速率一般为 10～125kbit/s,主要应用于电子车辆信息中心、故障诊断、仪表显示、安全气囊等系统。

与一般的通信总线相比,CAN 总线的数据通信具有突出的可靠性、实时性和灵活性,它在汽车领域上的应用比较广泛,世界上一些著名的汽车制造厂商,都采用了 CAN 总线来实现汽车内部控制系统与各检测和执行机构间的数据通信。CAN 总线网络架构如图 5-9 所示，当 CAN 总线上的一个节点发送数据时，它以报文形式广播给网络中所有节点，当一个节点要向其他节点发送数据时，该节点的 CPU 将要发送的数据和自己的标识符传送给本节点的 CAN 芯片，并处于准备状态；当它收到总线分配时，转为发送报文状态。

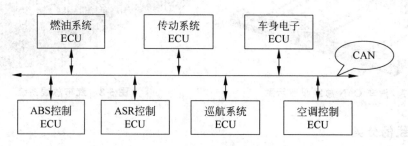

图 5-9　汽车 CAN 总线网络架构

（3）C 类。与 B 类的定义相同，但面向高数据率信号传输和实时闭环控制的多路传输。最高传输速率可达 1Mbit/s，主要用于悬架控制、牵引控制、发动机控制、ABS 等系统。

新型轿车的电子设备不断增加，几乎使 CAN 和 LIN 总线在内的通信总线不堪重负，且线控操作等控制技术对汽车总线提出了更高的性能要求，FlexRay 这一新的通信标准能很好地解决这一系列问题。FlexRay 是由汽车制造商和芯片制造商组成的汽车工业协会制定的一项总线通信标准，能够满足不断增加的电子系统相适应的、性能更高的汽车总线的需求。

如图 5-10 所示，宝马 2007 款 X5 系列车型的电子控制减振器系统中首次应用了 FlexRay 技术。此款汽车采用基于飞思卡尔的微控制器和恩智浦的收发器，可以监视有关车辆速度、纵向和横向加速度、方向盘角度、车身和轮胎加速度以及行驶高度的数据，实现了更好的乘坐舒适性以及驾驶时的安全性和高速响应性；此外，还将施加给轮胎的负荷变动以及底盘的振动均减至最小。

图 5-10　BMW X5 汽车首次应用 FlexRay 技术

(4) D 类。汽车多媒体网络和协议属于 D 类总线系统,比较适合的是 MOST 总线,采用光纤线路传输,通信速度高,支持即插即用,没有接地回路,不受电磁干扰,从而能够稳定传输信号,满足多媒体信息实时传递的需求。

MOST 总线基于环形拓扑结构,从而允许共享多个发送器和接收器的数据。MOST 总线主控器(通常位于汽车音响主机处)有助于数据采集,所以该网络可支持多个主拓扑结构,在一个网络上最多高达 64 个主设备。

2) 按联网范围分类

总线按联网范围分为主总线系统和子总线系统,其中 K 总线用于 CAN 总线系统自诊断时连接汽车故障检测仪,属于诊断用的通信线。

主总线系统负责跨系统的数据交换,主总线系统数据传输速率见表 5-4。

表 5-4　主总线系统及数据传输速率

| 主总线系统 | 数据传输速率 | 总 线 结 构 |
| --- | --- | --- |
| K 总线 | 9.6kbit/s | 线性,单线 |
| D 总线 | 10.5~115kbit/s | 线性,单线 |
| CAN | 100kbit/s | 线性,双线 |
| K-CAN | 100kbit/s | 线性,双线 |
| F-CAN | 100kbit/s | 线性,双线 |
| PT-CAN | 500kbit/s | 线性,双线 |
| byteflight | 10Mbit/s | 星形,光缆 |
| MOST | 22.5Mbit/s | 环形,光缆 |

子总线系统负责系统内的数据交换,子总线系统数据传输速率见表 5-5。这些系统用于交换特定系统内数据量相对较少的数据。

表 5-5　子总线系统及数据传输速率

| 子总线系统 | 数据传输速率 | 总 线 结 构 |
| --- | --- | --- |
| K 总线 | 9.6kbit/s | 线性,单线 |
| BSD | 9.6kbit/s | 线性,单线 |
| DWA 总线 | 9.6kbit/s | 线性,单线 |
| LIN 总线 | 9.6~19.2kbit/s | 线性,单线 |

### 3. 总线的网络结构

汽车总线网络的拓扑结构主要有星形拓扑结构、总线型拓扑结构、环形拓扑结构。

1) 星形拓扑结构

星形拓扑结构是一种以中央节点为中心,把若干外围节点连接起来的辐射式互连结构,如图 5-11 所示,这种结构适用于局域网。

星形拓扑结构的特点是安装容易,结构简单,费用低,通常以集线器作为中央节点,便于维护和管理。中央节点的正常运行对网络系统来说很重要。中央节点负载重,扩充困难,则线路利用率低。

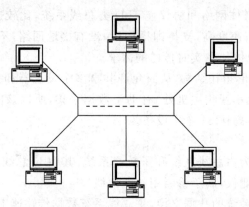

图 5-11　星形拓扑结构

由于汽车网络的应用目的之一就是简化线束，所以这种结构不可能成为整车网络的结构，只在一个部件或总成上使用。宝马车的安全气囊系统采用的就是星形拓扑结构。

2）总线型拓扑结构

总线型拓扑结构是一种共享通路的物理结构。这种结构中的总线具有信息的双向传输功能，普遍用于区域网的连接，如图 5-12 所示，总线一般采用同轴电缆或双绞线。

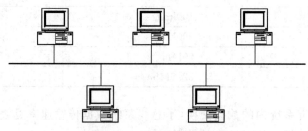

图 5-12　总线型拓扑结构

总线型拓扑结构的优点是安装容易，扩充或删除一个节点也很容易，不需要停止网络的正常工作，节点的故障也不会殃及系统。由于各个节点共用一个总线作为数据通路，则信道的利用率较高。但总线型结构也有缺点：由于信道共享，连接的节点不宜过多，并且总线自身的故障可以导致系统的崩溃。汽车上的网络多采用这种结构，应用在 CAN 总线系统上。CAN 动力数据总线（高速）的速率为 500kbit/s，用于动力系统和底盘系统数据总线；CAN 舒适数据总线（低速）的速率为 100kbit/s，用于将收音机、电话和导航系统联网。

**注意**：数据总线的传输速度通常用比特率来表示（kbit/s 或 kbps），其中 1Mbps=1024kbps，1KB/s=8kbit/s。

3）环形拓扑结构

环形拓扑结构由各节点首尾相连形成一个闭合环形线路。环形网络中的信息传送是单项的，即沿一个方向从一个节点传动到另一个节点；每个节点需要安装中继器，以接收、放大、发送信号，如图 5-13 所示。

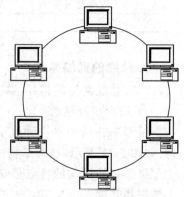

图 5-13　环形拓扑结构

环形拓扑结构的特点是结构简单,建网容易,便于管理。其缺点是当节点过多时,将影响传输效率,不利于扩充;另外,当节点发生故障时,整个网络不能正常工作。

由于汽车上要求网络系统实时性好,有一些车载网络系统就使用环形拓扑结构(MOST 总线),通过光脉冲传输数据,只能朝一个方向传输数据。光缆用作传输媒介可以传输各种数据(如控制单元、音频和图像数据),并提供各种数据服务。

### 5.1.3 总线的应用及其性能特点

下面以汽车应用的通信网络 CAN 总线、LIN 总线、MOST 总线为例详细介绍总线的应用及其性能特点。

微课——汽车总线的特点及应用

**1. CAN 总线**

1) CAN 总线的应用

电子控制器局域网络 CAN 是德国 BOSCH 公司提出并推广应用的,它是专门为车辆系统设计的。如图 5-14 所示,CAN-Bus 系统在汽车内提供一种特殊的局域网,来为汽车的控制器之间提供数据交换,像常见的奔驰、宝马、奥迪 A6、帕萨特 B5、高尔夫、宝来等车型都采用了 CAN 数据总线(简称 CAN 总线)。由于我国中高级轿车主要以欧洲车型为主,因此欧洲车型是应用最广泛的 CAN 总线技术,也将是国产轿车引进的技术项目。

**图 5-14　CAN-Bus 系统**

CAN-Bus 总线技术是"控制器局域网总线技术(Controller Area Network-Bus)"的简称,这种总线网络用于车上各种传感器数据的传递,实现数据共享。

传统的汽车在机舱和车身内需要埋设大量线束以传递传感器采集的信号,而 CAN-Bus 总线技术的应用可以大大减少车体内线束的数量,从而降低故障发生的可能性。

如图 5-15 所示,CAN-Bus 数据总线包括控制单元(CPU)、收发器(Tranceiver)、数据传输终端、输入/输出存储器和程序存储器。

CAN-Bus 系统中 CAN 收发器安装在控制器内部,同时也兼任接收与发送功能;它将控制器传来的数据转换为电信号送入数据传输线,并在数据传输终端增加电阻,防止数据信号在线端被反射,以回声的形式返回,影响数据的传输,如图 5-16 所示。

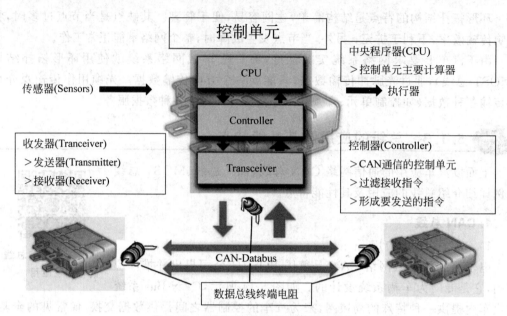

图 5-15 CAN-Bus 数据总线系统的结构

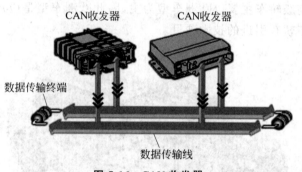

图 5-16 CAN 收发器

汽车上的网络连接方式主要采用两根 CAN 总线（双向数据传输线），利用双绞线自身校验结构，既可以防止电磁干扰对传输信息的影响，也可以防止本身信号的丢失。一根用于动力系统的高速 CAN 总线，传输速率是 500kbit/s，主要连接对象是发动机控制器（ECU）、ABS 控制器、安全气囊控制器、组合仪表等；另一根用于车身系统的低速 CAN 总线，传输速率是 100kbit/s，主要连接对象是汽车内外部照明、灯光信号、雨刮器电动机等电器。

如图 5-17 所示，CAN 总线采用了高、低电平两根数据线（双绞线），控制器输出的信号同时向两根数据线发送（两根数据线上传输的数据相同），高、低电平互为镜像，这样，两根数据线的电压差会保持一个常值，所产生的电磁场效应也会由于极性相反而互相抵消。通过该方法，数据传输线可免受外界辐射的干扰，向外辐射时，保持中性（无辐射）。CAN 总线的基本颜色为橙色，CAN 总线在不同系统中均有指定的颜色以供区分。一些高档的汽车除了上述两种 CAN 总线外，还有第三种 CAN 总线，它主要负责卫星导航及智能通信系统。

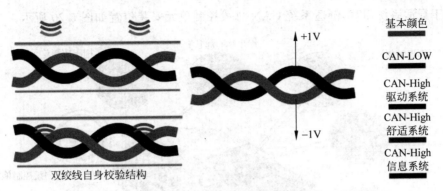

图 5-17　CAN 总线的结构及颜色

对于功能相同或相近的 CAN 总线,不同的汽车公司,对其称谓也不相同。如大众汽车集团的 CAN 总线分为驱动 CAN 总线、舒适 CAN 总线、信息 CAN 总线三类;宝马汽车集团的 CAN 总线分为 PT-CAN 总线(动力传输 CAN 总线)、F-CAN 总线(底盘 CAN 总线)、K-CAN 总线(车身 CAN 总线)三类;奔驰汽车公司的 CAN 总线分为 CAN B 总线和 CAN C 总线两大类。以大众汽车为例进行说明,根据 CAN 总线通信协议,人为将 CAN 总线划分为 5 个不同区域,分别为驱动系统、舒适系统、信息系统、多功能仪表、诊断系统,每个系统中的 CAN 总线数据传输速率如图 5-18 所示。

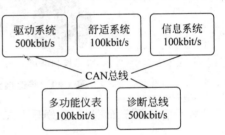

图 5-18　CAN 总线不同系统中的数据传输速率

对于驱动系统而言,驱动系统 CAN 总线控制单元安装位置如图 5-19 所示。

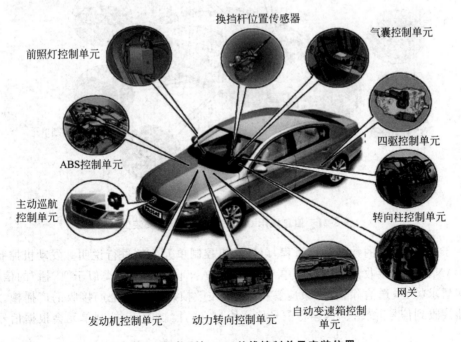

图 5-19　驱动系统 CAN 总线控制单元安装位置

对于舒适系统而言,舒适系统 CAN 总线控制单元安装位置如图 5-20 所示。

图 5-20　舒适系统 CAN 总线控制单元安装位置

对于信息系统而言,信息娱乐 CAN 总线控制单元安装位置如图 5-21 所示。

图 5-21　信息娱乐 CAN 总线控制单元安装位置

对于 CAN 总线的数据传输过程,以发动机控制单元为例进行说明。发动机控制单元通过 CAN 总线向接收信号的控制单元内部的 CAN 收发器发射类似于"广播"的信号,包括发送请求帧、发送清除帧、结束应答帧、连接失败帧以及用来全局接收的广播帧。这些收发器接收到信号并转换后,会将信号传递给自身的控制单元,控制单元会根据信号的信息判断是否为所需要的信息,如果不是,将忽略收发器的信号请求,如图 5-22 所示。节点之间的连接通过一个节点向目的地址发送一个发送请求帧而建立。在接收发送请求帧以后,节点如果有足够的空间接收数据并且数据有效,则发送一个发送清除帧,然后开始数据的传送。如果因为存储空间不够或者数据无效等原因,节点拒绝连接,则发送一个连接失败帧,连接关闭。如果数据接收全部完成。则节点发送一个结束应答帧,连接关闭。

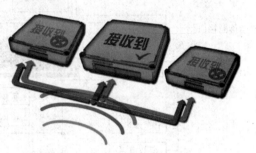

图 5-22 CAN 总线的数据传递过程

CAN-Bus 采用串行数据传递单根数据线的方式,如果有多个控制单元需要同时发出信号,则会在 CAN 数据总线上发生数据冲突,因此,CAN-Bus 对于每一个信息数据列都规定了优先级。当多个控制单元试图发送信息时,它们自身的接收器会为信息的优先级进行"仲裁",当其他控制单元发送的信息优先级高于自己控制单元发送的信息时,将通知自己的收发器停止发送,整个控制单元进入接收状态,如图 5-23 所示。例如自动换挡要求减油门,巡航控制同时要求增油门,而 ASR 则要求减油门以维持驱动轴的低扭矩。根据信息重要程度确定换挡优先顺序,协议则能定义各个子系统的优先权顺序。

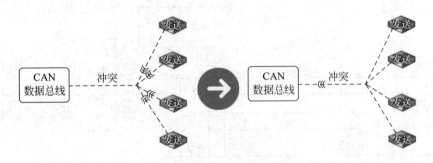

图 5-23 CAN-Bus 数据传输优先级确认

汽车上有着复杂的网络格局,为了使采用不同协议及速度的数据总线间实现无差错数据传输,因此设计了网关。网关就好比一个居民小区的门卫,在来访者进入大门之前,门卫会询问来访者是否应邀而来,或者通知某位住户有人来访。如图 5-24 所示,在整车 CAN-Bus 系统组成的结构图中,J533 为网关,它连接了所有网络,对各个网络的信息传输起到了协调作用。

下面以马自达 M6 为例介绍 CAN 总线在汽车上的实际应用。马自达 M6 的 CAN 总线系统由每个控制单元(比如 ABS、PCM、BCM 等控制单元)内部的 1 个 CAN 控制器和 1 个收发器及在每个控制单元外部连接的两条 CAN 数据总线和整个系统中的两个终端组成,如图 5-25 所示。

马自达 M6 的 CAN 总线的主传输线路连接着制动防抱死系统(ABS)或 ABS/TCS(带有牵引力控制的 ABS 系统)、PCM(动力控制模块)、DSCHU/CM(动力稳定控制)、诊断连接器、组合仪表与音响系统。主传输线路均采用双绞线进行连接。通过该总线的自

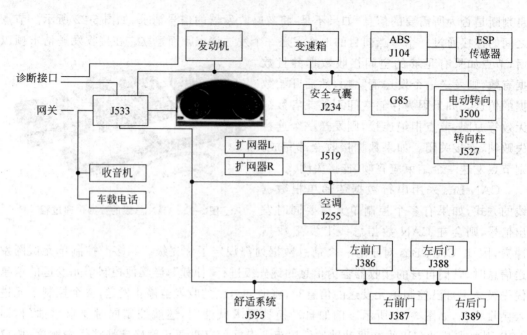

图 5-24 CAN-Bus 系统中的网关

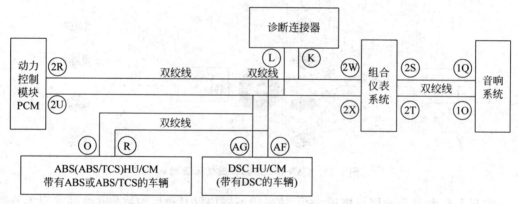

图 5-25 马自达 M6 的 CAN 总线系统

诊断功能,利用故障诊断仪 SST(WDS 或类似的仪器),可以显示系统中存储的各种代码 DTC,从而使系统的可维修性大大提高。

连接在 CAN 总线上的各个系统节点模块(控制单元),都是由 CAN 控制器、CAN 收发器、微处理器(CPU)及 I/O(输入/输出)接口等电路组成的。微处理器(CPU)控制在 CAN 总线上交换的数据,并发送给所有的 CAN 相关系统的模块。只有当有关的模块接收到信号后,才执行相应的指令(如使指示灯点亮等),其他模块接收到的信号将被忽略。

2) CAN 总线的特性

CAN 总线系统通过串行接口使车内各个控制单元联网,能够大量减少汽车内部线束的数量,我们以车门控制单元为例,未采用 CAN 总线时,完成其全部控制功能需要 45 根线和9个插头,如图5-26(a)所示;采用CAN总线车门控制单元后,完成其全部控制功能最多只需要17根导线、2个插头,如图5-26(b)所示。

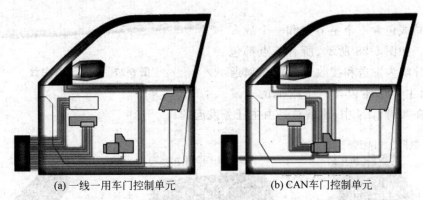

(a) 一线一用车门控制单元　　(b) CAN车门控制单元

图 5-26　车门控制单元

CAN总线的特性如下。

① 使用双绞线、同轴电缆以及光纤作为网线,适用于大数据量短距离通信或者长距离小数据量通信。CAN总线大大减少了导线的数量和线束的体积,简化了整车线束,使布线成本降低,整车自重也有所下降。

② 具有高速串行数据接口功能。CAN总线支持从几百kb/s到1Mb/s的数据传输速率,反应速度快。

③ 数据帧短。短数据帧有利于减小延时,提高实时性,但降低了有效数据传输速率。

④ 具有独立性。每个子系统都可以独立工作,某个子系统出现故障时并不会影响其他系统的正常工作。

⑤ 车辆状态信息共享,数据通信没有主从之分,任意一个节点可以向任何其他(一个或多个)节点发起数据通信,靠各个节点信息优先级先后顺序来决定通信次序,具备优先权的仲裁。如发动机转速、车速、轮速等数据必须各子系统共享,数据的传输及刷新时间取决于各个子系统的特性,并由此决定优先权。

⑥ 具有可扩展性,需要增加新的子系统时,不需要对基本系统作出修改。

⑦ 具有远程数据请求功能。

⑧ 具有全系统数据兼容性。

⑨ 基于事件触发的发送方式,信息传送延时离散度高,有出现长延时的可能。

**2. LIN总线**

1) LIN总线的应用

LIN是由摩托罗拉(Motorola)与奥迪(Audi)等知名企业联手推出的一种低成本的开放式串行通信协议,用于实现汽车中的分布式电子系统控制,LIN的目标是为现有汽车网络(例如CAN总线)提供辅助功能。因此,LIN总线是一种辅助的总线网络,能为不需要用到CAN的装置提供较为完善的网络功能,包括空调控制(Climate Control)、后视镜(Mirrors)、车门模块(Door Modules)、座椅控制(Seats)、智能性交换器(Smart Switches)、低成本传感器(Low-cost Sensors)等。在带宽要求不高、功能简单、实时性要求低的场合,如车身电器的控制等方面,使用 LIN 总线可有效地简化网络线束、降低成本、提高网络通信效率和可靠性。LIN 总线结构上使用的是非屏蔽的单根导线,如图 5-27 所示。

LIN 总线包含一个主节点和一个或多个从节点。如图 5-28 所示,所有节点都包含一个被分解为发送和接收任务的从属通信任务,而主节点还包含一个附加的主发送任务。在实时 LIN 中,通信总是由主任务发起的。

图 5-27　汽车 LIN 总线

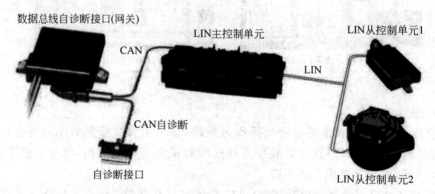

图 5-28　LIN 总线主、从控制单元示意

2) LIN 总线的特性

LIN 总线是汽车上常用的通信传输线之一,其特性如下。

① 主从结构:LIN 网络是单主多从结构,一个 LIN 网络中只有一个主节点,从节点可以有多个,主节点可以向任意一个从节点发送信号,但从节点之间不发送信号。

② 单线传输:LIN 网络中使用的是非屏蔽的单根导线连接主、从模块,总线不与诊断仪连接。

③ 低速传输:LIN 网络控制的大多数是舒适系统,对数据传输速度要求不高,它的传输速率在 10kbit/s 左右,属于 A 类总线。

④ LIN 总线无须仲裁。

⑤ 与 CAN 总线主色的颜色不同,LIN 总线主色为紫色。

⑥ 在 LIN 系统中,加入新节点,不需要其他从节点作任何软件或硬件的改动。

⑦ 整个网络的配置信息只包含在主节点中,从节点可以自由地接入或脱离网络而不影响网络中的通信 LIN 的网络结构。

⑧ 基于通用 UART 接口。几乎所有微控制器都具备 LIN 必需的硬件,结构简单,实现成本低。

### 3. MOST 总线

1) MOST 总线的应用

MOST 是一种用于多媒体数据传送的网络系统,专门针对汽车开发的,采用光纤(不受电磁辐射干扰与搭铁环的影响)作为物理层的传输介质,将视听设备、通信设备以及信息服务设备相互连接起来，MOST 系统控制单元结构如图 5-29 所示。

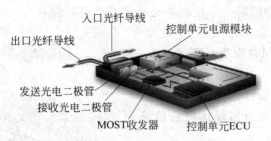

图 5-29　汽车 MOST 系统控制单元

  MOST 各控制单元通过一个环形数据总线连接，如图 5-30 所示，MOST 总线（多媒体传输系统）实现了控制单元和环形结构之间的数据交换。信号传输是通过光缆实现的。在这种情况下，环内的传输只能向一个方向进行。当环形结构闭合且功能良好时，才能在 MOST 环形结构中传送信息。在开环情况下，仅能通过诊断系统与中央网关模块（ZGM）进行通信。因为控制单元直接连接在 K-CAN 上，所以能够通信。主机也有 K-CAN 连接，但是没有网关功能。出于这个原因，在 MOST 总线中断时，将无法再与主机进行通信。

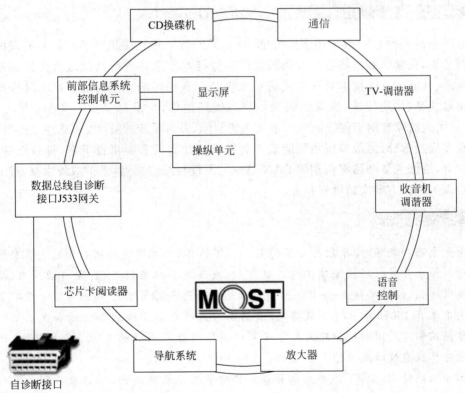

图 5-30　MOST 总线的环形结构

  目前，宝马 7 系、梅赛德斯、奔驰、保时捷以及一汽大众公司生产的奥迪 A6 等多款高档汽车使用了 MOST 总线技术。MOST 总线在大众车系汽车上的应用如图 5-31 所示。

对于 MOST 总线，需要注意的是，由于 MOST 总线网络采用环状连接方式，所以在诊断时有其特殊点。当任何一个控制单元损坏或者光纤损坏时，会造成所有环上的控制单元都不工作，例如收音机不工作、导航没有、电话不工作等情况会同时发生，这仅仅是一个问题造成的。

2) MOST 总线的特性

MOST 总线作为面向多媒体信息传输的光纤，其特性如下。

① 在低成本的条件下，MOST 总线达到 24.8Mbit/s 的数据传输速率。

② 以光纤为传输介质，优化信息传送质量。

③ 支持声音和压缩图像的实时处理。

图 5-31　大众车系汽车 MOST 总线的应用

④ MOST 网络支持"即插即用"方式，在网络上可以随时添加或去除设备。

⑤ MOST 总线基于环形拓扑结构，允许共享多个发送和接收器的数据。

## 5.2　总线检测

总线系统的信息一般采用多路传输，将不同的信号相互交织在不同的时间段内同一个信道传输，在接收端再将各个时间段内的信号提取出来并进行转换之后交给控制单元分析处理。CAN 总线技术对汽车使用和维修具有重要影响。一方面，CAN 总线技术实现了信号共享、快速传输，线束的减少使整车线路简化，为维修提供了便利；另一方面，CAN 总线的故障有别于传统的汽车电气系统故障，具有系统跨度大、迷惑性强的特点，如故障点在底盘部分，但故障现象可能表现为发动机动力性和经济性下降、排放性变差、启动困难等，维修人员必须深刻理解 CAN 总线的原理与维修要点，掌握故障维修方法，才能制订合理的维修方案实施维修作业。

### ◎ 客户委托 5-2

董先生有一辆 2004 年款的帕萨特 B5 1.8T 汽车，因在高速公路行驶时发生交通事故而被送入维修站进行碰撞修复工作。修复后，发现发动机启动 2s 后会自动熄火，技师调用诊断仪检测，故障码报出 18056、17978、01312，如图 5-32 所示。技师分析如下：①发动机控制单元有 18056 和 17978 故障码，表明动力系统数据总线通信失败和发动机控制单元被防盗控制单元闭锁；②在仪表与网关控制器内存有同样的 01312 故障码，表示动力系统数据总线有故障或缺陷。

已知帕萨特 B5 1.8T 汽车的防盗控制器安装在仪表总成内，若仪表控制单元与发动机电控单元因线路中断而不能通信，就会发生"发动机控制单元被防盗控制单元闭锁"的故障，发动机也不能启动运行，顺着这个线索，技师重点检测仪表控制单元到发动机控制单元的 CAN 总线。技师通过示波器检测这段 CAN 总线，如图 5-33 所示，发现 CAN-High 总线对地短路。同学们，你们能顺着技师的思路帮助董先生完成发动机故障的修复吗？

单元 5　车载网络

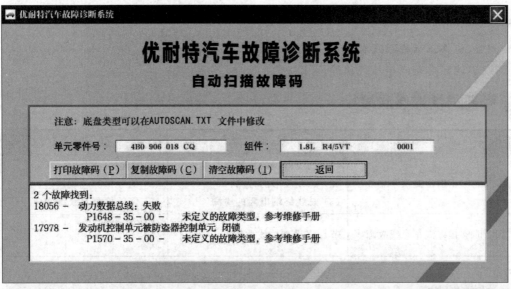

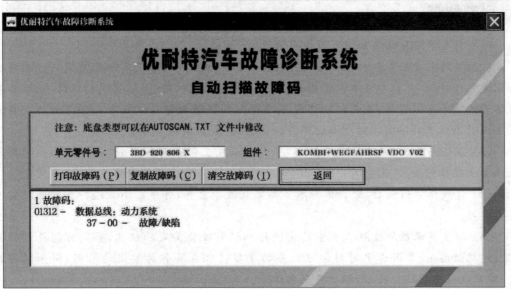

图 5-32　故障码情况

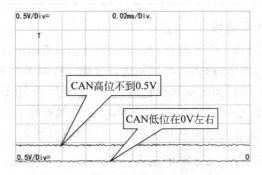

图 5-33　通过示滤器检测 CAN 总线

## ◎ 学习目标

（1）能够正确检测汽车总线；
（2）能够排查汽车总线故障。

## ◎ 知识与技能点清单

| 序号 | 学习目标 | 知 识 点 | 技 能 点 |
| --- | --- | --- | --- |
| 1 | 能够正确检测汽车总线 | （1）总线电压的检测；<br>（2）总线波形的检测；<br>（3）总线终端电阻的检测 | （1）能够检测总线电压；<br>（2）能够检测总线波形；<br>（3）能够检测总线终端电阻 |
| 2 | 能够排查汽车总线故障 | 节点法排查总线故障 | 能够通过节点法排查汽车总线故障 |

## ◎ 学习指南

（1）明确学习目标与知识及技能点清单。

（2）按照学习任务列表完成每一项任务，任务知识部分需在课前提前完成。在完成知识部分任务时，可以参考本单元提供的学习信息，利用网络、厂家提供的维修手册、各类教学资源库等学习资源，也可以在课前或上课时向任课教师寻求帮助。任课教师会在正式上课时展示或共享大家对于知识部分任务完成情况，实现学习者交流。

（3）在任务列表中，涉及实操部分，可以在正式上课前自行完成，也可以由任课教师在课堂上安排完成。

（4）完成任务列表后，自行根据本节鉴定表进行自查，并根据不足进行知识与技能的补充学习。

（5）接受任课教师按照本节鉴定表进行知识与技能鉴定。注意，鉴定可能是过程鉴定与终结性鉴定，学习者平时对学习任务的学习过程也将作为鉴定的依据，例如学习态度、学习过程中的技能展示、职场安全意识等。

### 5.2.1 学习任务

**1. 能够正确检测汽车总线**

（1）张先生有一辆宝马730Li轿车，停放一天后无法启动，蓄电池搭接后能正常启动，但是停放后故障依旧发生，遂送入维修站进行维修。技师将汽车熄火停放并等待车辆进入休眠后，使用诊断仪执行休眠电流测试功能，测量结果为16A，测量总线网络的信号电压，发现CAN-High总线电压为3.2V，CAN-Low总线电压为2.1V。同学们，你们能根据这条信息判断出该车故障原因是什么吗？

(2) 某高校实训课程上设置了几辆故障车,要求学生通过示波器检测 CAN 总线的信号波形,并写出 CAN 总线故障原因,其中小王检测到的 CAN 总线信号波形如图 5-34 所示,请同学们根据图中信息写出该车 CAN 总线故障原因。

(3) 赵先生有一辆奥迪汽车,出现了无法正常启动的故障,由拖车送入 4S 店进行检测维修。如图 5-35 所示,技师通过适配器 VAG 1598/38、万用表来检测该车的驱动 CAN 总线的终端电阻,阻值显示为无穷大。请同学们分析并写出该车故障产生的原因。

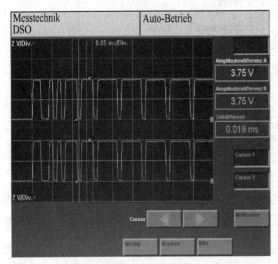

图 5-34 CAN 总线的信号波形

图 5-35 检测驱动 CAN 总线的终端电阻

## 2. 能够排查汽车总线故障

齐先生有一辆大众帕萨特 B5 轿车,最近发现中控锁和电动玻璃升降器不能正常工作,具体表现:如果按动驾驶员侧的开关,左前门的中控锁和左前门的电动玻璃升降器可以正常工作,其他车窗的电动玻璃升降器都不工作;如果按动其他门窗上控制该车窗的开关,各个门窗开关均能正常工作。送入维修站后,技师用 VAS5052 车辆诊断仪对舒适系统进行检查,查询到的故障如下:

① 与左前门窗模块没有通信。
② 与右前门窗模块没有通信。
③ 与左后门窗模块没有通信。
④ 与右后门窗模块没有通信。
⑤ 与 CAN 数据总线诊断接口 J533 没有通信。
⑥ 舒适系统数据总线单线运行模式。
⑦ 控制模块不正确编码。

查阅手册得知,帕萨特 B5 轿车的 4 个车门控制模块和中央舒适系统控制模块之间的

CAN 总线网络布局如图 5-36 所示,请同学们结合上述信息认真分析,之后简述该故障的排查方案。

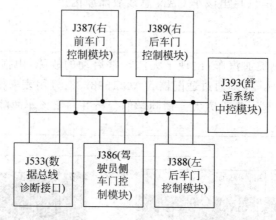

图 5-36 大众帕萨特 B5 轿车的部分 CAN 总线网络布局

  **鉴定**

任课教师可以通过平时教学过程中学习者的学习态度、参与教学活动的积极性、职场安全意识及终结性鉴定结果等确定其最后鉴定结果。每个学习者最多可以鉴定 3 次,鉴定教师可以把鉴定情况填入表 5-6。

表 5-6 5.2 节鉴定表

| 序号 | 学习目标 | 鉴定1 | 鉴定2 | 鉴定3 | 鉴定结论 | 鉴定教师签字 |
|---|---|---|---|---|---|---|
| 1 | 能够正确检测汽车总线 | | | | □通过<br>□不通过 | |
| 2 | 能够排查汽车总线故障 | | | | □通过<br>□不通过 | |

### 5.2.2 总线电压、波形、终端电阻的检测

汽车 CAN 总线技术的应用越来越广泛,汽车维修人员需要深入地掌握汽车 CAN 总线技术的结构组成、工作原理、故障特点及维修排除方法,从而保证快速、准确地排除装配 CAN 总线的汽车故障。

**1. 总线电压的检测**

CAN 数据总线可以采用数字式万用表进行电压信号测试,判断数据总线的信号传输是否存在故障。

微课——汽车总线的检测

1) CAN 动力数据总线的检测

CAN-High 动力数据总线的主体电压是 2.5V，当有信号传输时，总线上的电压值会在 2.5～3.5V 高频波动，因此，万用表的测量值为 2.5～3.5V，大于 2.5V 但靠近 2.5V，万用表检测方法如图 5-37 所示。

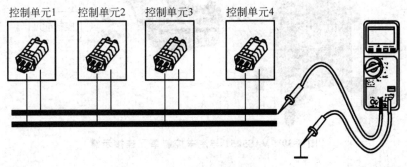

图 5-37　万用表检测 CAN 总线电压

同样，当 CAN-Low 动力数据总线上有信号传输时，总线上的电压值会在 1.5～2.5V 高频波动，因此，万用表的测量值为 1.5～2.5V，小于 2.5V 但靠近 2.5V。

2) CAN 舒适数据总线的检测

CAN-High 舒适数据总线信号在空闲时的电压约为 0V，当总线上有信号传输时，总线上的电压值在 0～5V 高频波动，万用表的测量值为 0.35V 左右。

CAN-Low 舒适数据总线信号在空闲时的电压约为 5V，当总线上有信号传输时，总线上的电压值在 0～5V 高频波动，万用表的测量值为 4.65V 左右。

**2. 总线波形的检测**

对 CAN 总线信号进行检测时，通常采用测试仪或示波器测量总线数据信号的波形，例如采用双通道的示波器进行同步波形的测量，能够直观地观察 CAN 总线系统波形信号有无异常现象。

由于 CAN 总线的数据传输线采用双绞线（CAN-High 和 CAN-Low），电压互成镜像，因此，双通道示波器显示出来的波形是两组大小相等、相位相反的的信号。

以大众车系汽车专业检测工具 VAS5051（图 5-38）为例，介绍 CAN 总线波形的检测方法。

VAS5051 通过诊断总线连接到汽车相应的控制单元（图 5-39），从而代替了原先的 K 线。诊断总线通过网关转接到相应的 CAN-Bus 总线上，然后连接相应的控制器进行数据交换，如图 5-40 所示。

图 5-38　VAS5051 检测工具

诊断总线通过 OBD-Ⅱ接口（一般位于驾驶员的左腿下方）与汽车相连，相应针脚与线束的对应关系如图 5-41 所示。动力 CAN 总线通过 15 号接线柱，经过短时无载运行后切断，舒适 CAN 总线由 30 号接线柱供电并且保持随时可用状

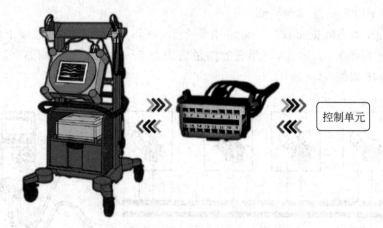

图 5-39　VAS5051 与汽车控制单元连接示意

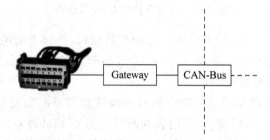

图 5-40　诊断总线与 CAN-Bus 网络连接示意

| 针脚号 | 对应的线束 |
|---|---|
| 1 | 15号线 |
| 4 | 接地 |
| 5 | 接地 |
| 6 | CAN-Bus(高) |
| 7 | K线 |
| 14 | CAN-Bus(低) |
| 15 | L线 |
| 16 | 30号线 |

图 5-41　OBD-Ⅱ接口针脚与线束的对应关系

态。为了尽可能降低对供电电网产生的负荷，在 15 号接线柱关闭后，若总线不再需要舒适总线进行信息传输，那么舒适 CAN 总线会进入休眠模式。

测试仪 DSO 功能可以实现 CAN 总线信号波形的检测，另外，通过车用示波器也可以检测 CAN 总线的信号波形，相关连接如图 5-42 所示。

在测试仪 DSO 功能下分析 CAN 总线的电压时，应注意准确地调整 DSO 的时间值、电压值和触发信号。另外，对于一些主流车系，需要配套使用检测盒，从而避免直接在 CAN 总线上寻找测量点，例如奥迪车系汽车有三种 CAN 总线系统，即 CAN-Antrieb、CAN-Komfort 和 CAN-Infotainment，可以使用 1598/30 进行串接，如图 5-43 和图 5-44 所示。

单元 5　车载网络

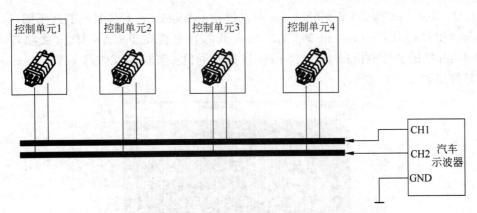

图 5-42　示波器双通道模式检测 CAN 总线电路连接示意

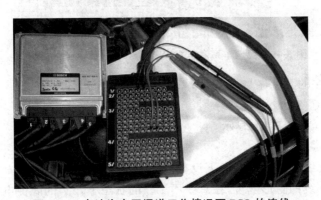

图 5-43　奥迪汽车双通道工作情况下 DSO 的连线

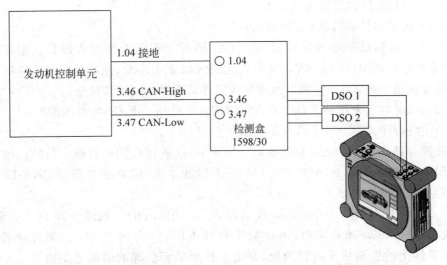

图 5-44　奥迪车系汽车测试仪双通道模式检测 CAN 总线电路连接示意

两条 CAN-Bus 总线每一条线都通过一个通道进行测量。通过 DSO 图形的分析可以很容易地发现故障。这里通道 A 红色的测量线连接 CAN-High，黑色的测量线连接接地；通道 B 红色的测量线连接 CAN-Low，黑色的测量线连接接地。

CAN-Komfort 和 CAN-Infotainment 电位与 CAN-Antrieb 的显示有所不同。CAN-Komfort 和 CAN-Infotainment 的 CAN-Low 线隐性电位高于 CAN-High 线隐性电位,CAN-High 线的显性电位高于 CAN-Low 线显性电位。奥迪车系汽车 CAN-Komfort 总线信号波形如图 5-45 所示。

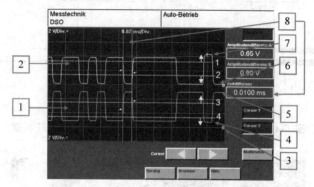

图 5-45 奥迪车系汽车 CAN-Komfort 总线信号波形分析

图 5-45 中标注的数字序号含义如下。

① 通道 B 的 CAN-Low 显示。

② 通道 A 的 CAN-High 显示。

③ 通道 B 的零线。

④ CAN-Low 线的显性电位向下没有达到零线坐标。

⑤ CAN-Low 线的隐形电位,在总线不工作的状态下,5V 的隐性电位切换到 0V。

⑥ 通道 A 的零线坐标和 CAN-High 线的隐性电位。

⑦ CAN-High 线的显性电位。

⑧ 一个比特的显示(10μs 比特时间)。

电位必须达到最小的规定区域,在 DSO 屏幕上用蓝线给出界限值。例如,CAN-High 的显性电位至少达到 3.6V。如果未达到区域要求范围,控制单元将不能准确地判定电位是逻辑值 0 或者 1。这将导致出现故障存储或者单线工作状态。

下面以奥迪和宝来两种主流车系汽车为例详细介绍一下 CAN 总线波形。

1) 奥迪车系汽车 CAN 总线波形检测

当故障存储记录"Antrieb 总线故障"时,用 DSO 进行检测可以确定故障点的位置以及故障引发的原因,用通道 A 测量 CAN-High 线的电位,用通道 B 测量 CAN-Low 线的电位。相关的故障情况如下。

(1) CAN-High 线与 CAN-Low 线短路(CAN-Antrieb)。如图 5-46 所示,当 CAN-High 线与 CAN-Low 线短路时,电位置于隐性电压值(大约 2.5V)。通过插拔 CAN-Antrieb 总线上的控制单元可以判断,是由于控制单元引起的短路还是由于 CAN-High 线和 CAN-Low 线连接引起的短路。当为线路连接引起的短路时,需要将 CAN 线组(CAN-High 线和 CAN-Low 线)从线节点处依次拔取,同时注意 DSO 的图形。当故障线组被取下后,DSO 的图形恢复正常。

(2) CAN-High 线对正极短路(CAN-Antrieb)。如图 5-47 所示,CAN-High 线的电

位被置于 12V，CAN-Low 线的隐性电位被置于大约 12V，这是由于在控制单元的收发器内的 CAN-High 线和 CAN-Low 线的错接引起的。

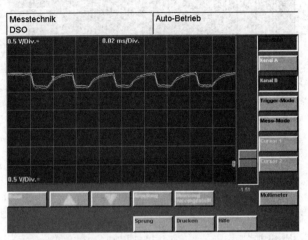

图 5-46　CAN-High 线与 CAN-Low 线短路信号波形（CAN-Antrieb）

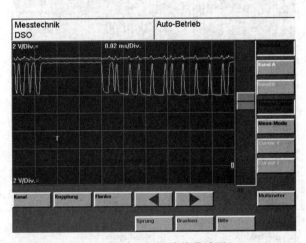

图 5-47　CAN-High 线对正极短路信号波形（CAN-Antrieb）

(3) CAN-High 线对地短路（CAN-Antrieb）。如图 5-48 所示，CAN-High 线的电位位于 0V，CAN-Low 线的电位也位于 0V，在 CAN-Low 线上还能看到一小部分的电压变化。

(4) CAN-Low 线对正极短路（CAN-Antrieb）。如图 5-49 所示，CAN-High 线与 CAN-Low 线两条总线的电位都大约为 12V。

(5) CAN-Low 线对地短路（CAN-Antrieb）。如图 5-50 所示，CAN-Low 线的电位大约为 0V，CAN-High 线的隐性电位也被降至 0V。

(6) CAN-High 线断路（CAN-Antrieb）。当 CAN-Antrieb 总线中的 CAN-High 总线断路时，检测到的信号波形如图 5-51 所示。

(7) CAN-Low 线断路（CAN-Antrieb）。当 CAN-Antrieb 总线中的 CAN-Low 总线断路时，检测到的信号波形如图 5-52 所示。

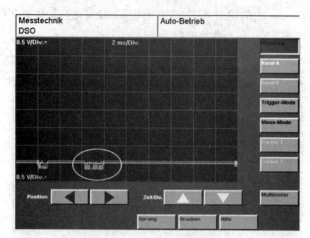

图 5-48 CAN-High 线对地短路信号波形(CAN-Antrieb)

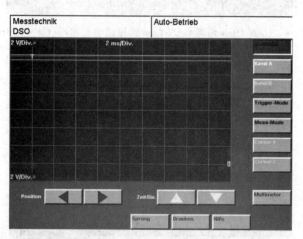

图 5-49 CAN-Low 线对正极短路(CAN-Antrieb)

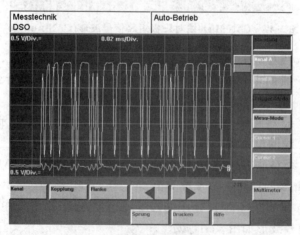

图 5-50 CAN-Low 线对地短路信号波形(CAN-Antrieb)

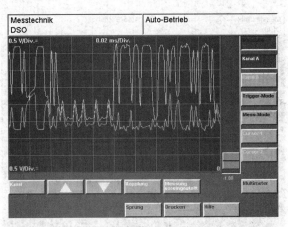

图 5-51　CAN-High 线断路信号波形（CAN-Antrieb）

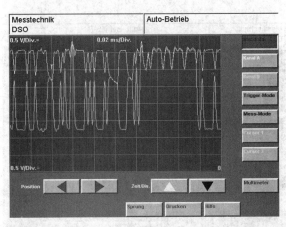

图 5-52　CAN-Low 线断路信号波形（CAN-Antrieb）

当故障存储记录"Komfort 总线故障"时，用 DSO 进行检测可以确定故障点的位置以及故障引发的原因，用通道 A 测量 CAN-High 线的电位，用通道 B 测量 CAN-Low 线的电位。此外，CAN-Komfort 和 CAN-Infotainment 具有单线工作能力。这意味着，在故障存储记录中有"Komfort 总线单线工作"故障时，可以用 DSO 进行检测，确定两条 CAN 总线中哪一条有故障。相关故障情况如下。

(1) CAN-High 线与 CAN-Low 线之间短路（CAN-Komfort）。如图 5-53 所示，当 CAN-High 线与 CAN-Low 线之间短路时，CAN-High 线和 CAN-Low 线的电位相同。CAN-High 线与 CAN-Low 线之间短路会影响所有的 CAN-Komfort 或者 CAN-Infotainment。因此，CAN-Komfort 或者 CAN-Infotainment 单线工作。这意味着，通信时仅有一条线路的电压电位起作用。控制单元利用该电位对地值确定传输数据。图 5-53 中 DSO 图表为通道 A 和通道 B 的零线坐标重叠。通过设置，可以看出 CAN-Low 线和 CAN-High 线的电位是相同的。图 5-54 所示为相同信号，这里是将两个通道的零线坐标分开。

(2) CAN-High 线对地短路（CAN-Komfort）。如图 5-55 所示，CAN-High 线的电位置于 0V，CAN-Low 线的电位正常。在该故障情况下，所有 CAN-Komfort 或者 CAN-Infotainment

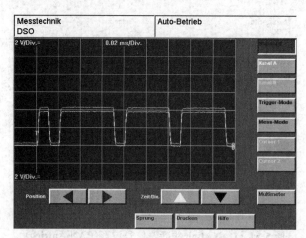

图 5-53　CAN-High 线与 CAN-Low 线之间短路信号波形（CAN-Komfort）1

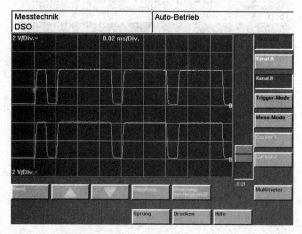

图 5-54　CAN-High 线与 CAN-Low 线之间短路信号波形（CAN-Komfort）2

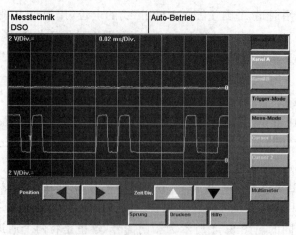

图 5-55　CAN-High 线对地短路信号波形（CAN-Komfort）

变为单线工作。

(3) CAN-High 线对正极短路(CAN-Komfort)。如图 5-56 所示，CAN-High 线的电位大约为 12V 或者蓄电池电压，CAN-Low 线的电位正常。在该故障情况下，所有 CAN-Komfort 或者 CAN-Infotainment 变为单线工作。

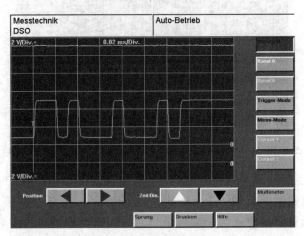

图 5-56　CAN-High 线对正极短路信号波形(CAN-Komfort)

(4) CAN-Low 线对地短路(CAN-Komfort)。如图 5-57 所示，CAN-Low 线的电位置于 0V，CAN-High 线的电位正常。在该故障情况下，所有 CAN-Komfort 或者 CAN-Infotainment 变为单线工作。

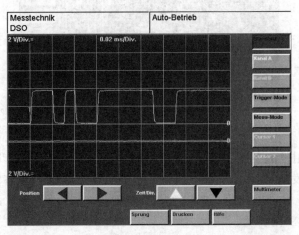

图 5-57　CAN-Low 线对地短路信号波形(CAN-Komfort)

(5) CAN-Low 线对正极短路(CAN-Komfort)。如图 5-58 所示，CAN-Low 线的电位大约为 12V 或者蓄电池电压。CAN-High 线的电位正常。在该故障情况下，所有 CAN-Komfort 或者 CAN-Infotainment 变为单线工作。

(6) CAN-Low 线断路(CAN-Komfort)。如图 5-49 所示，CAN-High 线的电位正常，在 CAN-Low 线上是 5V 的隐性电位和一个比特长的 1V 显性电位。当一个信息内容被正确的接收，则控制单元发送这个显性电位。图 5-59 所示为由很多发送控制单元组成的

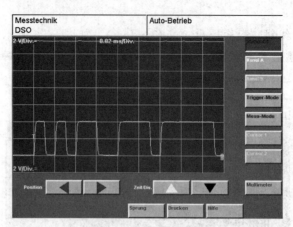

图 5-58　CAN-Low 线对正极短路信号波形（CAN-Komfort）

系统。A 部分是信息的一部分，该信息被一个控制单元所发送。在 B 时间点接收到正确的信息内容，则接收控制单元用一个显性电位给予答复。在 B 时间点因为收到正确的信息，则所有控制单元都同时发送一个显性电位，因此，该比特的电位差要大一些。

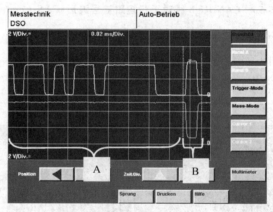

图 5-59　CAN-Low 线断路信号波形（CAN-Komfort）1

在图 5-60 中，用较大的时间单位值显示同一个故障。这里可以看出，信息 1 仅在 CAN-High 线上被发送，但是在 CAN-Low 线上的 A 处却给予确认答复。同样，信息 2 在 B 处给予答复，信息 3 在两条线上被发送。CAN-Low 线显示信息 3 的电位。A、B、D 为单线工作，C 为双线工作。

如图 5-61 所示，控制单元 1 发送一条信息，因为线路断路，所以其他的控制单元仅能够单线接收，如图 5-60 中的 1、2 和 4。通过对控制单元 4 连接测量，DSO 显示控制单元 1 的发送为单线工作。控制单元 2、3、4、5 和 6 对接收给予确认答复，在 DSO 的两个通道上都有显示，如图 5-60 所示中的 A、B、D。

这说明这些控制单元之间没有线路断路的情况。例如，控制单元 2 发送一个信息，所有控制单元接受该信息，该信息被双线工作传送（图 5-60 中 DSO 信息 3 和位置 C），控制单元 1 为单线接收。

单元 5　车载网络

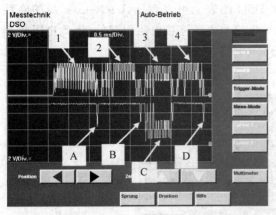

图 5-60　CAN-Low 线断路信号波形（CAN-Komfort）2

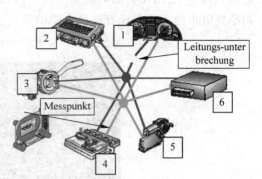

图 5-61　CAN-Low 线断路时控制单元连接示意

（7）CAN-High 线断路（CAN-Komfort）。当 CAN-High 线断路时，其信号波形如图 5-62 所示，需要注意的是，该波形图与图 5-55 相似。

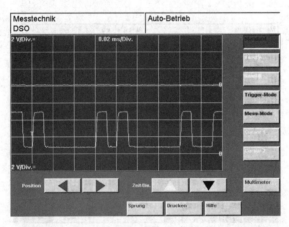

图 5-62　CAN-High 线断路信号波形（CAN-Komfort）

（8）CAN-High 线对正极通过连接电阻短路（CAN-Komfort）。前面介绍的短路都是没有电阻连接的直接线路短路，在实际应用中经常会出现由于破损的线束导致的短路。破损的线束靠近接地或者正极，经常还带有潮气，使该处产生连接电阻。图 5-63 中 DSO 图表显示的为有连接电阻情况的短路，CAN-High 线的隐性电压电位拉向正极方向，CAN-High 线隐性电位大约为 1.8V，正常电位大约为 0V，该 1.8V 电位是由于连接电阻引起的，因此电阻越小则隐性电位越大。在没有连接电阻的情况下，该电位值为蓄电池电压。

（9）CAN-High 线通过连接电阻对地短路（CAN-Komfort）。如图 5-64 所示，CAN-High 线的显性电位移向接地方向。在 DSO 的图形上可以看出来，CAN-High 线的显性电位大约为 1V，正常的电位大约为 4V，1V 的电位受连接电阻影响，因此电阻越小则显性电位越小。在没有连接电阻的情况下短路，则该电位为 0V。

（10）CAN-Low 线对正极通过连接电阻短路（CAN-Komfort）。如图 5-65 所示，

CAN-Low 线的隐性电位拉向正极方向。在 DSO 图表上可以看出，CAN-Low 线的隐性电位大约为 13V，正常的电位大约为 5V，13V 电位是由于连接电阻引起的，因此电阻越小则隐性电位越大。在没有连接电阻的情况下，该电位为蓄电池电压。

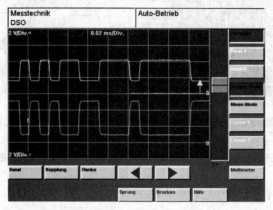

图 5-63　CAN-High 线对正极通过连接电阻短路信号波形（CAN-Komfort）

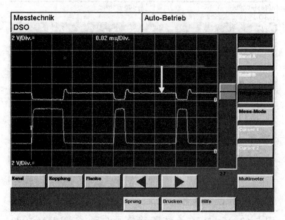

图 5-64　CAN-High 线通过连接电阻对地短路信号波形（CAN-Komfort）

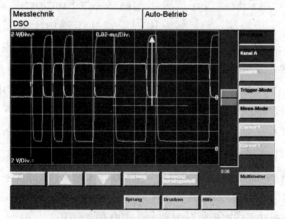

图 5-65　CAN-Low 线对正极通过连接电阻短路信号波形（CAN-Komfort）

(11) CAN-Low 线通过连接电阻对地短路(CAN-Komfort)。如图 5-66 所示,CAN-Low 线的隐性电位拉向 0V 方向。在 DSO 图表上可以看出,CAN-Low 线的隐性电位大约为 3V,正常电位大约为 5V,3V 电位是由于连接电阻引起的,因此电阻越小则隐性电位越小。在没有连接电阻的情况下,该电位值为 0V 电压。

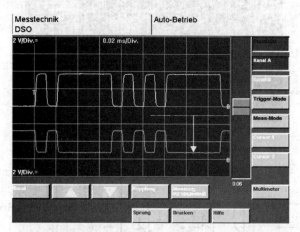

图 5-66 CAN-Low 线通过连接电阻对地短路信号波形(CAN-Komfort)

(12) CAN-High 线与 CAN-Low 线之间通过连接电阻短路(CAN-Komfort)。如图 5-67 所示,在短路的情况下,CAN-High 线与 CAN-Low 线的隐性电位相互靠近。CAN-High 线的隐性电位大约为 1V,正常电位为 0V;CAN-Low 线的隐性电位大约为 4V,正常电位为 5V,CAN-High 线与 CAN-Low 线的显性电位正常。

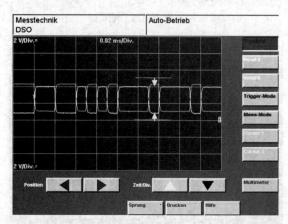

图 5-67 CAN-High 线与 CAN-Low 线之间通过连接电阻短路信号波形(CAN-Komfort)

2) 宝来车系汽车 CAN 总线波形检测

(1) 在 CAN-Bus 上,信息传递是通过两个二进制逻辑状态 0(显性)和 1(隐性)来实现的,每个逻辑状态都对应于相应的电压值。控制单元利用两条线上的电压差来确认数据。动力 CAN 总线的标准波形如图 5-68 所示。

(2) 当 CAN-Bus 数据总线对地短路时(图 5-69(a)),检测到的 CAN-Bus 数据总线的信号波形如图 5-69(b)所示。

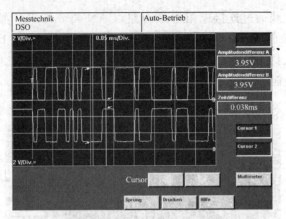

图 5-68　CAN 总线的标准波形

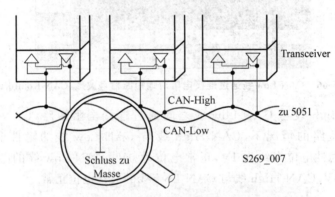

(a) CAN-Bus 数据总线对地短路

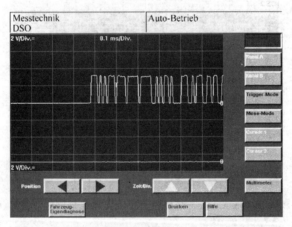

(b) CAN-Bus 数据总线对地短路时的信号波形

图 5-69　CAN-Bus 数据总线对地短路及其信号波形

　　(3) 当 CAN-Bus 数据总线对正极短路时(图 5-70(a)),检测到的 CAN-Bus 数据总线的信号波形如图 5-70(b)所示。

　　(4) 当 CAN-Bus 数据总线中的 CAN-Low 线断路时(图 5-71(a)),检测到的 CAN-Bus 数据总线的信号波形如图 5-71(b)所示。

单元 5　车载网络

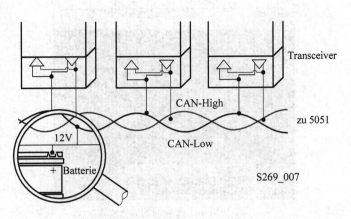

(a) CAN-Bus数据总线对正极短路

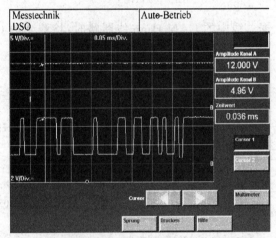

(b) CAN-Bus数据总线对正极短路时的信号波形

图 5-70　CAN-Bus 数据总线对正极短路及其信号波形

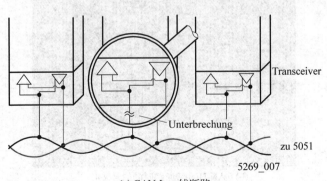

(a) CAN-Low线断路

图 5-71　CAN-Low 线断路及其信号波形

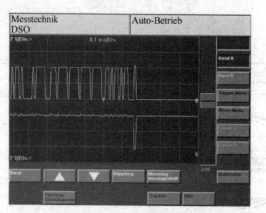

(b) CAN-Low 线断路时的信号波形

图 5-71(续)

(5) 当 CAN-Bus 数据总线中的 CAN-High 线断路时,检测到的 CAN-Bus 数据总线的信号波形如图 5-72(b)所示。

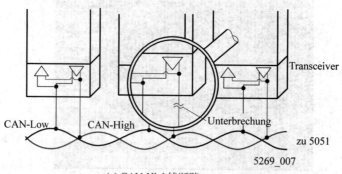

(a) CAN-High 线断路

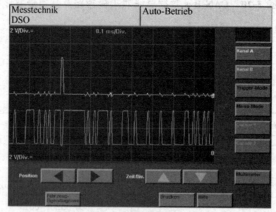

(b) CAN-High 线断路时的信号波形

图 5-72　CAN-High 线断路及其信号波形

(6) 当 CAN-High 线和 CAN-Low 线短路时(见图 5-73(a)),检测到的 CAN-Bus 数据总线的信号波形如图 5-73(b)所示。

单元 5 车载网络

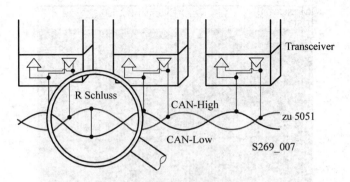

(a) CAN-High线和CAN-Low线短路

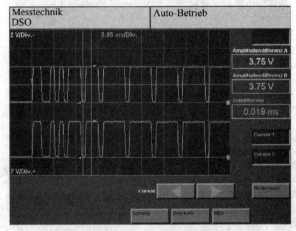

(b) CAN-High线和CAN-Low线短路时的信号波形

图 5-73 **CAN-High** 线和 **CAN-Low** 线短路及其信号波形

（7）当 CAN-High 线和 CAN-Low 线交叉连接时（图 5-74（a）），检测到的 CAN-Bus 数据总线的信号波形如图 5-74（b）所示。

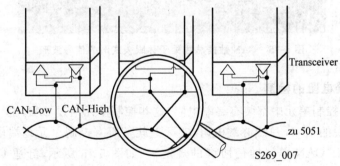

(a) CAN-High线和CAN-Low线交叉连接

图 5-74 **CAN-High** 线和 **CAN-Low** 线交叉连接及其信号波形

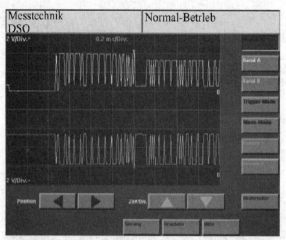

(b) CAN-High线和CAN-Low线交叉连接时的信号波形

图 5-74（续）

（8）当 CAN-Bus 数据总线处于休眠模式时，检测到的 CAN-Bus 数据总线的信号波形如图 5-75 所示。

图 5-75　CAN 数据总线处于休眠模式时的信号波形

### 3. 总线终端电阻的检测

汽车的每个控制单元中都装有终端电阻，这些控制单元通过 CAN 总线组成一个数据传输网络，通常说的 CAN 总线终端电阻，实际上就是所有控制单元终端电阻并联后的总和，阻值约为 60Ω（CAN 总线通信协议的规定）。如图 5-76 所示，舒适 CAN 总线、驱动 CAN 总线、诊断 CAN 总线、扩展 CAN 总线的终端电阻均为 60Ω 左右，其中 J519、J234、J533（网关）等回路中未标注的电阻均为千欧姆级别，并联后对终端电阻的阻值影响可忽略不计。

在低速 CAN 中没有 120Ω 的终端电阻，而在每个控制单元中都有大电阻，所以采用电阻法测量时，只能测量导线是否断路和短路故障，因此，检测 CAN 总线终端电阻，通常指的是高速 CAN 总线的终端电阻,高速 CAN 总线终端电阻的测量方法如图 5-77 所示。

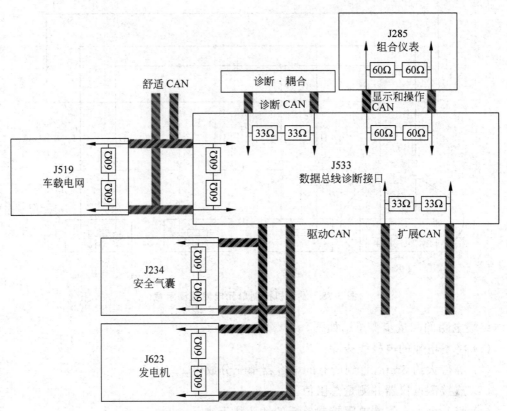

图 5-76 高速 CAN 网络中的终端电阻

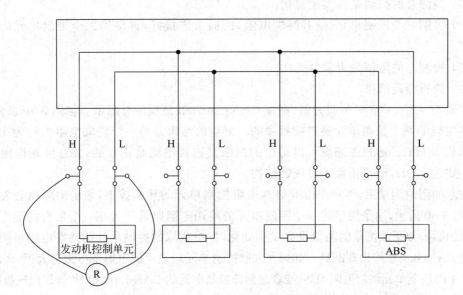

图 5-77 高速 CAN 总线终端电阻检测示意

如果需要测量某一控制单元的内阻,可以将这个控制单元与总线回路断开,如图 5-78 所示。

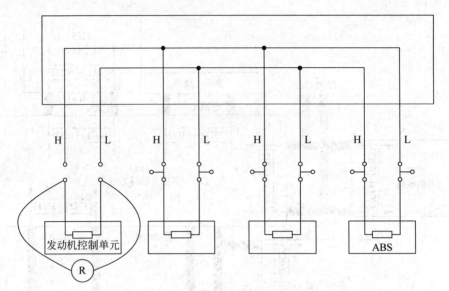

图 5-78 发动机控制单元电阻检测示意

终端电阻的测量步骤总结如下。
(1) 将蓄电池的电极线拔除。
(2) 等待大约 5min,直到所有的电容器都充分放电。
(3) 连接测量仪器并测量总阻值。
(4) 将一个带有终端电阻控制单元的插头拔下来。
(5) 检测总的阻值是否发生变化。
(6) 将第一个控制单元(带有终端电阻)的插头连接好,再将第二个控制单元的插头拔下来。
(7) 检测总的阻值是否发生变化。
(8) 分析测量结果。

以奥迪 A2 1.4 汽车车型为例,测量 CAN-Antrieb 总线的总阻值。如图 5-79 所示,带有终端电阻的两个控制单元是连接相通的。测量的结果是每一个终端电阻大约为 120Ω,总的阻值为 60Ω。通过该测量可以得出的判断是连接电阻是正常的,并且终端电阻的阻值不一定为 120Ω,而是依赖于总线的结构。

在总的阻值测量后,将一个带有终端电阻控制单元的插头拔下,显示的阻值会发生变化,如图 5-80 所示,这是测量的一个控制单元的终端电阻阻值。当在一个带有终端电阻控制单元的插头拔下后测量的阻值没有发生变化时,被拔取的控制单元的终端电阻可能损坏或者是 CAN-Bus 总线出现断路。如果在拔取控制单元后显示的阻值变得无穷大,那么,或者是连接中的控制单元终端电阻损坏,或者是到该控制单元的 CAN-Bus 数据传输线出现故障。

在控制单元内装置的终端电阻不是固定阻值的,而是由很多个被测量的电阻组合在一起的。作为标准值或者试验值的两个终端电阻都以 120Ω 为起始。有的奥迪汽车的发动机

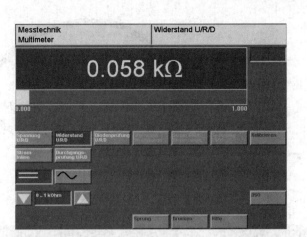

图 5-79 奥迪车系 CAN-Antrieb 总线总电阻阻值显示

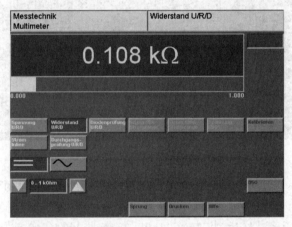

图 5-80 奥迪车系 CAN-Antrieb 总线系统单个控制单元电阻阻值显示

控制单元使用 66Ω 的终端电阻。总的阻值依赖于车辆的总线结构,所以终端电阻是根据车型设计的。

对总的阻值测量后,还需要将一个带有终端电阻控制单元的插头拔下,进行两次单个电阻的测量,当在控制单元被拔取后测量的阻值发生相应的变化时,则说明两个阻值都正常。

操作程序也很重要,对所有车型终端电阻的阻值是不同的。例如奥迪 A3 1.9TDI 汽车,在 ESP 控制单元出现了故障,阻值显示为 66Ω,说明仅测量了带有 66Ω 的发动机控制单元的阻值。已知该车装有两个 120Ω 的终端电阻,在电阻完好的情况下总的阻值大约为 60Ω。但是将该车发动机控制单元拔下后,阻值变为无穷大,在该种情况下如果没有做进一步的复核校验,则会以为该车是正常的,把 66Ω 误认为是两个 120Ω 的总阻值。

对于动力 CAN-Bus 系统中的终端电阻,可以使用万用表进行测量。这里介绍奥迪车系汽车 4S 店关于总线检测的标配工具 VAG 1598/38,如图 5-81 所示。VAG 1598/38 工具最大的优势在于能够将 CAN 总线上控制单元回路中的连接情况转换到自身上,通过自身上 CAN-High 线与 CAN-Low 线两排连接插头拔出与插入来控制 CAN 总线网络中节点的通断(图 5-82),从而节省了人工查找线路的烦琐操作。

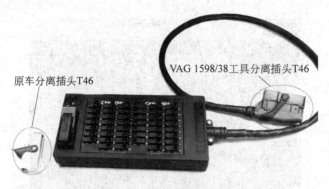

图 5-81　VAG 1598/38 工具

图 5-82　VAG 1598/38 工具的连接插头

下面以奥迪车系汽车为例，理论结合实际，详细介绍汽车总线的测量方法。首先，将奥迪车系汽车原车总线分离插头 T46b（以后备厢右侧继电器组合插座上的分离插头为例）拔下，如图 5-83 所示。然后，将 VAG 1598/38 工具上的 T46 连接插头插入空置出来的总线插座上，如图 5-84 所示。

图 5-83　奥迪车系汽车原车总线分离插头 T46b

图 5-84　插入 VAG 1598/38 的连接插头

接下来，将之前拔下的原车带有针脚（每一个针脚对应一个控制单元引出线）的插头安装在 VAG 1598/38 工具对应的插座上，如图 5-85 所示。更换原车分离插头的主要原因是 VAG 1598/38 工具自带的分离插头是无针脚的，仅起到装饰与密封保护插座的目的,无法形成通路,原车总线分离插头针脚如图 5-86 和图 5-87 所示。完成这几步操作后,已成功地将车辆上 CAN 总线控制单元的连接信息桥接转换到 VAG 1598/38 工具上。

图 5-86　VAG 1598/38 工具自带的分离插头

图 5-85　在 VAG 1598/38 工具上安装原车分离插头

图 5-87　原车分离插头

最后,使用数字万用表来检测驱动 CAN 总线的终端电阻,如图 5-88 所示。通过查找手册对应关系表,将黑、红两支表笔插在第二排接口上,测量的阻值为 58Ω(图 5-89),说明驱动 CAN 总线终端电阻阻值正常。

检测总线终端电阻的另一个重要参考标准是总线对地电阻,如图 5-90 所示。对于驱动 CAN 总线,将万用表一支表笔连接 CAN-High 线接口(2 号针脚),另一支表笔搭铁,测量的对地电阻的阻值约为 290Ω;同样,测量 CAN-Low 线接口,如图 5-91 所示,测量的对地电阻的阻值也是约为 290Ω。如果测量的阻值较小,即可判定驱动 CAN 总线终端电阻对地存在短路故障。

图 5-88　测量驱动 CAN 总线的终端电阻

图 5-89　驱动 CAN 总线的终端电阻阻值显示

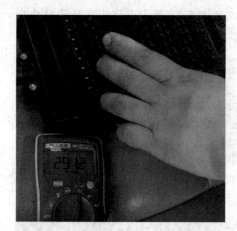 

图 5-90　测量驱动 CAN-High 线对地电阻　　　图 5-91　测量驱动 CAN-Low 线对地电阻

### 5.2.3　总线故障的排查

节点是汽车 CAN 总线系统中的电控模块。节点故障一般是指电控模块故障,主要包括软件故障和硬件故障。软件故障是传输协议或软件程序有缺陷或冲突,使 CAN 总线系统通信出现混乱,一般成批出现;硬件故障是电控模块电子芯片或集成电路故障,一般更换新的器件就可以得到有效解决。

微课——汽车总线故障的诊断检修

**1. 排查总线故障的要领**

CAN 总线主要包括数据传输线与节点两部分。节点包括控制单元与总线辅助设施。控制单元的组成相对比较简单,是由控制器、数据传输终端以及收发器构成。与普通的汽车控制系统相比,控制单元增加了总线接口,配备了与之相对应的通信标准作为支撑。传感器和执行器等均作为总线辅助装置中的一部分,一个或者几个辅助装置和控制器相结合就形成了节点。

控制单元的主要工作是把传感器信号转换成总线可识别的数据并且利用串行通信的途径传送至网络,信息单位是帧,通过固定的周期进行发送。以奔驰汽车点火开关节点(N73 控制单元)为例,其节点的功能就是把点火开关信号传送到网络上。

实际上,现场总线中的任一传感器以及执行器均能和控制器相组合形成节点。而在现实工作中,最常用的就是将现场里几个传感器、执行器以及控制单元三者相互组合构成节点,由此形成一个总线模块,然后,利用数据线把每个节点都相连接组成现场总线系统。

1) CAN 总线系统硬件故障的排查

对于多个控制单元组成的双线式数据总线系统,检测时,先读出控制单元内的故障代码。如果控制单元 1 与控制单元 2 和控制单元 3 之间无通信,应先关闭点火开关,断开与总线相连的控制单元,再检测数据总线是否断路、短路,或是否对正极/地短路。

如果数据总线上查不出引起硬件损坏的原因,接着检查某一控制单元的硬件是否损坏引起该故障。断开所有通过 CAN 数据总线传递数据的控制单元,关闭点火开关,接上其中一个控制单元,连接诊断仪,打开点火开关,清除刚接上的控制单元的故障代码。之后关闭点火开关,等待一段时间后再次打开,10s 后用故障诊断仪读出刚接上的控制单元故障存储器内的内容。若显示"硬件损坏",则需要更换刚接上的控制单元;若未显示"硬件损坏",则接下一个控制单元,重复上述过程,直到找出"硬件损坏"的控制单元为止。

形象地说,如果诊断仪调出"电脑甲"(控制模块)未收到"电脑乙"和"电脑丙"的信号,而"电脑乙"未收到"电脑甲"的信号,"电脑丙"未收到"电脑甲"的信号,那一般是"电脑甲"的故障,则需要更换"电脑甲"。

2) 多路信息传输系统故障的排查

一般说来,引起汽车多路信息传输系统故障的原因有以下三种。

(1) 电源系统故障引起的多路信息传输系统故障。汽车多路信息传输系统的核心部分是含有通信 IC 芯片的电控模块 ECM,ECM 的正常工作电压范围是 10.5～15.0V。如果汽车电源系统提供的工作电压低于该值,就会造成一些对工作电压要求高的 ECM 出现短暂的停止工作,从而使整个汽车多路信息传输系统出现短暂的无法通信。

(2) 链路故障。当汽车多路信息传输系统的链路(或通信线路)出现故障时,如通信线路的短路、断路及线路物理性质引起的通信信号衰减或失真,都会引起多个电控单元无法工作或电控系统错误动作。判断是否为链路故障,一般可采用示波器或汽车专用光纤诊断仪来观察通信数据信号是否与标准通信数据信号相符,也可逐一抽出总线检查。

(3) 节点故障。节点故障一般是电控模块 ECM 的故障。它包括软件故障,即传输协议或软件程序有缺陷或冲突,从而使汽车多路信息传输系统通信出现混乱或无法工作,这种故障会一般成批出现,且无法维修。硬件故障一般由于通信芯片或集成电路故障,造成汽车多路信息传输系统无法正常工作。

总之,汽车多路信息传输系统不宜用平常修车的逻辑思维来诊断 CAN 系统故障。例如,一辆宝马 X5(E53 底盘),自动变速器不能升挡,反复维修变速器仍不能解决问题,将发动机、自动变速器、ABS 控制单元逐一拆除,很快就诊断出是 ABS 系统故障。将总线上相关"电脑"(控制模块)逐一拆除,就是在没有 CAN 诊断仪的情况下的检修方法,一旦拆除 ABS"电脑"后,故障现象消失,即可诊断为 ABS 系统故障。汽车网络总线系统出了故障,有时是因为故障现象与故障原因完全没有逻辑联系的关系。再比如该汽车空气悬架故障灯亮,(因无总线诊断仪)只能从总线连接器上依次拔掉相关的总线,以找出受到干扰的总线及控制单元,结果发现是晴雨传感器导线磨破,包好装复后,故障即排除。

## 2. 排查总线故障的案例

下面以大众迈腾汽车为参考车型,详细介绍一下驱动 CAN 总线故障是如何进行排查的。

一辆行驶里程为 200 多公里的迈腾汽车,行驶中车辆突然熄火无法启动,经过清障车送入维修站后,技师调用 VAS5052 测试仪,故障存储显示驱动 CAN 总线上的信息无法传输到控制器,如图 5-92 所示。

驱动 CAN 总线信息无法传输到控制器,一般是驱动 CAN 总线的控制器损坏或者驱

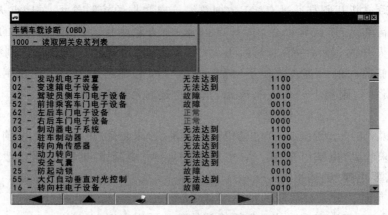

图 5-92 车辆诊断故障码信息

动 CAN 总线发生故障导致的。由于该车为新车,控制器本身损坏的可能性较小,这里将重点放在对汽车总线的故障排查上。结合 VAS5052 显示,对照驱动 CAN 总线的网络连接图(图 5-93),依次断开 CAN-Bus 网络中的节点,逐个进行排查,即逐一断开驱动 CAN 总线上的控制器,同时观察故障存储是否消除。

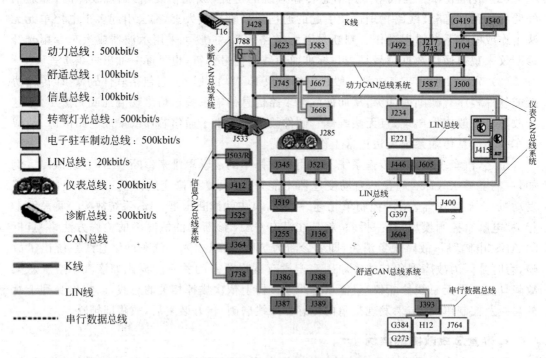

图 5-93 驱动 CAN 总线的网络连接图

另外,测试仪 DSO 功能下检测到驱动 CAN 总线的信号波形如图 5-94 所示,CAN-High 线的电压电位被置于 12V(蓄电池电压),能够得知驱动 CAN-High 线对正极短路。

综合以上的分析,参考驱动 CAN 总线的网络连接图打开故障车左侧仪表后的主线束(图 5-95),在节点处逐一断开 CAN 总线进行排查,当断开变速箱驱动 CAN 总线时(图 5-96),

VAS5052 显示与驱动 CAN 总线的控制器均能收到信息，故障码得以清除。之后检查变速箱驱动 CAN 总线（图 5-97），发现其附近的启动机线束上有一小段毛刺，刚好刺穿变速箱 CAN 总线，使得变速箱 CAN 总线与蓄电池正极短路。经过包扎处理后，迈腾汽车无法启动的故障得以解决。

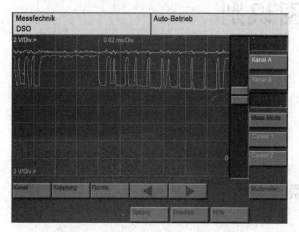

图 5-94 驱动 CAN 总线的信号波形

图 5-95 打开左侧仪表后的主线束

图 5-96 断开变速箱驱动 CAN 总线

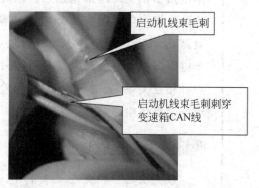

图 5-97 启动机线束刺穿变速箱 CAN 总线

# 单元 6

# 汽车电路图识别

## 6.1 汽车电路图识读基础

随着汽车电子技术的发展,汽车电气零配件在车上的增多,与之配套的汽车电路图也变得越来越复杂。因此,如何快速而准确地识读汽车电路图越来越重要。汽车电路图有部分电路和整车电路之分。部分电路即局部电路或单元电路,通常有电源电路、启动电路、点火电路、照明电路、信号及仪表电路等;整车电路即汽车电气总电路,通常将汽车上各种用电设备按照它们各自的工作特点和相互关系,通过各种开关、保险等装置,用导线把它们合理地连接起来而构成一个整体电路。

◎ **客户委托 6-1**

张先生的一辆大众宝来1.6L汽车,行驶3万公里,某天行车时发现车速表有时不转、里程表不走的现象。送入维修站后,技师参考手册中的电路图(图6-1)得知:车速传感器G22安装在变速器上,共有三根连线,1号线通过熔丝S7(10A)连接15号电源;2号线连接仪表;3号线为搭铁线。同学们,你们能根据电路图分析并总结出检修方案吗?

◎ **学习目标**

(1)掌握汽车不同类型电路图的分辨技巧;
(2)掌握汽车电路图识读要领。

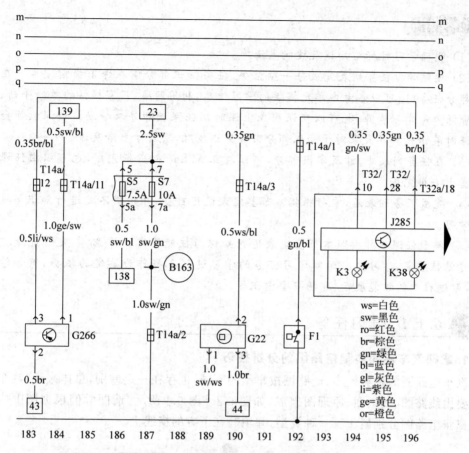

图6-1 手册中的车速表电路图

F1—机油压力开关;G22—车速表传感器(在变速器上);T32—插头,32孔,蓝色;T14a—插头,14孔,在发动机舱左侧电缆线槽内;S5—熔丝支架上5号熔丝;S7—熔丝支架上7号熔丝;J285—带显示器的控制单元,在组合仪表上;G266—机油液面/温度传感器;K3—机油压力指示灯;K38—机油液面指示灯; B163 —正极连接15,在发动机舱线束内

## ◎ 知识与技能点清单

| 序号 | 学习目标 | 知 识 点 | 技 能 点 |
|---|---|---|---|
| 1 | 掌握汽车不同类型电路图的分辨技巧 | (1)线路图;<br>(2)线束图;<br>(3)原理图 | 能够分辨汽车电路图的类型 |
| 2 | 掌握汽车电路图识读要领 | (1)汽车电路图中的符号;<br>(2)汽车电路图识读要领 | 能够理解电路图中各符号的含义 |

## ◎ 学习指南

（1）明确学习目标与知识及技能点清单。

（2）按照学习任务列表完成每一项任务，任务知识部分需在课前提前完成。在完成知识部分任务时，可以参考本单元提供的学习信息，利用网络、厂家提供的维修手册、各类教学资源库等学习资源，也可以在课前或上课时向任课教师寻求帮助。任课教师会在正式上课时展示或共享大家对于知识部分任务完成情况，实现学习者交流。

（3）在任务列表中，涉及实操部分，可以在正式上课前自行完成，也可以由任课教师在课堂上安排完成。

（4）完成任务列表后，自行根据本节鉴定表进行自查，并根据不足进行知识与技能的补充学习。

（5）接受任课教师按照本节鉴定表进行知识与技能鉴定。注意，鉴定可能是过程鉴定与终结性鉴定，学习者平时对学习任务的学习过程也将作为鉴定的依据，例如学习态度、学习过程中的技能展示、职场安全意识等。

### 6.1.1 学习任务

**1. 掌握汽车不同类型电路图的分辨技巧**

汽车电路图的种类繁多，电路图按车型的不同，也存在一定差别，总体来说，汽车电路图主要由线路图、线束图、原理图组成，如图6-2～图6-4所示，请同学们根据图中信息判断这三张电路图分别属于哪一种类型，并填写在下方的横线上。

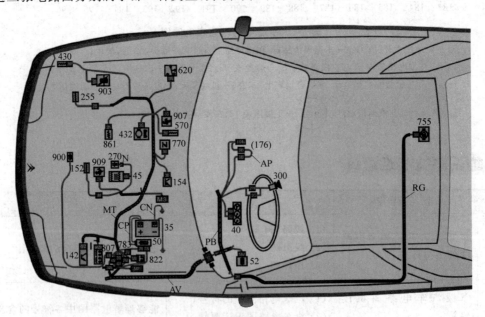

图6-2 汽车电路图1

单元6 汽车电路图识别

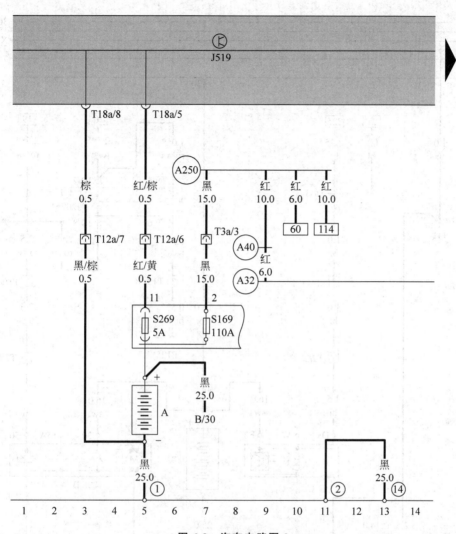

图 6-3 汽车电路图 2

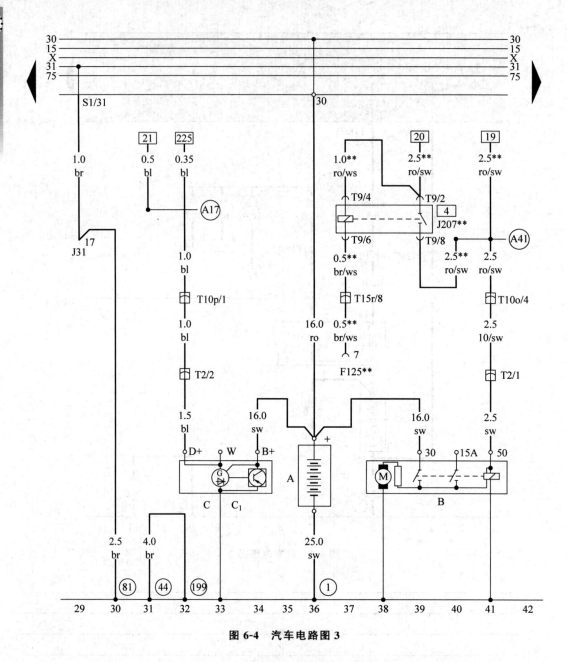

图 6-4　汽车电路图 3

### 2. 掌握汽车电路图识读要领

（1）美国车系汽车电路图如图 6-5 所示，请同学们说出电路图中各电路符号的含义，并填入表 6-1 中。

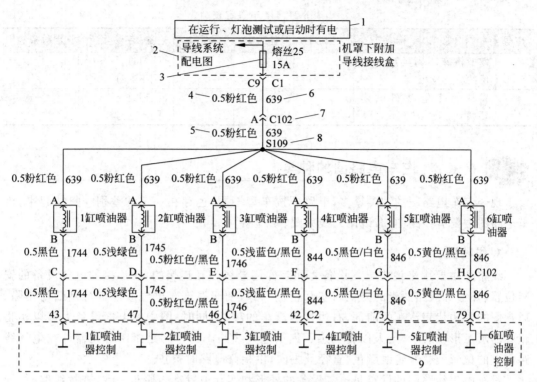

图 6-5 美国车系汽车电路图

表 6-1 各电路符号的含义

| 序 号 | 含 义 | 序 号 | 含 义 |
| --- | --- | --- | --- |
| 1 | | 6 | |
| 2 | | 7 | |
| 3 | | 8 | |
| 4 | | 9 | |
| 5 | | | |

（2）在汽车电路图识读中,需要理解电路图中各符号的含义;掌握要分析的电路中各部件的工作原理,如开关、继电器等;掌握电的基本原理,如电流从高电位到低电位等。要实现这三个目的,我们需要掌握一些电路图识读技巧,请同学们总结并简述自己的观点。

_____
_____

鉴定

任课教师可以通过平时教学过程中学习者的学习态度、参与教学活动的积极性、职场安全意识及终结性鉴定结果等确定其最后鉴定结果,每个学习者最多可以鉴定 3 次,鉴定教师可以把鉴定情况填入表 6-2。

表 6-2　6.1 节鉴定表

| 序号 | 学习目标 | 鉴定1 | 鉴定2 | 鉴定3 | 鉴 定 结 论 | 鉴定教师签字 |
|---|---|---|---|---|---|---|
| 1 | 掌握汽车不同类型电路图的分辨技巧 | | | | □通过<br>□不通过 | |
| 2 | 掌握汽车电路图识读要领 | | | | □通过<br>□不通过 | |

### 6.1.2　汽车电路图的种类

现今汽车电路图的种类繁多,电路图按车型不同,也存在一定的差别。归纳起来,汽车电路图主要有线路图(布线图)、线束图、原理图。

**1. 线路图**

线路图主要用来说明电气设备之间怎样用导线相互连接的,所连接的电气设备的安装位置、外形和线路所走的路径与实际情况一致,便于对汽车电气故障进行判断与排除。通常图的左边代表汽车的前部,右边代表汽车的尾部,同时,图中的电气设备大多以实物轮廓的示意形状表示,给人以真实感。汽车电气线路图的作用是指明各元器件在电气线路图上的位置及整车走线颜色、直径及去向,供检修电路时查找。

汽车电气线路图的优点是电气设备的外形和实际位置都与原车一致,查找线路时,导线中的分支、接点很容易找到,线路的走向和车上实际使用的线束的走向基本一致;缺点是线条密集、纵横交错,导致读图和查找、分析故障时非常不方便,不能反映电路内部结构与工作原理。

识读线路图的要点如下。

(1) 对该车所使用的电气设备结构、原理有一定的了解,对电气设备规范比较清楚。

(2) 通过识读认清该车所有电气设备的名称、数量及它们在汽车上的实际安装位置。

(3) 通过识读认清该车每一种电气设备的接线柱的数量、名称,了解每一个接线柱的实际意义。

上海大众 POLO 汽车线路图如图 6-6 所示。

**2. 线束图**

汽车线束图主要用来说明哪些电气设备的导线汇合在一起组成线束,与何处进行连接等。汽车上导线的种类和数量较多,为保证安装可靠,走向相同的各类导线经常被包扎成电缆、线束。线束外形图反映的是已制成的线束外形,故也叫线束包扎图。图中一般都标明线束中每根导线所连接的电气设备名称,有的还标注了每根导线的长度。线束图是一种突出装配记号的电路表现形式,该图有利于安装与维修,但不能说明线路的走向。

法国汽车发动机线束图如图 6-7 所示。

法国汽车发动机电路中的部件符号如表 6-3 所示。

单元6 汽车电路图识别

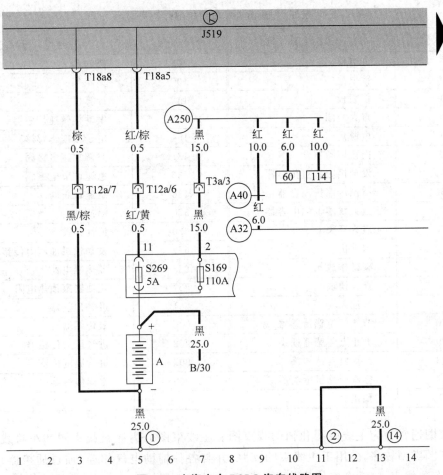

图 6-6 上海大众 POLO 汽车线路图

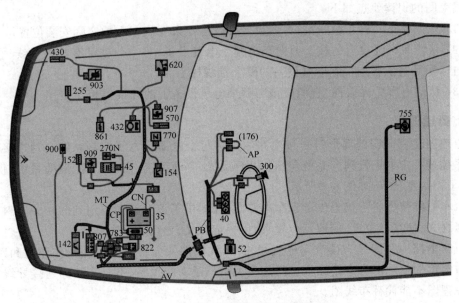

图 6-7 法国汽车发动机线束图

表 6-3　法国汽车发动机部件符号

| 符　号 | 部　件 | 符　号 | 部　件 |
|---|---|---|---|
| 10 | 分电器 | 62 | 搭铁盒 |
| 35 | 蓄电池 | 100 | 火花塞 |
| 40 | 仪表板 | 142 | 计算机 |
| 45 | 点火线圈 | 152 | 发动机转速传感器 |
| 50 | 电源盒 | 154 | 电子车速传感器 |
| 52 | 内接熔断器盒 | 431 | 空调怠速电磁阀 |
| 160 | 发动机上止点传感器 | 432 | 怠速调节电磁阀 |
| 255 | 空调压缩机离合器 | 436 | 怠速截止阀 |
| 270 | 点火线圈上的电容器 | 570 | 喷油器 |
| 300 | 点火开关 | 620 | 惯性开关 |
| 350 | 启动机 | 671 | 发动机机油压力传感器 |
| 430 | 碳罐排放阀 | 823 | 预热继电器 |
| 680 | 点火模块 | 857 | 化油器座预热电阻 |
| 755 | 汽油泵 | 861 | 进气预热器 |
| 770 | 节气门位置传感器 | 900 | 氧传感器 |
| 779 | 上止点传感器插头 | 903 | 进气压力传感器 |
| 783 | 计算机自诊插头 | 907 | 进气温度传感器 |
| 807 | 空调压缩机继电器 | 909 | 水温传感器 |
| 59 | 预热盒 | | |

线束图通常分为主线束图和辅助线束图。主线束图分为底盘线束图和车身线束图。辅助线束图类型较多，多用于主线束的支路，并与各种辅助电气相连（通过插接器），如空调线束、车顶线束、电动车窗线束、ABS 线束、自动变速器线束、电动座椅线束等。

线束图的识读要点如下。

(1) 认清整车共有几组线束、各线束名称及各线束在汽车上的实际安装位置。

(2) 认清每个线束上的枝叉通向车上哪个电气设备、每个分枝叉有几根导线、它们的颜色与标号及它们各连接到电气设备的哪个接线柱上。

(3) 认清有哪些插接件，它们应该与哪个电气设备上的插接器相连接。

**3. 原理图**

原理图是用简明的图形符号按电路原理将每个电器与电子控制系统合理连接，再将每个系统按一定顺序排列。系统包括：电源系统、启动系统、点火系统、照明系统、仪表系统、电子控制系统等，如图 6-8 所示。

汽车的维修资料不仅提供了汽车电路图，还提供了该电路图要用到的相关资料，如图形符号含义、插接器位置、接地点位置、结束标记含义、导线颜色含义等。

汽车电路原理图是识读汽车电气线路图、线束图及分析汽车电路工作原理和判断故障大致部位的基础图。电路图描述的连接关系只是功能关系，不是实际的连接导线，所以电路原理图不能代替布线图。

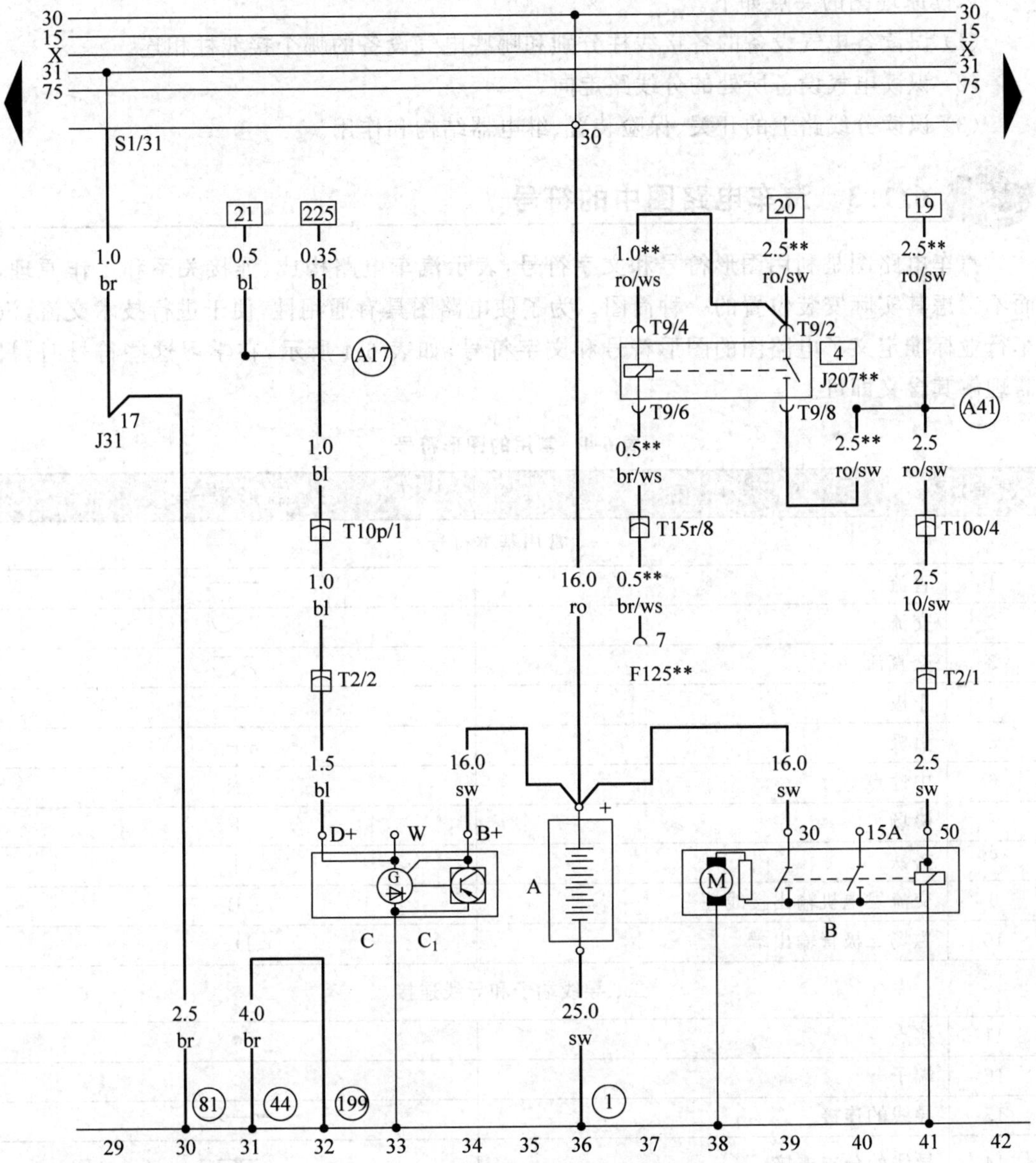


**图 6-8　奥迪车系充电系统电路原理**

ws=白色
sw=黑色
ro=红色
br=棕色
gn=绿色
bl=蓝色
gr=灰色
li=紫色
ge=黄色

A—蓄电池
B—启动机
C—交流发电机
C1—电压调节器
F125—多功能开关
J31—清洗—刮水自动间歇继电器
J20—启动锁止继电器
T2—插头，2 孔，灰色，在发动机舱右侧
T9—插头，9 孔，棕色，在启动锁止继电器上
T10o—插头，10 孔，棕色，压力舱电器盒分线器
T10p—插头，10 孔，黑色，压力舱电器盒分线器
T15r—插头，15 孔，棕色，右侧 A 柱分线器
①—接地线，蓄电池—本身
㊹—接地点，左侧 A 柱，下部
⑧①—接地连接 1，在仪表板线束内
⑲⑨—接地连接 3，在仪表板线束内
Ⓐ⑰—连接(61)，在仪表板线束内
Ⓐ㊶—正极连接(50)，在仪表板线束内
* 带手动变速器的车
** 带自动变速器的车

识读原理图的要点如下。

（1）识读各电气设备的各接线柱分别和哪些电气设备的哪个接线柱相连。

（2）识读电气设备所处的分线路走向。

（3）识读分线路上的开关、保险装置、继电器结构和作用。

### 6.1.3 汽车电路图中的符号

汽车电路图是利用图形符号和文字符号,表示汽车电路构成、连接关系和工作原理,而不考虑其实际安装位置的一种简图。为了使电路图具有通用性,便于进行技术交流,汽车行业标准定义了电路图的图形符号和文字符号,如表 6-4 所示,在学习这些符号时,只需理解其含义即可。

表 6-4 常用的图形符号

| 序号 | 名 称 | 图 形 符 号 |
|---|---|---|
| 一、常用基本符号 | | |
| 1 | 直流 | ── |
| 2 | 交流 | ∼ |
| 3 | 交直流 | ≂ |
| 4 | 正极 | + |
| 5 | 负极 | − |
| 6 | 中性点 | N |
| 7 | 磁场 | F |
| 8 | 搭铁 | ⊥ |
| 9 | 交流发电机输出接线柱 | B |
| 10 | 磁场二极管输出端 | D+ |
| 二、导线端子和导线连接 | | |
| 11 | 接点 | ● |
| 12 | 端子 | ○ |
| 13 | 导线的连接 |  ─○─○─ |
| 14 | 导线的分支连接 | ┬ |
| 15 | 导线的交叉连接 | ┼ |
| 16 | 插座的一个极 |  ─( |
| 17 | 插头的一个极 |  ─) |
| 18 | 插头和插座 | 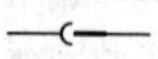 ─)( ─ |
| 19 | 多极插头和插座（以三极为例） | 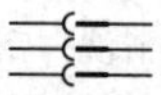 |
| 20 | 接通的连接片 | 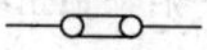 ─○─○─ |
| 21 | 断开的连接片 | 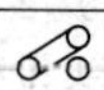 |
| 22 | 屏蔽导线 | 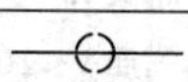 ─⊖─ |

续表

| 序号 | 名称 | 图形符号 |
|---|---|---|
| 三、触点开关 ||||
| 23 | 动合（常开）触点 | |
| 24 | 动断（常闭）触点 | |
| 25 | 先断后合的触点 | |
| 26 | 中间断开的双向触点 | |
| 27 | 双动合触点 | |
| 28 | 双动断触点 | |
| 29 | 单动断双动合触点 | |
| 30 | 双动断单动合触点 | |
| 31 | 一般情况下手动控制 | |
| 32 | 拉拨操作 | |
| 33 | 旋转操作 | |
| 34 | 推动操作 | |
| 35 | 一般机械操作 | |
| 36 | 钥匙操作 | |
| 37 | 热执行器操作 | |
| 38 | 温度控制 | |
| 39 | 压力控制 | |
| 40 | 制动压力控制 | |
| 41 | 液位控制 | |
| 42 | 凸轮控制 | |
| 43 | 联动开关 | |
| 44 | 手动开关的一般符号 | |
| 45 | 定位开关（非自动复位） | |
| 46 | 按钮开关 | |
| 47 | 能定位的按钮开关 | |
| 48 | 拉拨开关 | |
| 49 | 旋转、旋钮开关 | |

续表

| 序号 | 名称 | 图形符号 |
|---|---|---|
| 50 | 液位控制开关 | |
| 51 | 机油滤清器报警开关 | |
| 52 | 热敏开关动合触点 | |
| 53 | 热敏开关动断触点 | |
| 54 | 热敏自动开关的动断触点 | |
| 55 | 热继电器触点 | |
| 56 | 旋转多挡开关位置 | |
| 57 | 推拉多挡开关位置 | |
| 58 | 钥匙开关(全部定位) | |
| 59 | 多挡开关、点火、启动开关,瞬时位置为2能自动返回到1(即2挡不能定位) | |
| 60 | 节流阀开关 | |
| 四、电气元器件 ||| 
| 61 | 电阻器 | |
| 62 | 可变电阻器 | |
| 63 | 压敏电阻器 | |
| 64 | 热敏电阻器 | |
| 65 | 滑线式变阻器 | |
| 66 | 分路器 | |
| 67 | 滑动触点电位器 | |
| 68 | 仪表照明调光电阻器 | |
| 69 | 光敏电阻 | |
| 70 | 加热元件、电热塞 | |
| 71 | 电容器 | |
| 72 | 可调电容器 | |
| 73 | 极性电容器 | |
| 74 | 穿心电容器 | |

续表

| 序号 | 名称 | 图形符号 |
|---|---|---|
| 75 | 半导体二极管一般符号 | |
| 76 | 稳压二极管 | |
| 77 | 发光二极管 | |
| 78 | 双向二极管（变阻二极管） | |
| 79 | 三极晶体闸流管 | |
| 80 | 光电二极管 | |
| 81 | PNP型三极管 | |
| 82 | 集电极接管壳三极管（NPN） | |
| 83 | 具有两个电极的压电晶体 | |
| 84 | 电感器、线圈、绕组扼流圈 | |
| 85 | 带铁心的电感器 | |
| 86 | 熔断器 | |
| 87 | 易熔线 | |
| 88 | 电路断电器 | |
| 89 | 永久磁铁 | |
| 90 | 操作器件一般符号 | |
| 91 | 一个绕组电磁铁 | |
| 92 | 两个绕组电磁铁 | |
| 93 | 不同方向绕组电磁铁 | |
| 94 | 触点常开的继电器 | |
| 95 | 触点常闭的继电器 | |
| 五、仪表 | | |
| 96 | 指示仪表 | |
| 97 | 电压表 | |
| 98 | 电流表 | |

续表

| 序号 | 名　　称 | 图形符号 |
|---|---|---|
| 99 | 电压、电流表 | Ⓐ/Ⓥ |
| 100 | 欧姆表 | Ⓩ |
| 101 | 瓦特表 | Ⓦ |
| 102 | 油压表 | ⓄⓅ |
| 103 | 转速表 | ⓝ |
| 104 | 温度表 | t° |
| 105 | 燃油表 | Ⓠ |
| 106 | 车速里程表 | Ⓥ |
| 107 | 电钟 | 🕐 |
| 108 | 数字式电钟 | 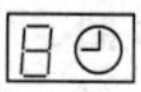 🔢 |

六、传感器

| 序号 | 名　　称 | 图形符号 |
|---|---|---|
| 109 | 传感器的一般符号 | * |
| 110 | 温度表传感器 | t° |
| 111 | 空气温度传感器 | t°n |
| 112 | 水温传感器 | t°w |
| 113 | 燃油表传感器 | Q |
| 114 | 油压表传感器 | OP |
| 115 | 空气质量传感器 | m |
| 116 | 空气流量传感器 | AF |
| 117 | 氧传感器 | λ |
| 118 | 爆震传感器 | K |

续表

| 序号 | 名 称 | 图形符号 |
|---|---|---|
| 119 | 转速传感器 | n |
| 120 | 速度传感器 | v |
| 121 | 空气压力传感器 | AP |
| 122 | 制动压力传感器 | BP |
| | 七、电气设备 | |
| 123 | 照明灯、信号灯、仪表灯、指示灯 | ⊗ |
| 124 | 双丝灯 | |
| 125 | 荧光灯 | |
| 126 | 组合灯 | |
| 127 | 预热指示器 | |
| 128 | 电喇叭 | |
| 129 | 扬声器 | |
| 130 | 蜂鸣器 | |
| 131 | 报警器、电警笛 | |
| 132 | 信号发生器 | G |
| 133 | 脉冲发生器 | G |
| 134 | 闪光器 | G |
| 135 | 霍尔信号发生器 | |
| 136 | 磁感应信号发生器 | |
| 137 | 温度补偿器 | t° comp |
| 138 | 电磁阀一般符号 | |
| 139 | 常开电磁阀 | |
| 140 | 常闭电磁阀 | |
| 141 | 电磁离合器 | |

续表

| 序号 | 名 称 | 图形符号 |
|---|---|---|
| 142 | 用电动机操纵的怠速调整装置 | |
| 143 | 过电压保护装置 | U> |
| 144 | 过电流保护装置 | I> |
| 145 | 加热器(除霜器) | |
| 146 | 振荡器 | |
| 147 | 变换器、转换器 | |
| 148 | 光电发生器 | G |
| 149 | 空气调节器 | |
| 150 | 滤波器 | |
| 151 | 稳压器 | U const |
| 152 | 点烟器 | |
| 153 | 热继电器 | |
| 154 | 间歇刮水继电器 | |
| 155 | 防盗报警系统 | |
| 156 | 天线一般符号 | |
| 157 | 发射机 | |
| 158 | 收音机 | |
| 159 | 内部通信及音乐系统 | |
| 160 | 收放机 | |
| 161 | 天线电话 | |
| 162 | 传声器一般符号 | |

续表

| 序号 | 名　　称 | 图形符号 |
|---|---|---|
| 163 | 点火线圈 | |
| 164 | 分电器 | |
| 165 | 火花塞 | |
| 166 | 电压调节器 | U |
| 167 | 转速调节器 | n |
| 168 | 温度调节器 | t° |
| 169 | 串激绕组 | |
| 170 | 并激或他激绕组 | |
| 171 | 集电环或换向器上的电刷 | |
| 172 | 直流电动机 | M |
| 173 | 串激直流电动机 | M |
| 174 | 并激直流电动机 | M |
| 175 | 永磁直流电动机 | M |
| 176 | 启动机（带电磁开头） | M |
| 177 | 燃油泵电动机、洗涤电动机 | M |
| 178 | 晶体管电动汽油泵 | |
| 179 | 加热定时器 | HT |
| 180 | 点火电子组件 | IC |
| 181 | 风扇电动机 | M |
| 182 | 刮水电动机 | M |
| 183 | 电动天线 | M |

续表

| 序号 | 名　　称 | 图形符号 |
|---|---|---|
| 184 | 直流伺服电动机 |  ⓈⓂ |
| 185 | 直流发电机 |  Ⓖ |
| 186 | 星形连接的三相绕组 | 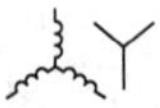 Y |
| 187 | 三角形连接的三相绕组 |  △ |
| 188 | 定子绕组为星形连接的交流发电机 |  |
| 189 | 定子绕组为三角形连接的交流发电机 |  |
| 190 | 外接电压调节器与交流发电机 | 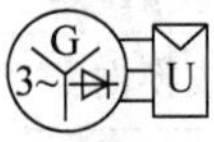 |
| 191 | 整体式交流发电机 |  |
| 192 | 蓄电池 | 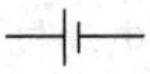 |
| 193 | 蓄电池组 | 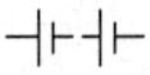 |

### 6.1.4　汽车电路图识读要领

在识读电路图时，需要具备3个基本能力：一是理解电路图中各符号的含义；二是掌握要分析的电路中各部件的工作原理，如开关、继电器等；三是掌握电的基本原理，如电流从高电位到低电位等。

汽车线路一般采用单线制、用电设备并联、负极搭铁，线路有颜色和编号加以区分，并以点火开关为中心将全车电路分成几条主干线，即蓄电池火线（30号线）、附件火线（Acc线）、钥匙开关火线（15号线）。

汽车电路图识读要领如下。

**1. 认真读几遍图注**

图注说明了该车所有电气设备的名称及其数码代号，通过读懂图注可以初步了解该汽车都装配了哪些电气设备。然后，通过电气设备的数码代号在电路图中找出该电气设备，再进一步找出相互连线、控制关系。

**2. 牢记电气图形符号**

汽车电路图是利用电气图形符号来表示其构成和工作原理的。因此，必须牢记电路图形符号的含义，才能看懂电路原理图。

### 3. 熟记电路标记符号

为了便于绘制和识读汽车电气电路图,有些电气装置或其接线柱等上面都标有不同的标志代号。

### 4. 牢记汽车电路特点

汽车电路特点:单线制、负极搭铁、用电设备并联。

### 5. 牢记回路原则

任何一个完整的电路都是由电源、熔断器、开关、控制装置、用电设备、导线等组成。电流流向必须从电源正极出发,经过熔断器、开关、控制装置、导线等到达用电设备,再经过导线(或搭铁)回到电源负极,才能构成回路。因此电路读图时,有三种思路。

(1) 沿着电路电流的流向,由电源正极出发,经过用电设备、开关、控制装置等回到电源负极。

(2) 逆着电路电流的方向,由电源负极(搭铁)开始,经过用电设备、开关、控制装置等回到电源正极。

(3) 从用电设备开始,依次查找其控制开关、连线、控制单元,到达电源正极和搭铁(或电源负极)。实际应用时,可视具体电路选择不同思路,但有一点需注意:随着电子控制技术在汽车上的广泛应用,大多数电气设备电路同时具有主回路和控制回路,读图时要兼顾两回路。

### 6. 浏览全图,分割各个单元系统

要读懂汽车电路图,首先必须掌握组成电路的各个电气元件的基本功能和电气特性,在大概掌握全图的基本原理的基础上,再把一个个单元系统电路分割开来,这样就容易抓住每一部分的主要功能及特性。在框划各个系统时,一定要遵守回路原则,既不能漏掉各个系统中的组件,也不能多框划其他系统的组件。其一般规律是:各电气系统只有电源和总开关是公共的,其他任何一个系统都应是一个完整的独立的电气回路,即包括电源、开关(熔断器)、电气(或电子)线路、导线等。从电源的正极经导线、开关、熔丝至电气后搭铁,最后回到电源负极。

### 7. 熟记各局部电路之间的内在联系和相互关系

从整车电路来讲,各局部电路除电源电路公用外,其他单元电路都是相对独立的,但它们之间也存在着内在联系(如信号共享)。在识图时,不但要熟悉各局部电路的组成、特点、工作过程和电流流经的路径,还要了解各局部电路之间的联系和相互影响。这是迅速找出故障部位、排除故障的必要条件。

### 8. 掌握各种开关在电路中的作用

对多层多挡接线柱的开关,要按层、按挡位、按接线柱逐级分析其各层各挡的功能。有的用电设备受两个以上单挡开关(或继电器)的控制,有的受两个以上多挡开关的控制,其工作状态比较复杂。当开关接线柱较多时,首先抓住从电源来的一两个接线柱,再逐个分析与其他各接线柱相连的用电设备处于何种挡位,从而找出控制关系。

对于组合开关,实际线路是在一起的,而在电路图中又按其功能画在各自的局部电路中,遇到这种情况必须仔细研究识读。

### 9. 全面分析开关、继电器的初始状态和工作状态

在电路图中,各种开关、继电器都是按初始状态画出的,即按钮未按下、开关未接通、继电器线圈未通电,其触点未闭合(指常开触点),这种状态称为原始状态。在识图时,不能完全按原始状态分析,否则很难理解电路的工作原理,因为大多数用电设备都是通过开关、按钮、继电器触点的变化而改变回路,进而实现不同的电路功能的。所以,必须进行工作状态的分析。

### 10. 掌握电气装置在电路图中的位置

大量电气装置是机电合一的,在电路图上表示时,厂家为了使画法既简单(便于画图)又便于识图,多根据实际情况采用集中表示法或分开表示法。集中表示法是把一个电气装置的各组成部分,在图上集中绘制的一种表示方法,它仅适用于较简单的电路。分开表示法,如把继电器的线圈、触点分别画在不同的电路中,用同一文字符号或数字符号将分开部分联系起来。

### 11. 先易后难

有些汽车电路图的某些局部电路可能比较复杂,一时难以看懂,可以暂时将其放在一边,待其他局部电路都看懂后,结合看懂的图中与该电路有联系的有关信息,再来进一步识读这部分电路。

### 12. 收集资料和经验积累

对于看不懂的电路要请教有关人员,同时还要善于查找、收集相关资料;深入研究典型汽车电路,做到触类旁通;特别注意实际工作经验的积累,新技术、新工艺的应用和创新。

此外,汽车电子控制系统越来越多,其读图方法除以上所述要领适用外,以下方法与步骤对汽车电子控制系统的读图很有帮助。

(1) 要以电控系统的 ECU 为中心,因为这是整个系统的控制中心,所有电气部件都必然与这里发生关系。

(2) 要对 ECU 的各个引脚有大致印象,弄清楚分为几个区域,各区引脚排列的规律。

(3) 找出该系统给 ECU 供电的电源线有哪些,注意一般 ECU 都不止一根电源线,弄清楚各电源线的供电状态(如开关控制)。

(4) 找出该系统的搭铁线有哪些,注意分清哪些是在 ECU 内部搭铁,哪些是在车架上搭铁,哪些是在各总成机体上搭铁。

(5) 找出哪些是系统的信号输入传感器,各传感器是否需要电源,并找出相应的电源线,该传感器哪里搭铁。

(6) 找出系统的执行器有哪些,弄清电源供给和搭铁的情况,计算机控制执行器的方式(控制搭铁端或电源端)。

世界汽车分三大模块:欧洲、美国、亚洲。各模块电路图表示方法相近,其中欧洲最

为典型。其他电路可以举一反三。

## 6.2 主流车系电路图识别

各国汽车电路图的绘制方法、符号标识以文字、技术标准等不同,汽车电路图也会有很大差异,甚至同一国家不同公司的汽车电路图也存在着较大的差异。要想读懂一种车型的整车电路图,特别是较复杂的汽车电路图并非一件轻松的事情。因此,掌握汽车电路读图的基本方法是十分必要的。

◎ **客户委托6-2**

李先生有一辆行驶里程约10万公里的法系毕加索1.6L轿车,该车在使用时发现打开点火开关后,危险报警灯开关中的指示灯闪亮,同时车外转向灯也闪亮,此时按下危险报警灯开关,一切正常,关闭点火开关再次打开时,故障重现。维修技师根据控制电路(图6-9)进行分析,由于关闭点火开关后,危险信号灯工作正常,由此可以判定BSI正常。已知该车的惯性开关对转向灯线路也起一定作用,正常情况下1脚、2脚相通,而2脚、3脚相通时车辆就会熄火,随之门锁会自动打开,危险信号灯闪烁。若此时按下危险报警开关,会发给BSI一个信号,BSI收到信号后就会发出指令,由于同时收到信号,此时BSI将不输出转向信号,危险警告灯也不再闪烁。同学们,你们能根据该车相关电路图以及技师的分析思路帮助李先生完成故障原因的检测吗?

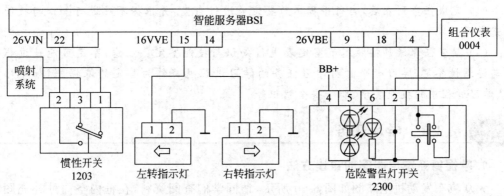

图6-9 法系毕加索1.6L轿车控制电路图

◎ **学习目标**

(1) 掌握德系车电路图的识读方法;

(2) 掌握法系车电路图的识读方法;

(3) 掌握日系车电路图的识读方法;

(4) 掌握美系车电路图的识读方法。

**知识与技能点清单**

| 序号 | 学习目标 | 知 识 点 | 技 能 点 |
| --- | --- | --- | --- |
| 1 | 掌握德系车电路图的识读方法 | 大众汽车电路图的识读 | 能够根据大众汽车电路图分析电路 |
| 2 | 掌握法系车电路图的识读方法 | 法国汽车电路图的识读 | 能够根据法国汽车电路图分析电路 |
| 3 | 掌握日系车电路图的识读方法 | 丰田汽车电路图的识读 | 能够根据丰田汽车电路图分析电路 |
| 4 | 掌握美系车电路图的识读方法 | 通用汽车、福特汽车电路图的识读 | 能够根据通用汽车、福特汽车电路图分析电路 |

**学习指南**

（1）明确学习目标与知识及技能点清单。

（2）按照学习任务列表完成每一项任务，任务知识部分需在课前提前完成。在完成知识部分任务时，可以参考本单元提供的学习信息，利用网络、厂家提供的维修手册、各类教学资源库等学习资源，也可以在课前或上课时向任课教师寻求帮助。任课教师会在正式上课时展示或共享大家对于知识部分任务完成情况，实现学习者交流。

（3）在任务列表中，涉及实操部分，可以在正式上课前自行完成，也可以由任课教师在课堂上安排完成。

（4）完成任务列表后，自行根据本节鉴定表进行自查，并根据不足进行知识与技能的补充学习。

（5）接受任课教师按照本节鉴定表进行知识与技能鉴定。注意，鉴定可能是过程鉴定与终结性鉴定，学习者平时对学习任务的学习过程也将作为鉴定的依据，例如学习态度、学习过程中的技能展示、职场安全意识等。

 ### 6.2.1 学习任务

**1. 掌握德系车电路图的识读方法**

大众汽车发动机电路图如图 6-10 所示，请同学们查阅资料，在框内空白处补充图中缺失的备注信息。

**2. 掌握法系车电路图的识读方法**

法国汽车电路图如图 6-11 所示，请同学们分析电路的组成，将电路图中各电路符号的含义填入表 6-5。

**3. 掌握日系车电路图的识读方法**

丰田卡罗拉汽车的电动车窗控制系统电路图如图 6-12 所示，其中主控开关控制左后车窗上升、下降的电流路径为：蓄电池 BAT 正极→电动车窗 PWR 继电器→电动车窗升降总开关 I3 的 B 端子→左后车窗开关 I3 的 U 端子（12）→左后车窗分控开关 K1 的 SU

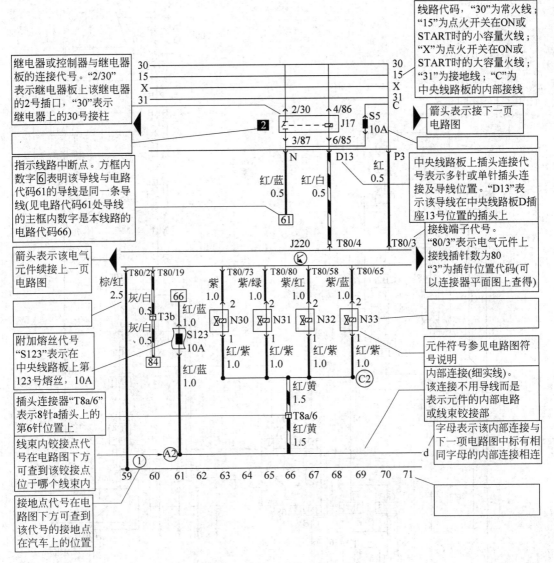

图 6-10 大众汽车发动机电路图

端子到 U 端子→左后车窗电动机 K2 的 U 端子到 D 端子→左后车窗分控开关 K1 的 D 端子到 SD 端子→电动车窗升降总开关 I3 的 D 端子(13)到 E 端子→搭铁 E1。请同学们根据故障现象和车窗控制系统电路图,认真分析一下电流的走向,简述左后车窗分控开关控制左后车窗上升、下降的电流路径。

左后车窗分控开关控制左后车窗上升的电流路径：_____

左后车窗分控开关控制左后车窗下降的电流路径：_____

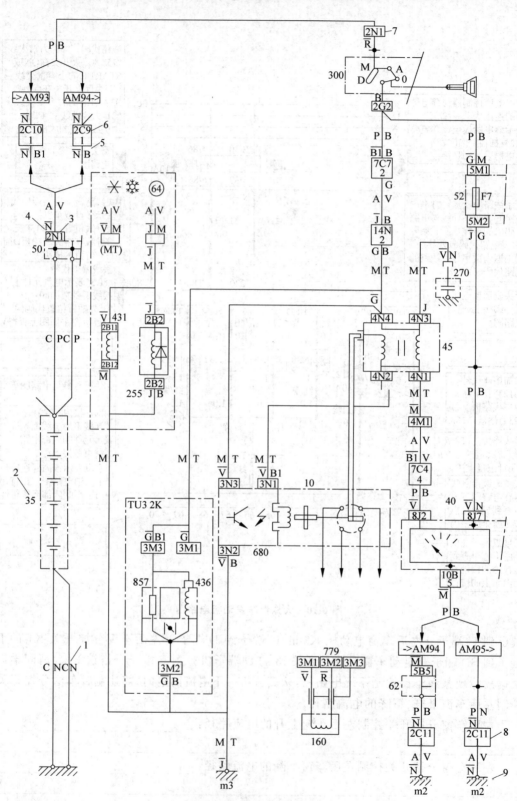

图 6-11 法国汽车电路图

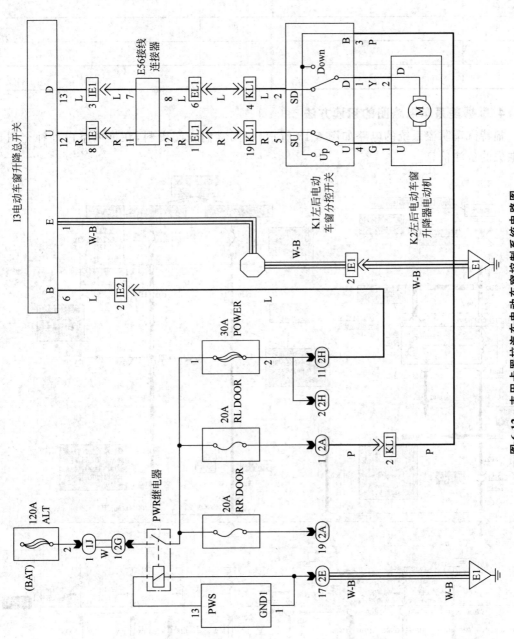

图6-12 丰田卡罗拉汽车电动车窗控制系统电路图

表 6-5 各电路符号的含义

| 序 号 | 含 义 | 序 号 | 含 义 |
| --- | --- | --- | --- |
| 1 |  | 6 |  |
| 2 |  | 7 |  |
| 3 |  | 8 |  |
| 4 |  | 9 |  |
| 5 |  |  |  |

**4. 掌握美系车电路图的识读方法**

福特汽车防盗系统的电路如图 6-13 所示,请同学们查阅资料,在框内空白处补充图中缺失的备注信息。

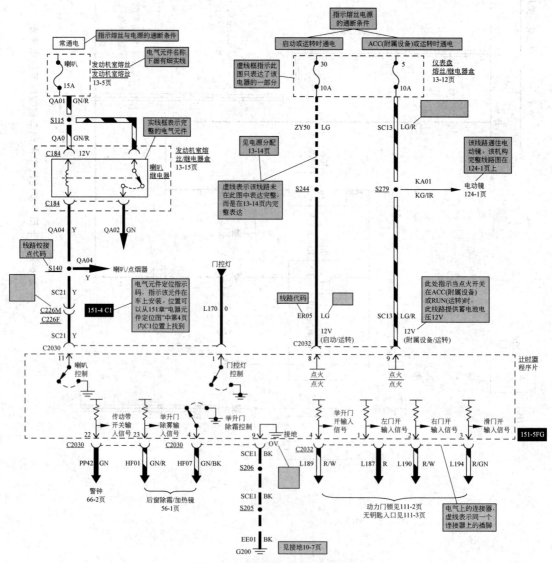

图 6-13 福特汽车防盗系统电路

### 鉴定

任课教师可以通过平时教学过程中学习者的学习态度、参与教学活动的积极性、职场安全意识及终结性鉴定结果等确定其最后鉴定结果,每个学习者最多可以鉴定 3 次,鉴定教师可以把鉴定情况填入表 6-6。

表 6-6  6.1 节鉴定表

| 序号 | 学习目标 | 鉴定1 | 鉴定2 | 鉴定3 | 鉴定结论 | 鉴定教师签字 |
|---|---|---|---|---|---|---|
| 1 | 掌握德系车电路图的识读方法 | | | | □通过<br>□不通过 | |
| 2 | 掌握法系车电路图的识读方法 | | | | □通过<br>□不通过 | |
| 3 | 掌握日系车电路图的识读方法 | | | | □通过<br>□不通过 | |
| 4 | 掌握美系车电路图的识读方法 | | | | □通过<br>□不通过 | |

### 6.2.2　德国大众汽车电路图的识别

下面以大众汽车为例详细介绍德系车电路图的识别,电路采用纵向排列,垂直布置。电源线为上"＋"下"－",从左到右同一个系统的电路归纳到一起,按电源电路、启动电路、点火电路、进气预热电路、仪表电路、灯光照明电路、信号与报警装置电路、刮水与清洗装置电路、电动后视镜电路、电动车窗电路、中控门锁电路、空调电路、喇叭电路的顺序排列。

微课——德国大众汽车电路图的识别

(1) 采用断线代号法解决交叉问题。比较复杂的电气设备(如前照灯)工作时,要涉及点火开关、灯光开关和变光开关等配电设备,而这 3 个开关不在同一条直线上,如按传统画法,要画一横线把它们连接起来,这样会使图面上出现较多的横线,增加了读图的难度。所以在电路图中,采用"断线代号法"解决这个问题,即用导线连接端方框内的数字表明电路中与其连接导线的电路编号,如 98 表示与电路编号 98 处的导线连接。

(2) 全车电路图分为三个部分。最上面部分表示中央继电器盒电路,其中标明了熔断器的位置、容量和继电器位置编号及插脚号等;中间部分是车上的电气元件及连接导线;最下面的横线是搭铁线。

(3) 整个电路以继电器盒为中心。汽车电气线路以中央线路板为中心进行控制,大部分熔断器和继电器安装在中央线路板的正面,插接器和插座安装在中央线路板的背面,英文字母为插座的位置代号,阿拉伯数字为线束插头的端子代号。根据电路图上导线与中央线路板下框线交点处的代号就能找到该导线在哪个线束、接在第几个插孔上。

图 6-14 所示为大众汽车电路符号,其含义解释如下。(按带[ ]的阿拉伯数字顺序解释)。

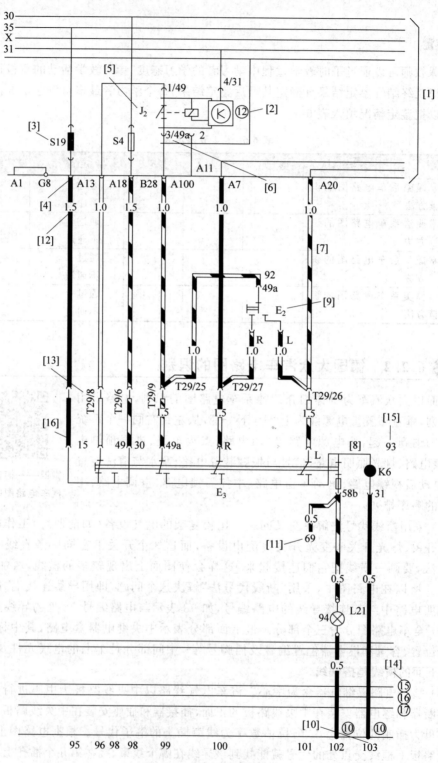

图 6-14 大众汽车电路符号

[1]为中央线路板部分。30号线与蓄电池正极直接相连,称为常火线,中间不经过任何开关,即使发动机处于熄火状态时仍带电,30路电源专供于停车灯、制动灯、报警灯、顶灯、冷却电动机(这些都是发动机熄火状态时也需用电的用电器)等设备,在接线图上以30编号。15号线在点火开关位于ON和ST位置时与蓄电池正极连接,称为点火开关控制线,主要为点火开关控制小功率用电设备供电,在接线图上以15编号。X线为卸荷线,在点火开关位于ON位置时,通过中间继电器J59(又称卸荷继电器)控制;在点火开关位于ST位置时,中间继电器不工作,大功率用电设备(如雾灯、雨刮器等)与X线连接,启动发动机时如果忘记关掉这些大功率的用电设备,它们会自动断电,以保证发动机顺利启动,在接线图上以X编号。31号线为接地线。大众汽车电路接线代码说明如表6-7所示。

表6-7 大众汽车电路接线代码说明

| 端子 | 说明 | 端子 | 说明 |
| --- | --- | --- | --- |
| 1 | 点火线圈负极端(转速信号) | 85 | 继电器电磁线圈接地端 |
| 4 | 点火线圈中央高压线输出端 | 86 | 继电器电磁线圈供电端 |
| 15 | 点火开关在ON、ST时的带电接线端 | 87 | 继电器触点输入端 |
| 30 | 蓄电池正极的接线端 | 87a | 当继电器线圈没有电流时,继电器触点输出端 |
| 31 | 搭铁端,与蓄电池负极连接 | 87b | 当继电器线圈有电流时,继电器触点输出端 |
| 49 | 转向信号输入端 | 88 | 继电器触点输入端 |
| 49a | 转向信号输出端 | 88a | 继电器触点输出端 |
| 50 | 启动机控制端,当点火开关在START时带电 | B+ | 交流发电机输出端,接蓄电池正极 |
| 53 | 雨刮器电动机接电源正极端 | B− | 接地,接蓄电池负极 |
| 53a-e | 其他雨刮器电动机接线端 | D+ | 发电机正极输出端 |
| 54 | 制动灯电源端 | D | 同D+ |
| 56 | 前照灯变光开关正极端 | D− | 接地,接蓄电池负极 |
| 56a | 远光灯接线端 | DF/EXC | 交流发电机电磁电路的控制端 |
| 56b | 近光灯接线端 | DYN | 同D+ |
| 58 | 停车灯正极端 | E/F | 同DF |
| 61 | 发电机接充电指示灯端 | IND | 指示灯 |
| 67 | 交流发电机励磁端 | + | 辅助的正极输出 |

[2]为中央配电盒的位置号,如图6-15所示,其背面如图6-16所示,在表示线路走向的同时,还表达了线路结构情况。在这些继电器右侧都有一个小圆圈,上面标有阿拉伯数字,这些数字表示这些继电器插在中央配电盒正面板上的位置。如小圆圈里的数字是12,表示在⑫左边的那个继电器插在中央配电盒正面板的第12号位置上。

[3]S表示熔丝,如S19(红色)、S4(蓝色)表示熔断器。S19是指容量为10A的熔断器,该熔断器位于中央线路板第19位;S4是指容量为15A的熔断器,该熔断器位于中央线路板第4位。如果用绿色表示,则该熔断器容量为30A;如果用黄色表示,则该熔断器容量为20A。熔丝共分30A、20A、15A、10A四种,外表分别涂绿、黄、蓝、红4色。

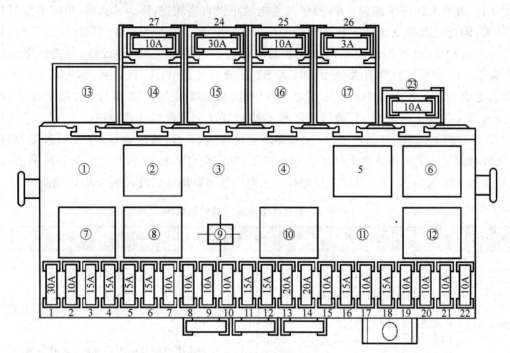

图 6-15 中央配电盒正面

①—空位；②—进气歧管预热继电器；③、④—空位；⑤—空调组合继电器；⑥—喇叭继电器；⑦—雾灯继电器；⑧—减负荷继电器；⑨—拆卸熔丝专用工具；⑩—前风窗刮水及洗涤继电器；⑪—空位；⑫—转向继电器；⑬—冷却风扇继电器；⑭、⑮—摇窗机继电器；⑯—内部照明继电器；⑰—冷却液位指示

继电器熔丝：1—散热器风扇；2—制动灯；3—点烟器、收音机、时钟、车内灯、中央控制门锁；4—危险报警；5—燃油泵；6—前雾灯；7—尾灯、停车灯（左）；8—尾灯、停车灯（右）；9—前照灯远光（右）；10—前照灯远光（左）；11—前风窗刮水及洗涤；12—电动摇窗机；13—后风窗加热器；14—空调鼓风机；15—倒车灯、车速传感器；16—喇叭；17—进气预热器温控开关、急速截止电磁阀；18—驻车制动、阻风门指示灯；19—转向；20—牌照灯、杂物箱照明灯；21—前照灯近光（左）；22—前照灯近光（右）；23—后雾灯；24—空调；25—自动天线；26—电动后视镜；27—ECU

　　[4] 为中央配电盒的背面组合式插头号。如图 6-16 所示，在中央配电盒的背面是各种形式的组合式插头，每一个组合式插头都有一个英文字母作为它的代号，分别和各种线束上的组合式插座插接。几根主要线束各自只有一只组合式插座。在这种线束里，所有电线在一个英文字母下被编成从 1 开始的不同序号。例如，发动机室左线束只有一个黄白的组合式插座，它和中央配电盒背面代号为 C 的组合插头插接。凡是接点（图样上的灰白交接部分）标有 C 字的任何电线都在发动机室左线束里。要找某一根电线时，只要根据它在中央配电盒背面接点的字母，就可以判断它在哪一线束里，然后在确定的线束里找到这根电线，这样就避免了相同颜色的电线混淆不清的情况。中央配电盒内部电路纵横交错，且呈立体状分布，其正面板上继电器插座或熔丝插孔和背面插头之间的各种电路联系，能通过图样里灰色部分中的线路走向把各条线路的来龙去脉非常容易弄清楚。如 A13 为中央线路板节点说明，则该黑/蓝色导线连接于中央线路板 A 线束 13 位插头上。

　　[5] J2 位继电器，圈内标号 12，表示该继电器位于中央线路板上第 12 号位。J2 不是一般继电器，它的图形表示为电子控制的复合式继电器。

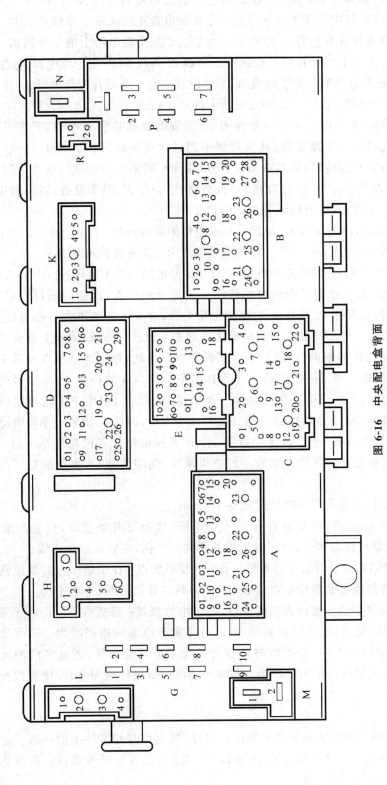

图 6-16 中央配电盒背面

A—连接仪表板线束插件（蓝色）；B—连接仪表板左边线束插件（红色）；C—连接发动机室左边线束插件（黄色）；D—连接发动机室右边线束插件（白色）；E—连接车辆后部线束插件（黑色）；G—连接单个插头的插件（用于冷却液不足指示控制器）；H—连接空调线路插件（棕色）；L—连接双音喇叭线路插件（灰色）；N—连接单个插头的插件（用于进气歧管预热器加热电阻电源）；P—连接单个插头的插件（用于蓄电池正极与中央线路板 30 的连接，中央线路板 30 与点火开关 30 号接线柱连接）；K，M，R—插座（空位）

[6] 为继电器的插脚号,如 J81 为在②的左边的继电器有 4 个插脚,在图样上就标 1/85、2/30、3/87、6/86,其中分子 1、2、3、6 是指中央配电盒正面板第 2 号位置上的 4 个插孔(另有 4 个插孔空着且有标明);分母 85、30、87、86 是指继电器上的 4 个插脚。分子和分母是相对应的,工艺上保证它们不会插错。例如 J2 为在 12 左边的继电器,标注有 4/31、1/49、3/39a 的是指中央配电盒正面板第 12 号位置上有 3 个插孔为继电器 J2 使用(1、3、4),而插孔 2 空着,分母 31、49、49a 为继电器上的 4 个插脚。

[7] 为纵向排列的电路线。为了清楚地表示,所有电路都是纵向排列、不折走(除极个别的除外)。因此就某一电路来说,从头到尾不超过所在图样纵向的 3/4。一般来说,某一条电路在电路图中所占篇幅限制在某一部分,这样相同系统的电路归纳在一起,基本电路就有条理地从左到右按电源、启动机、点火装置、组合仪表、照明设备、转向和报警闪光装置、刮水和喷水系统、双音电喇叭等进行编排。

[8] 为内部连接线,用细线表示,是元件总成内部的导线连接,不使用导线。

[9] 为电路图中电气零件的代号。在电路原理图中标明有各代号的含义。

[10] 为电路号码,用以方便地查找电路,如在 103 号电路上有报警(闪光)指示灯 K6。

[11] 为导线应接的电路的号码。有些线路比较复杂的设备,比如前照灯的近远光,它在工作时会牵涉到点火开关、灯光开关和变光开关等,这 3 个开关不在一条纵线上,如按传统画法,必定要画一些横线使它们有机地连贯起来。但这样一画,图样上就会出现零星横线,从而破坏了图样的纵向性,增加了读图的困难。为此,德国大众汽车公司采用断线带号法解决这个问题。如某一条电路上半段在电路号码为 5 的位置上,下半段的电路号码为 10 的位置上时,上半段电路终止处画一小方框,内标 10,说明下半段电路应在电路号码为 10 的位置寻找;下半段电路开始处也有一小方框,内标 5,说明上半段电路应在电路号码为 5 的位置上寻找,通过这 4 个数字,上、下半段电路就有机地连在一起了。采用这种方法后,即使再复杂的图样上也看不到一根横线,线路简洁,大大地缩短了读图的时间。

[12] 为导线大小,1.5 代表导线截面积是 $1.5\text{mm}^2$。

[13] 表示 29 孔插接器,有些地方有 T2a、T2b 等,表示 2 孔插接器,但后面加个 a、b 等,因为 2 孔插接器可以有多个,为了区别另外不同的 2 孔,在后面加个后缀。

[14] 为接地线标志。①蓄电池与车身搭铁线;⑨搭铁点:在带熔丝座的继电盘的支架上;⑩搭铁点:在仪表板面且固定在仪表盘上;⑭转向器搭铁线;⑮搭铁点:位于前线束的绝缘软管内;⑯搭铁点:在仪表板线束内,外包绝缘胶带;⑰搭铁点:在后线束的绝缘软管内。负极搭铁(接地)线采用金属编织线,许多重要电器的搭铁线均采用直接与蓄电池负极相连。发动机与车身、变速器与车身之间除了金属接触外,还有专门的地线相连,这样保证其工作可靠性。采用负极接地与电子器件的负极接地相吻合,便于汽车电气电子化。

[15] 为零件号。

[16] 在导线尾部标的数字表示有名称的接线柱,其名称与原零件上的一致。如导线尾部标有 15 字样,表示为以 E3 开关的 15 接线柱。E3 为报警灯开关部件。若其他导线尾部也标有此数字,则两线应连接。

## 6.2.3 法国车系汽车电路图的识别

法国车系汽车电气线路的画法沿用了法国雪铁龙汽车公司的原厂资料的画法,一些电路和元器件的符号与通常的电路图有些不同,比较形象,尤其是它对插接器的代号含义。

微课——法国车系
汽车电路图的识别

### 1. 线路颜色代码

电路图中用代码标明了各导线的颜色,其导线的颜色及代码见表 6-8。

表 6-8 法国车系汽车电路图中导线的颜色及代码

| 代码 | 颜色 | 代码 | 颜色 |
| --- | --- | --- | --- |
| N | 黑色 | Bl | 湖蓝 |
| M | 栗色 | Mv | 深紫 |
| R | 大红 | Vi | 紫罗兰 |
| Ro | 粉红 | G | 灰色 |
| Or | 橙色 | B | 白色 |
| J | 柠檬黄 | Lc | 透明 |
| V | 翠绿 | | |

电路图中各导线都标明其所在线束的代号,为寻找线路的方位和走向提供方便。各线束代号及名称见表 6-9。

表 6-9 线束代号及名称

| 线束代号 | 线束名称 | 线束代号 | 线束名称 |
| --- | --- | --- | --- |
| AV | 前部 | MT | 发动机和电控喷油系统 |
| CN | 蓄电池负极电缆 | MV | 电动风扇 |
| CP | 蓄电池正极电缆 | PB | 仪表板 |
| EF | 行李箱照明灯 | PC | 司机侧门 |
| FR | 尾灯 | PD | 右后门 |
| GC | 空调 | PG | 左后门 |
| HB | 驾驶室 | PL | 顶灯 |
| PP | 乘客侧门 | RD | 右后部 |
| RG | 左后部 | RL | 侧转向灯 |
| UD | 右制动蹄片磨损指示器 | UG | 左制动蹄片磨损指示器 |

### 2. 插接器表示方法

法国车系汽车电气线路中的插接器有四种类型,在电路图中均用标有字母和数字的矩形线框表示插接器的类型和颜色、插接器的插脚数和该插脚的位置等,如图 6-17 所示。

(1) 单排插接器。单排插接器仅有一排插脚或插孔，插接器及各插脚在电路图中的表示示例如图 6-17(a)所示。其中，左边的数字表示脚(孔)数，此例中 8 表示该插脚器有 8 脚(孔)；中间的字母表示颜色，此例中 B 表示的是该插接器为白色；右边的数字表示第几号线，此例中 2 表示的是该插接器中的第 2 号线。

图 6-17　法国汽车电路图中插接器的表示

(2) 双排插接器。双排插接器有两排插脚或插孔，插接器及各插脚在电路图中的表示示例如图 6-17(b)所示。其中，上排数字表示脚(孔)数，此例中 15 表示的是该插脚器有 15 脚(孔)；上排字母表示颜色，此例中 M 表示的是该插接器为栗色；下排字母表示列数，此例中 A 表示的是该插接器中的 A 列；下排数字表示第几号线，此例中 6 表示的是 A 列的第 6 号线。

(3) 前围板插接器。前围板插接器位于风窗玻璃左下侧的车身内，用于前部线束和仪表板线束的连接。它共有 62 个插孔，如图 6-18 所示，由 8 个 7 脚接线板和两个 2 脚接线板与之连接。前围板插接器及各插脚在电路图中的表示示例如图 6-17(c)和(d)所示。

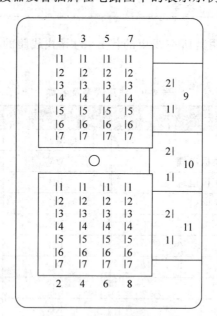

图 6-18　62 孔插接器排列

图 6-17(c)的说明如下：上排左边数字表示脚(孔)数，此例中 7 表示的是该插脚器有 7 脚(孔)；上排中间字母 C 表示的是前围板插接器；上排右边数字表示组数，此例中 6 表示的是第 6 组插接器；下排数字表示第几号线，此例中 4 表示的是该插接器的第 4 号线。

图 6-17(d)的说明如下：上排左边数字表示脚(孔)数，此例中 2 表示的是该插脚器有

2脚(孔);上排中间字母C表示前围板插接器;上排右边数字表示组数,此例中9表示的是是第9组插接器;下排数字表示第几号线,此例中1表示的是该插接器的第1号线。

(4) 14脚圆插接器。14脚圆插接器位于发动机罩下左侧的熔断器盒内,用于前部AV线束与发动机MT线束的连接,呈黑色。插接器及各插脚在电路图的表示方法如图6-17(e)所示,其中左边的数字14表示的是14脚插接器;中间的字母N表示插接器为黑色;右边的数字表示第几号线,此例中2表示的是该插接器中的第2号线。

### 3. 电路图及线路布置图识别示例

图6-19所示为法国车系汽车电路图和线路布置图识图示例。

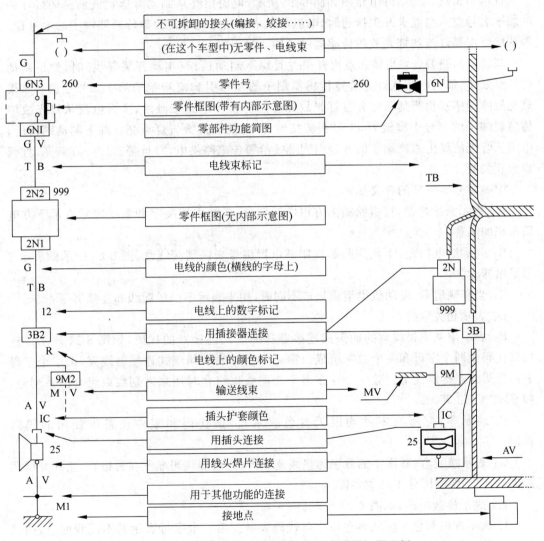

图6-19 法国车系汽车电路图和线路布置图识图示例

## 6.2.4 日本丰田汽车电路图的识别

微课——日本丰田汽车电路图的识别

日本丰田汽车电路图中的电气元件通常用文字直接标注。在电路总图中各系统电路按横轴方向逐个布置,并在电路图上方标出各系统电路的区域和代表该电路系统的符号及文字说明。电路图中绘出了搭铁点,并标注了代号及文字说明,可以从电路图中了解电路搭铁点。部分电路图中还直接标出电路插接器的端子排列和各端子的使用情况,给识图和电路故障查询提供了方便。

日本丰田汽车制动灯电路图如图6-20所示,电流始终从制动灯熔丝流到制动灯开关的端子2号位。当点火开关接通时,电流从仪表熔丝流到灯光故障传感器端子的8号位,再从尾灯报警灯流到灯光故障传感器端子的4号引脚。

制动灯断路警告:当接通点火开关并且踩下制动踏板(制动开关导线)时,如果制动灯线路断路,那么电流从灯光故障传感器端子的7号引脚流到端子的1、2号引脚;如果灯光故障传感器检测到断路并且灯光故障传感器警告电路被激活,那么电流从灯光故障传感器端子的4号引脚流到11号引脚接地,并且使尾灯警告灯点亮。踩下制动踏板后,电流从灯光故障传感器端子的8号引脚继续给警告电路供电,并且警告灯一直点亮,直到点火开关断开为止。

图中标号A~N的含义如下。

A:表示系统标题,在电路图上方用横线划分,区域内用文字和系统符号表示下方电路系统的名称。

B:表示继电器盒,不使用阴影仅用继电器编号来区别接线盒,图6-20中示例表示1号继电器盒。

C:当车辆型号、发动机类型或规格不同时,用来表示不同的配线和连接器等。

D:表示相关联的系统。

E:表示用来连接线束的插头式连接器和插座式连接器的代码,如图6-21所示。连接器代码由两个字母和一个数字组成。第一个字母表示插座式连接器线束,第二个字母表示插头式连接器线束。数字是存在多个相同线束组合时用来区别线束组合的系列号,如CH1、CH2等。

F:表示零件(所有零件均以天蓝色表示)。该代码和零件位置中使用的代码相同。

G:表示接线盒(圆圈中的数字为接线盒编号,连接器代码显示在旁边)。接线盒以阴影表示,用于明确区分于其他零件。

H:表示屏蔽电缆,如图6-22所示。

I:表示配线颜色。配线颜色以字母代码表示。第一个字母表示基本配线颜色,第二个字母表示条纹颜色,如图6-23所示。

日本丰田汽车导线颜色及代码如表6-10所示。

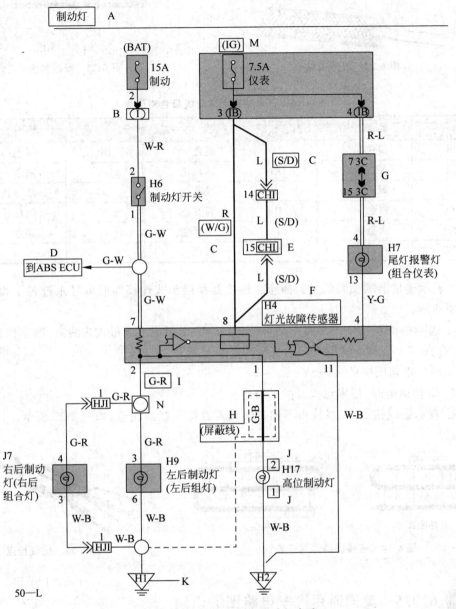

图 6-20 日本丰田汽车制动灯电路

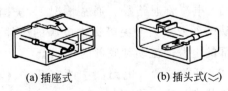

(a) 插座式　　　　(b) 插头式(≫)

图 6-21 连接器

图 6-22 屏蔽电缆　　　　　　图 6-23 配线颜色

表 6-10　日本丰田汽车导线颜色对照表

| 代码 | 颜色 | 代码 | 颜色 | 代码 | 颜色 |
| --- | --- | --- | --- | --- | --- |
| B | 黑色 | L | 蓝色 | BR | 棕色 |
| DL | 深蓝色 | DG | 深绿色 | GY | 灰色 |
| G | 绿色 | LB | 浅蓝色 | LG | 浅绿色 |
| O | 橙色 | P | 粉红色 | R | 红色 |
| SB | 天蓝色 | T | 黄褐色 | V | 紫色 |
| W | 白色 | Y | 黄色 | | |

J：表示连接器的插脚编号。插座式连接器和接头式连接器的编号系统各不相同，如图 6-24 所示。

K：表示搭铁点。该代码由一个字母和一个数字组成。字母代表线束，数字代表当同一线束存在多个搭铁点时用来区别各搭铁点的系列号。

L：原厂电路图中的页码。

M：熔丝通电时，用来点火开关的位置。

N：表示配线接点，配线接点不通过连接器直接与线路相连，如图 6-25 所示。

(a) 插座式

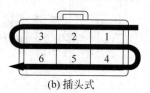
(b) 插头式

图 6-24　连接器插脚编号表示

图 6-25　配线接点

### 6.2.5　美国通用汽车电路图的识别

微课——美国通用汽车电路图的识别

美国通用车电路图具有以下几个特点。

（1）电流流通路径。通常情况下，美国通用汽车每一电路的起点是从熔丝或点火开关等提供电源的组件开始的，电流流通路径是从顶部的电源处流动到底部的接地点。

（2）开关位置。电路图中所有开关、传感器及继电器等都处于不工作状态。

(3) 电路结合处。用箭头指示某结合处没有被完全绘出。完整的结合处所在页码在索引中列出,如图 6-26 所示。

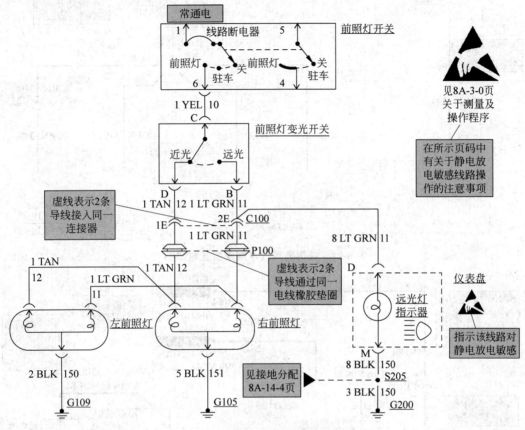

图 6-26 美国通用汽车前照灯电路图

(4) 虚线方框:电路图中窄的虚线方框表示该部分电路仅限某些特殊车型选配件,备注标在图中方框旁。

(5) 组件名称与标注:组件名称标注于该组件右侧,说明开关位置或工作条件的备注标注在旁边。

美国通用汽车保险片及继电器盒电路图中,标明了全部熔断器及继电器的信息,如图 6-27 所示。

美国通用汽车电源供应电路图中,显示了蓄电池到用电设备之间的电流走向,包括易熔线、连接器、继电器、绞接点等,如图 6-28 所示。

美国通用汽车接地电路,如图 6-29 所示,说明了每一个连接点或主要搭铁结合细节(导线、触点、连接器等)。对于电路图中有多个分支线路的触点,采用了分别表示的方法,同时以一条细线代表触点的一致性。

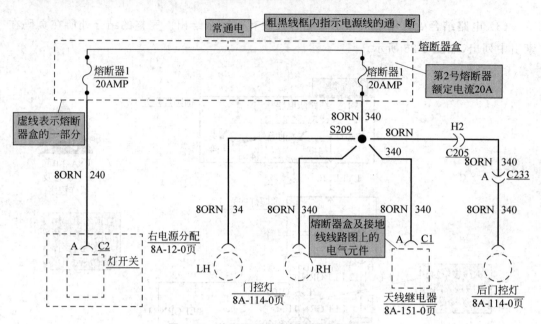

图 6-27 美国通用汽车熔断器盒电路图

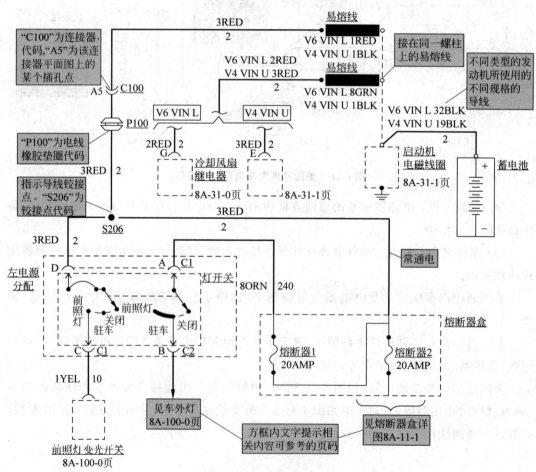

图 6-28 美国通用汽车电源分配电路图

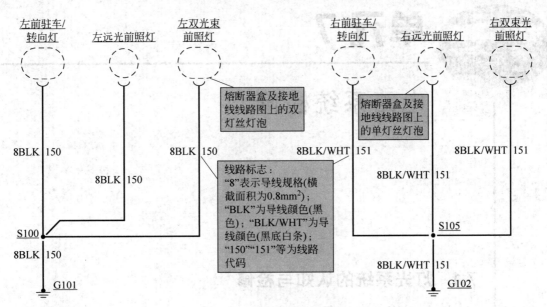

图 6-29　通用汽车接地电路

# 单元 7

# 电路系统检修

## 7.1 灯光系统的认知与检修

现在的汽车为了保证行车安全和使用方便,都装有多种照明设备和灯光信号设备。这些设备俗称灯系,可以起到照明、报警和状态指示的作用。

汽车的灯光系统主要由灯具、线路(包括电源)和控制开关三大部分组成。

微课——汽车灯光系统的认知与检修

### ◎ 客户委托 7-1

宋先生有一辆丰田汽车,行车过程中需要刹车时,踏下制动踏板后,左制动尾灯存在不亮的故障,已知该车型安装有 3 个制动灯,其中高位制动灯安装在后窗挡风玻璃的下边沿,左右侧制动灯安装在左右侧组合灯内,电路图如图 7-1 所示,请分析该电路的走向,帮助宋先生制订一个诊断、检修方案。

### ◎ 学习目标

(1) 熟悉汽车全车灯光的组成;
(2) 掌握汽车灯光电路的识读方法;
(3) 掌握汽车灯光电路故障的诊断检修方法。

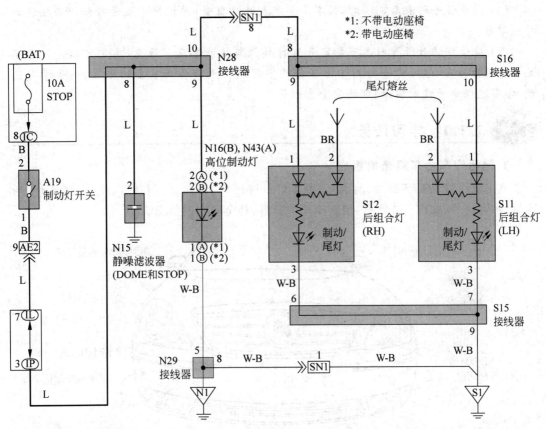

图 7-1 丰田汽车制动灯电路图

## ◎ 知识与技能点清单

| 序号 | 学习目标 | 知识点 | 技能点 |
| --- | --- | --- | --- |
| 1 | 熟悉汽车全车灯光的组成 | 车灯的类型 | 能够分辨车灯的类型 |
| 2 | 掌握汽车灯光电路的识读方法 | 灯光电路图的识读 | 能够识读并分析汽车灯光电路 |
| 3 | 掌握汽车灯光电路故障的诊断检修方法 | 灯光电路故障的诊断检修 | 能够根据灯光电路图对灯光故障进行诊断检修 |

## ◎ 学习指南

（1）明确学习目标与知识及技能点清单。

（2）按照学习任务列表完成每一项任务,任务知识部分需在课前提前完成。在完成知识部分任务时,可以参考本单元提供的学习信息,利用网络、厂家提供的维修手册、各类教学资源库等学习资源,也可以在课前或上课时向任课教师寻求帮助。任课教师会在正式上课时展示或共享大家对于知识部分任务完成情况,实现学习者交流。

（3）在任务列表中,涉及实操部分,可以在正式上课前自行完成,也可以由任课教师在课堂上安排完成。

（4）完成任务列表后，自行根据本节鉴定表进行自查，并根据不足进行知识与技能的补充学习。

（5）接受任课教师按照本节鉴定表进行知识与技能鉴定。注意，鉴定可能是过程鉴定与终结性鉴定，学习者平时对学习任务的学习过程也将作为鉴定的依据，例如学习态度、学习过程中的技能展示、职场安全意识等。

### 7.1.1 学习任务

**1. 熟悉汽车全车灯光的组成**

汽车全车灯光有前照灯、前雾灯、倒车灯及牌照灯、转向灯、制动灯、尾灯、倒车灯、后雾灯、示宽灯等，如图 7-2 所示，请查阅相关资料，补全图中的信息。

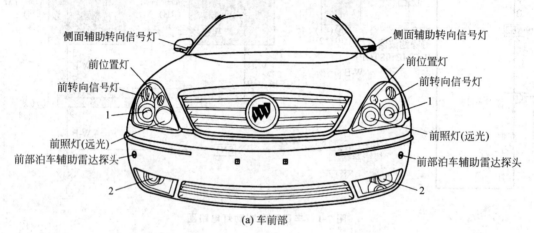

(a) 车前部

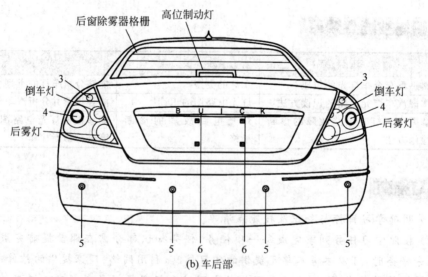

(b) 车后部

图 7-2 汽车灯光图

## 2. 掌握汽车灯光电路的识读方法

丰田汽车的倒车灯电路如图 7-3 所示，请分析下图中的信息，简述倒车灯电路的走向。

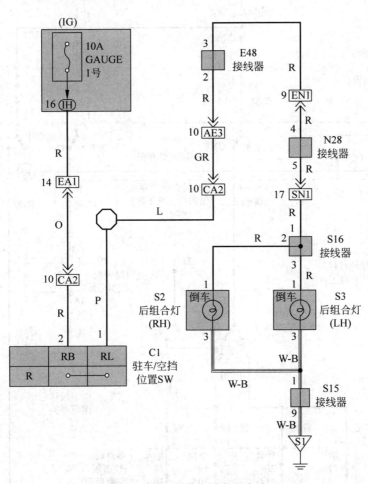

图 7-3　丰田汽车的倒车灯电路

## 3. 掌握汽车灯光电路故障的诊断检修方法

一辆大众宝来汽车夜间行车时，车主发现，汽车前照灯只能开启近光灯，当变光开关拨至远光灯位置时，远光灯不亮；当变光开关拨至"会车"位置时，远光灯能够正常闪烁，该车型的灯光电路如图 7-4 所示。你能根据图中的信息判断出该故障产生的原因吗？请写出自己的诊断检修方案。

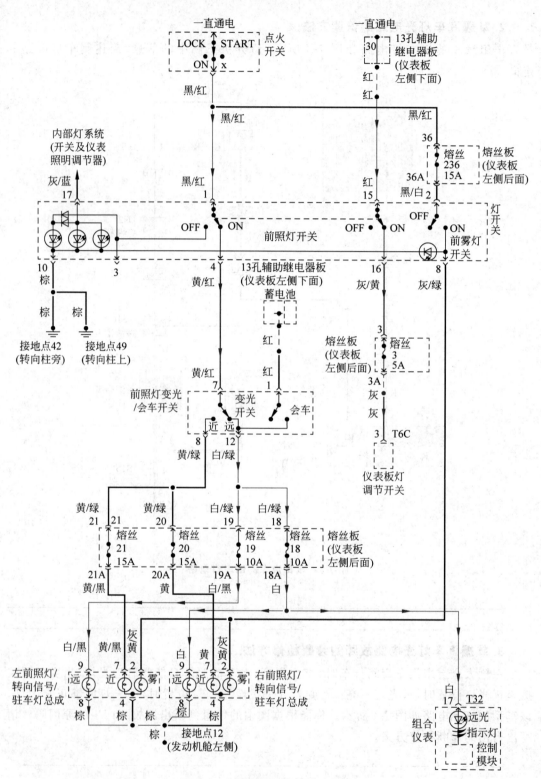

图 7-4 大众宝来轿车灯光电路图

## 鉴定

任课教师可以通过平时教学过程中学习者的学习态度、参与教学活动的积极性、职场安全意识及终结性鉴定结果等确定其最后鉴定结果,每个学习者最多可以鉴定3次,鉴定教师可以把鉴定情况填入表7-1。

表7-1　7.1节鉴定表

| 序号 | 学习目标 | 鉴定1 | 鉴定2 | 鉴定3 | 鉴 定 结 论 | 鉴定教师签字 |
| --- | --- | --- | --- | --- | --- | --- |
| 1 | 熟悉汽车全车灯光的组成 | | | | □通过<br>□不通过 | |
| 2 | 掌握汽车灯光电路的识读方法 | | | | □通过<br>□不通过 | |
| 3 | 掌握汽车灯光电路故障的诊断检修方法 | | | | □通过<br>□不通过 | |

###  7.1.2　灯光系统的分类

汽车灯光系统主要包括照明系统和信号系统。

汽车照明系统是保证汽车在夜间或恶劣天气条件下安全行驶必不可少的设备。根据在汽车上安装的位置和作用的不同,一般可分为外部照明装置和内部照明装置。外部照明装置包括前照灯、前雾灯、倒车灯及牌照灯;内部照明装置包括顶灯、阅读灯、杂物箱灯、仪表及控制按钮照明灯和行李厢照明灯等。

照明灯由灯光开关控制:灯光开关在0挡关断、1挡小灯亮(包括示光灯、尾灯、仪表灯、牌照灯)、2挡前照灯、小灯同时亮。灯光系统的电流一般来自蓄电池正极,不受点火开关控制(由于前照灯远光功率较大,常用灯光继电器来控制通断,开关的2挡用于控制继电器线圈)。超车灯信号常用远光灯亮灭来表示,发出此信号时不通过灯光开关,属于短时接通按钮式。现代汽车的照明系统常用组合开关集中控制,组合开关多装在转向柱上,位于转向盘下侧,操作时驾驶员的手可以不离开转向盘。

汽车信号系统用于指示车辆行驶状态或者车辆自身状况,可分为外部信号装置和内部信号装置。外部信号装置有转向灯、制动灯、尾灯、倒车灯、后雾灯、示宽灯等。这些信号都是由驾驶员根据道路交通情况向别的车辆和行人发出的,带有较强的随机性,一般由自身开关控制。如制动信号多由制动踏板联动控制;倒车灯多由变速杆倒挡轴联动控制,不用驾驶员特意操作即可接通;喇叭按钮多在转向盘上,驾驶员手不离方向盘即可发出信号。内部信号装置是指仪表盘内的指示灯,用来指示某系统的工作状态或报警信息,主要有转向、大灯近/远光、机油压力、制动、水温、油量、发动机故障、安全气囊、ABS系统等各种指示灯。指示灯、报警灯常与仪表装配在一个总成内或在附近布置,它们与仪表一同受点火开关的工作挡(ON)和启动挡(ST)控制。在ON挡能检验大多数仪表、指示灯、报警灯是否良好。指示灯和报警灯按照电路接法可分为两种：一种是灯泡接点火开关火线，外接传感开关，开关接通则与搭铁构成通路，灯亮。如充电指示灯、手制动指示灯、制动液面报警灯、门未关报警灯、机油压力报警灯、水位过低报警灯等。另一种是指示灯泡接地，控制信号来自其他开关的火线端。如远光指示灯、转向指示灯、座椅安全带未系指示灯、防抱死制动指示灯（ABS）、巡航控制指示灯等。

别克汽车外部照明及信号系统的组成如图 7-5 所示。

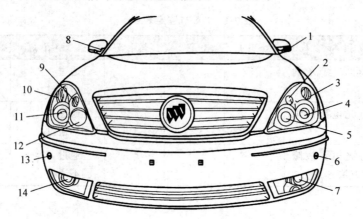

1、8—侧面辅助转向信号灯；2、9—前位置灯；3、10—前转向信号灯；4、11—前照灯(近光)；
5、12—前照灯(远光)；6、13—前部泊车辅助雷达探头；7、14—前雾灯

(a) 车前部

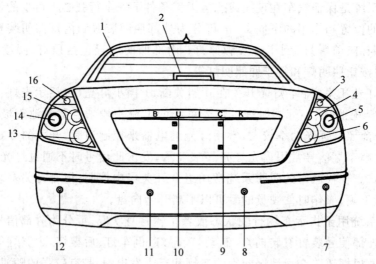

1—后窗除雾器格栅；2—高位制动灯；3、16—转向信号灯；4、15—倒车灯；5、14—尾灯(位置灯)/制动灯；
6、13—后雾灯；7、8、11、12—后部泊车雷达传感器；9、10—牌照灯

(b) 车后部

图 7-5　别克轿车外部照明及信号系统的组成

## 1. 前照灯

前照灯俗称大灯,安装于汽车头部的两侧,用于夜间或光线昏暗路面上汽车行驶时的照明。机动车前照灯具有远光和近光两种照明方式,可通过变光装置转换,如图 7-6 所示。

前照灯主要由灯泡、反射镜和配光镜三部分组成,按照反射镜的结构可分为可拆卸式、半封闭式、全封闭式三种,其中可拆卸式前照灯因气密性不良、反射镜易受潮和灰尘污染等缺点已基本被淘汰。

图 7-6 前照灯

半封闭式前照灯的配光镜和反射镜密封,可以从反射镜的后端拆装灯泡,维修方便,但反射镜易被污染,如图 7-7 所示。

全封闭式反射镜和配光镜焊接成一个整体,灯丝直接焊在反射镜的底座上,其优点是可以完全避免反射镜被污染,但灯丝烧坏后需要更换整个总成,维修成本高,如图 7-8 所示。

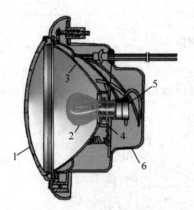

图 7-7 半封闭式前照灯
1—配光镜;2—灯泡;3—反射镜;
4—插座;5—接线盒;6—灯壳

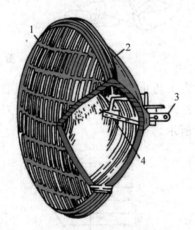

图 7-8 全封闭式前照灯
1—配光镜;2—反射镜;
3—插头;4—灯丝

前照灯按灯泡的类型可分为卤钨灯、氙气灯和 LED 灯。

卤钨灯是在带有钨丝的灯泡内渗入少量的惰性碘气,从灯丝蒸发出来的钨原子与碘原子相遇生成碘化钨化合物。碘化钨化合物接触到过千度的白热化灯丝后又会分解还原为钨和碘,如此循环灯丝就不会烧断,如图 7-9 所示。

氙气灯是在石英玻璃管内填充氙气、碘化物等多种惰性气体。通过增压器将车载 12V 电源瞬间增压到 23000V,在高压电下,氙气被电离在电源两极之间产生光源。氙气灯有亮度高(亮度为卤钨灯的 3 倍)、寿命较长等优点。其实物如图 7-10 所示,构造如图 7-11 所示。奥迪、帕萨特、别克君威、马自达等豪华款汽车均配备了氙气前照灯,从市场上看,氙气前照灯将会成为市场的主流。

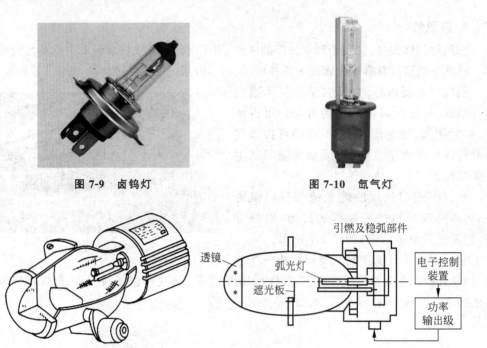

图 7-9 卤钨灯　　　　　　图 7-10 氙气灯

图 7-11 氙气灯的构造

为了防止前照灯亮度太高导致眩目,前照灯灯泡中装有远光与近光两根灯丝,由变光开关控制其电路。夜间公路行车且对面无来车时,可以使用远光灯以增大照明距离,如图 7-12 所示。

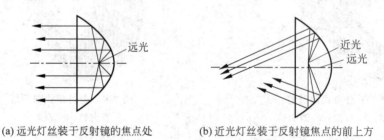

(a) 远光灯丝装于反射镜的焦点处　　　(b) 近光灯丝装于反射镜焦点的前上方

图 7-12 远、近光灯光束

汽车灯光组合开关如图 7-13 所示,转动开关端部便可依次接通尾灯(包括尾灯)和前照灯。将开关向下压,便由近光变为远光;将开关向上扳,也可变为远光,不同的是,松手后开关自动弹回近光位置,此位置用来作为夜间行车时的超车信号。前后扳动开关,左右转向灯工作。

**2. 雾灯**

雾灯一般在有雾、下雪、暴雨或尘埃等恶劣天气条件下使用,用来改善道路的照明情况,安装在车头和车尾。装在车头的雾灯称为前雾灯,安装在车尾的雾灯称为后雾灯。由于黄色光波较长,穿透性好,所以雾灯一般使用黄色光源,如图 7-14 所示。

图 7-13 灯光组合开关

图 7-14 前雾灯

### 3. 转向灯、危险警告灯

转向信号灯安装在车辆两侧四外角及前翼子板上,向前、后、左、右车辆表明汽车正在转弯或改换车道。当汽车转向时,转向信号灯以 60～120 次/min 的频率闪烁,如图 7-15 所示。

图 7-15 转向灯

当车辆紧急停车或驻车时,四角转向灯同时闪烁,以警告其他车辆该车有特殊情况,以引起注意。

### 4. 示宽灯

汽车的示宽灯是车上的前位灯和后位灯,主要用以表示汽车的存在及大体的宽度,便于其他车辆在会车和超车时判断,如图 7-16 所示。

### 5. 组合尾灯

现代汽车外部的灯光系统多组合在一起,主要包括制动灯、倒车灯、转向灯、驻车灯等,不同车型的组合灯略有差异,如图 7-17 所示。制动灯亮用于通知后面车辆本车正在制动,以避免发生追尾事故;倒车灯用于提示后面车辆本车正在倒车。

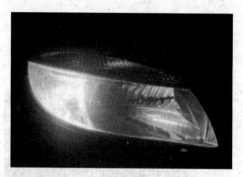

图 7-16　示宽灯

图 7-17　组合尾灯

### 7.1.3　灯光电路的识别

为了获得最大照明亮度,提高工作的可靠性,汽车灯系均采用并联电路,在每个灯具支路上还安装了熔断器,以确保某支路出现故障时,不会影响其他支路电器的工作。汽车照明系统均采用车身搭铁式单线制线路。以北京切诺基汽车照明电路为例简述照明系统的特点,如图 7-18 所示。

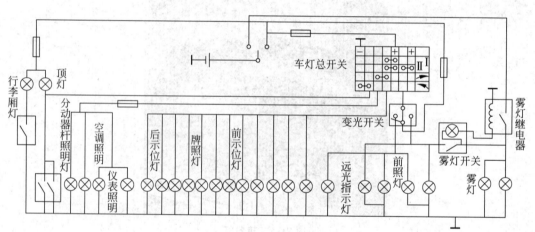

图 7-18　北京切诺基汽车照明电路

(1) 车灯开关为独立式,不与组合开关一体,位于仪表板左侧,向外拉出开关手柄一挡,示位灯、内部照明灯及牌照灯亮;向外拉出开关手柄 2 挡,1 挡接通的灯仍亮,同时前照灯亮。旋转开关手柄,可调节仪表灯亮度;逆时针旋转开关手柄到底,顶灯亮。

(2) 变光开关设在组合开关上,由手柄控制,向上拨动变光开关手柄,可使前照灯近光灯与远光灯交替通电闪烁,作为超车用灯光信号,变光开关控制前照灯火线支路。

(3) 雾灯不但受雾灯继电器、雾灯开关控制,其电源电路还受车灯开关、变光开关控制,只有在近光灯亮时,雾灯电路才接通。

(4) 顶灯还兼有监视车门关闭的作用,当车门未关严时顶灯发亮以示警告。

### 1. 前照灯电路

完整的前照灯电路由前照灯开关、变光开关、远光指示灯、近光指示灯和前照灯等组成,其中灯光控制系统按供电方式可分为控制电源式及控制搭铁式两种,如图7-19所示。

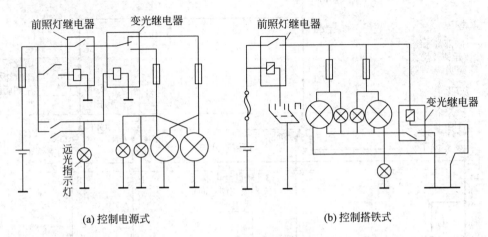

(a) 控制电源式　　　　　　　　　(b) 控制搭铁式

图7-19　前照灯控制电路

按控制元件可分为灯光开关直接控制、继电器控制两种。对于灯光开关直接控制电路,下面以一汽大众宝来轿车为例详细说明。如图7-20所示,当前照灯开关置于ON位置时,1号、4号端子处于接通状态,电源经点火开关、灯开关加至前灯变光开关,如果此时前照灯变灯开关处于近光位置,则电源经近光触点分别经21号、20号两熔断器分别向两前照灯近光灯丝供电,最后形成搭铁回路,近光灯点亮。

当变灯开关处于远光位置时,如图7-21所示,则电源经远光触点分别经19号、18号两熔断器分别向两前照灯远光灯丝供电,最后形成搭铁回路,远光灯点亮。

当前照灯变光开关转至会车(超车)位置时,如图7-22所示,远光灯电源由前照灯变光会车开关1号端子供电,该段电路不受灯开关控制。

为了减小开关的热负荷,减小线路压降,一些汽车会采用继电器控制,如图7-23所示。

### 2. 组合尾灯电路

组合尾灯受灯光开关控制,可以在不点亮前照灯的前提下点亮组合尾灯,灯光开关的第一挡就是开这些灯。图7-24所示为停车灯和尾灯电路,电路受灯光开关操纵,即使点火开关在OFF挡也能开闭这些灯。

采用三灯泡的组合式尾灯,如图7-25所示,制动灯直接受制动灯开关操纵。

许多汽车将制动灯开关和制动踏板连接。当施加制动时,踏板向下运动,制动灯就亮。有些汽车的制动灯开关是一个设置在制动主缸的压敏开关,当施加制动时,制动主缸产生的压力将压敏开关接通,然后点亮制动灯。制动灯开关安装位置如图7-26所示。

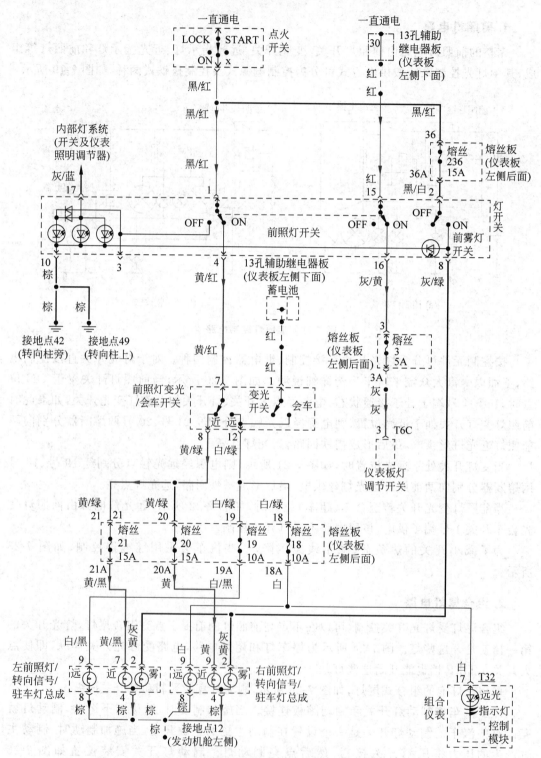

图7-20 大众宝来轿车前照灯控制系统电路（变灯开关在近光位置）

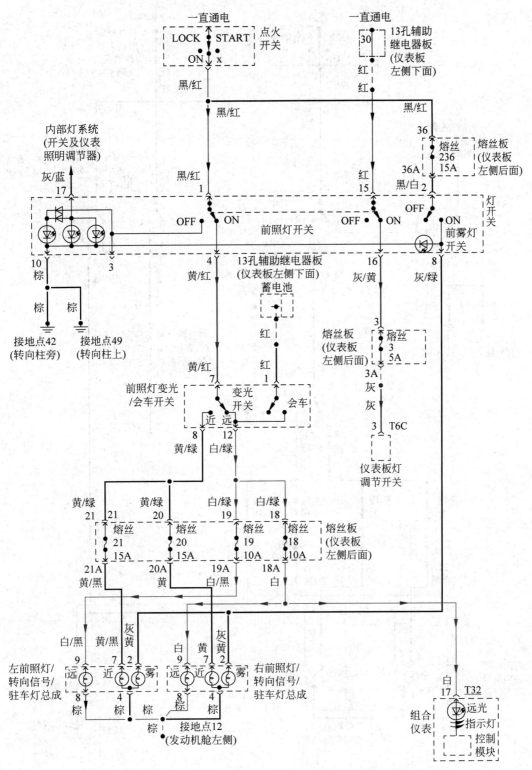

图 7-21 大众宝来轿车前照灯控制系统电路（变灯开关在远光位置）

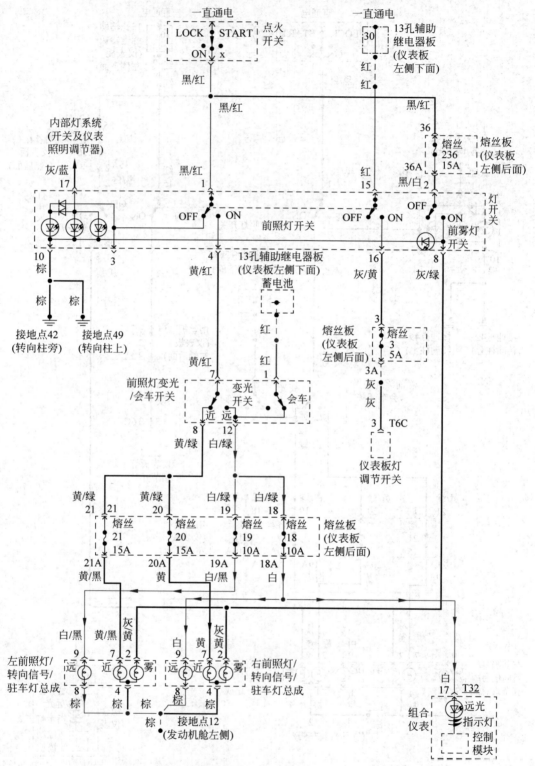

图7-22 大众宝来轿车前照灯控制系统电路（变灯开关在会车位置）

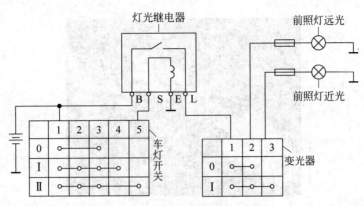

图 7-23 前照灯继电器控制电路

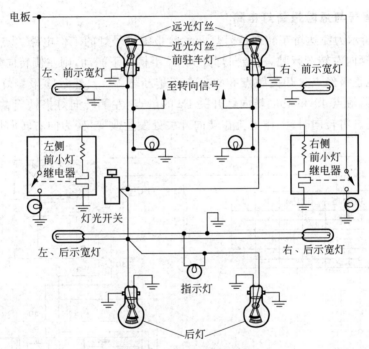

图 7-24 停车灯和尾灯电路

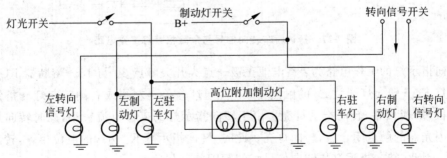

图 7-25 三灯泡组合式尾灯电路

图 7-26 制动灯安装位置

**3. 转向信号与危险报警灯电路**

图 7-27 所示为捷达轿车转向信号灯及危险报警信号灯的工作电路。点火开关处于 I 挡时，如果车辆向左转弯行驶，将转向灯开关 $E_2$ 手柄向下搬动，则左侧转向灯电路的工作电流由蓄电池正极经点火开关触点 30 与 15 至熔断器 $FU_{17}$，经危险报警灯开关 $E_3$ 的常闭触点、闪光器触点 49 和 49a、转向灯开关 $E_2$ 的触点、左侧转向灯搭铁至蓄电池负极，左侧转向灯闪亮。右转向时，工作电流在转向开关处发生改变，变为向右转向灯供电。

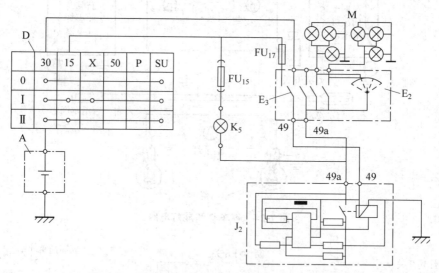

图 7-27 捷达轿车转向信号与危险报警灯工作电路

转向指示灯的工作电路为：蓄电池正极→点火开关触点 30 与 15→熔断器 $FU_{15}$→转向指示灯 $K_5$→转向灯开关 $E_2$ 的触点 49a→转向灯开关→左侧或右侧转向灯→搭铁→蓄电池负极，形成回路，转向指示灯亮。由于转向指示灯的工作电流较小，此时转向灯并不亮。当闪光器的触点闭合后，转向灯亮。此时，转向指示灯 $K_5$ 两端的电位相等，转向指示灯熄灭。因此，转向指示灯与转向信号灯的频闪状态相反。

当汽车发生故障或紧急情况时，打开报警灯信号开关，此时危险报警灯电路的电流由蓄电池正极经危险报警灯开关直接至闪光器49触点,再由闪光器49a触点经危险报警开关至所有的转向灯,再流回蓄电池负极,形成回路,所有转向灯闪亮。同时,转向指示灯进入工作状态。

### 7.1.4 灯光电路的检修

灯光电路的检修步骤如下。

(1) 检查熔丝。一般汽车均设有熔丝盒,如图 7-28 所示。因熔丝熔断造成的灯光故障所占比例很大。检查时,不仅要检查熔丝是否熔断,而且还应查出熔丝熔断的原因。若某个灯的熔丝频繁熔断,或一开灯熔丝便熔断。故障原因多为该灯的线路存在短路的现象。检查时先将原灯光线拆除,然后用导线一端接熔丝盒,另一端接灯光线,若灯光亮度正常,熔丝熔断的现象消失,说明熔丝盒至灯泡间的导线有短路处,应进一步检查;若熔丝正常,也有正常电压,则应进行下一步检查。

(2) 检查灯泡。通常用目测的方法检查,若灯泡变黑或灯丝熔断,如图 7-29 所示,均应更换新灯泡。若灯丝频繁熔断,多为发电机调节器损坏,导致输出电压过高所致,对此应用万用表检测输出电压,以确诊故障。

图 7-28 发动机舱熔丝盒

图 7-29 灯丝熔断

(3) 检查搭铁情况。当前两步检查均正常,灯泡火线又有正常电压时,应检查搭铁线是否搭铁不良,以及线路是否断路等。可用一根导线一端接灯泡的搭铁极,另一端与车架或蓄电池负极相连,若灯光亮度正常,即可确诊为搭铁不良,应检查搭铁部位。此外,还应检查灯座的接触是否良好,灯座应锈蚀氧化导致接触不良的现象也比较常见。

(4) 检查开关、继电器。有的灯光电路有一些控制器件,比如前大灯受灯光继电器和变光开关的控制,若前大灯的远、近光均不亮时,应检查变光开关插座是否松动或者脱落,灯光继电器是否能导通灯光线路等。目测检查不能发现故障时,可采用导线短接的方法判断故障部位。用导线将灯光继电器上的白色线接柱与蓝色线接柱短接,如果有"咔嗒"的声音,说明继电器工作良好,应进一步检查变光开关或者车灯开关。

**1. 前照灯电路故障诊断及检修**

下面以捷达轿车为例讲解前照灯常见故障的诊断及检修。图 7-30 所示为捷达轿车前照灯的工作电路。

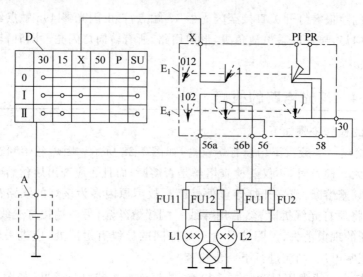

图 7-30 捷达轿车前照灯工作电路

1) 前照灯远、近光不全

（1）故障现象。当车灯开关处于 2 挡位置时，用变光开关变换远、近光，只有远光或近光灯亮。

（2）故障原因。

① 变光开关损坏。

② 远、近光灯中的一段导线断路。

③ 双灯丝灯泡中某灯丝烧断。

（3）故障诊断与检修。此故障点通常为变光开关→熔断器→双灯丝灯泡线路之间断路。可先检查熔断器是否断路，若断路应更换新的熔断器；若熔断器良好，可直接在变光开关处将电源接线柱与不亮的远光或近光接线柱相连进行试验。若灯亮，则为变光开关损坏，应更换变光开关；若灯不亮，则说明故障在变灯开关以后的线路中或灯泡灯丝。可先检查灯泡灯丝是否断路，若灯丝断路，应更换灯泡；若灯泡正常，则可直接在灯座插接器上为其供电，如果灯亮，则为导线断路或插接器接触不良。

2) 左右前照灯的亮度不同

（1）故障现象。接通前照灯开关，不论是远光还是近光，总有一侧灯较暗。

（2）故障原因。

① 灯光暗淡一侧的前照灯搭铁不良。

② 灯光暗淡一侧的前照灯插接器松动或锈蚀，接触电阻过大。

③ 灯光暗淡一侧的前照灯反射镜积有灰尘或氧化。

④ 左右两侧灯泡的功率不同。

（3）故障诊断与检修。先检查左右两侧灯泡的功率是否相同，可采用互换左右灯泡的办法进行判断。在灯泡功率相同的情况下，用一根导线一端连接搭铁点，另一端与灯光暗淡的灯泡搭铁接线柱相连，若灯光恢复正常，则表示该灯搭铁不良。当灯泡搭铁不良时，灯光暗淡的灯泡两根灯丝在远光或近光均同时发出微弱灯光。若发现灯泡亮度正常，则引起灯光暗淡的原因一般是反射镜有灰尘或氧化,可通过消除灰尘(用压缩空气吹干净)或更换反射镜的办法排除故障。若灯泡灯丝发光微弱,常为连接该灯泡灯丝的插头松动、锈蚀致使接触电阻过大所致,可用电源短接法迅速判明故障部位。

**2. 转向信号电路故障诊断及检修**

转向信号电路如图7-27所示,其常见故障有以下几种。

1) 转向信号灯不工作

(1) 故障现象。打开点火开关,接通转向信号灯开关,转向信号灯均不亮。

(2) 故障原因。

① 熔断器熔断、电源线路断路或灯系中有断路。

② 闪光继电器损坏。

③ 转向信号开关损坏。

(3) 故障诊断与检修。先检查熔断器是否熔断,若断路应更换新的熔断器。若更换后故障仍存在,再将转向信号开关的输入导线拆下,并在点火开关到转向信号灯开关输入导线之间串联一个试灯,若串联的试灯被点亮,则为点火开关至转向信号灯开关一段线路中有断路故障,以此类推,可逐段检测转向信号电路是否存在断路故障。

需要注意的是,有时某一边转向信号灯线路搭铁,闪光器被烧坏,造成线路断路的现象,而实际上是线路搭铁故障。此时,应先短接闪光器的两个接线柱,接通转向信号灯开关,若转向信号灯亮,则为闪光器损坏,应更换闪光器;若出现一边转向信号灯亮而另一边不但不亮,而且当短接上述两接线柱时出现强火花,则表明不亮的一边转向信号灯线路中某处搭铁故障。必须先排除线路搭铁故障,再换上新的闪光器。

若短接闪光器两接线柱后,接通转向信号灯开关时转向信号灯全不亮,而接通危险报警灯开关时转向信号灯全亮,则说明转向开关或转向开关到闪光器之间线路有故障。

2) 转向信号灯闪光频率不正常

(1) 故障现象。转向信号灯工作时,左右转向信号灯的闪光频率不一致,或闪光频率均不正常。

(2) 故障原因。

① 导线接触不良。

② 灯泡功率选用不当。

③ 闪光器故障。

(3) 故障诊断与检修。检查闪光器、转向信号灯开关接线柱上的导线是否松动,灯泡功率是否与规定相符,左、右转向灯灯泡功率是否相同。若左、右转向信号灯频率都高于或低于规定值,一般为闪光器故障,应更换新件。

**3. 制动信号电路故障诊断及检修**

(1) 故障现象。车辆制动时,踩制动踏板后制动灯不亮。

(2) 故障原因。

① 制动灯灯泡损坏。

② 制动开关损坏。

③ 线路故障。

(3) 故障诊断与检修。

① 检查熔断器是否损坏,若熔丝烧断,需要更换处理。

② 检查线路,若熔断器未断,可短接制动开关的两根接线。若制动灯亮,说明制动开关损坏,应检修或更换。

③ 若短接制动开关后制动灯仍不亮,检查灯泡是否烧坏或灯座接触是否不良、搭铁是否良好等。

④ 若只有一只制动灯不亮,应检查灯泡是否烧坏。

**4. 倒车信号电路故障诊断及检修**

(1) 故障现象。倒车时倒车灯不亮。

(2) 故障原因。

① 倒车灯灯泡损坏。

② 倒车灯开关损坏。

③ 线路故障。

(3) 故障诊断与检修。

① 检查熔断器是否损坏,若熔丝烧断,需要更换处理。

② 检查线路,若熔断器未断,可短接倒车灯开关的两根接线。若倒车灯亮,说明倒车灯开关损坏,应检修或更换。

③ 若短接制动开关后倒车灯仍不亮,检查灯泡是否烧坏或灯座接触是否不良、搭铁是否良好等。

④ 若只有一只倒车灯不亮,应检查灯泡是否烧坏。

## 7.2 雨刮系统的认知与检修

雨刮系统属于汽车上的辅助电器,主要用于清洗和刷除风窗玻璃上的雨水、雪和灰尘,以保证驾驶员的视线良好,雨刮系统在汽车上的位置示意如图7-31所示。

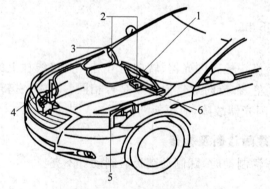

图7-31 雨刮系统的位置

1—前挡风玻璃左刮水片;2—喷嘴;3—前挡风玻璃右刮水片;4—储液罐和清洗泵总成;5—熔丝盒;6—刮水电动机

## ◎ 客户委托 7-2

秦先生有一辆丰田凯美瑞轿车,当雨刮组合开关分别拨至 OFF、Lo、Hi 挡位时,雨刮器均能正常工作。按下雨刮喷水电动机开关后,雨刮喷水电动机也能正常工作且雨刮联动刮水 3 次,但是将雨刮控制开关转至 INT 挡时,出现了雨刮器不工作的情况。已知该车型的雨刮系统电路如图 7-32 所示,请同学们认真分析电路,帮助秦先生诊断故障的原因,并总结检修方案。

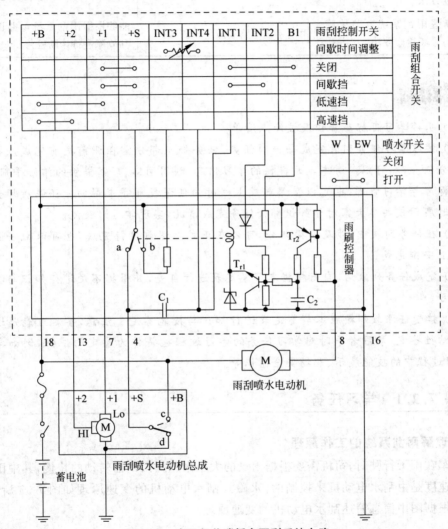

图 7-32 丰田凯美瑞轿车雨刮系统电路

## ◎ 学习目标

(1) 理解雨刮系统的工作原理;
(2) 掌握雨刮系统电路的识读方法;
(3) 掌握雨刮系统电路故障的诊断检修方法。

汽车电器基础

◎ 知识与技能点清单

| 序号 | 学习目标 | 知 识 点 | 技 能 点 |
|---|---|---|---|
| 1 | 理解雨刮系统的工作原理 | 雨刮系统工作原理 | 能够理解雨刮系统的工作原理 |
| 2 | 掌握雨刮系统电路的识读方法 | 雨刮系统电路图的识读 | 能够识读分析雨刮系统电路 |
| 3 | 掌握雨刮系统电路故障的诊断检修方法 | 雨刮系统电路故障的诊断检修 | 能够根据雨刮系统电路图对雨刮故障进行诊断检修 |

◎ 学习指南

(1) 明确学习目标与知识及技能点清单。

(2) 按照学习任务列表完成每一项任务，任务知识部分需在课前提前完成。在完成知识部分任务时，可以参考本单元提供的学习信息，利用网络、厂家提供的维修手册、各类教学资源库等学习资源，也可以在课前或上课时向任课教师寻求帮助。任课教师会在正式上课时展示或共享大家对于知识部分任务完成情况，实现学习者交流。

(3) 在任务列表中，涉及实操部分，可以在正式上课前自行完成，也可以由任课教师在课堂上安排完成。

(4) 完成任务列表后，自行根据本节鉴定表进行自查，并根据不足进行知识与技能的补充学习。

(5) 接受任课教师按照本节鉴定表进行知识与技能鉴定。注意，鉴定可能是过程鉴定与终结性鉴定，学习者平时对学习任务的学习过程也将作为鉴定的依据，例如学习态度、学习过程中的技能展示、职场安全意识等。

### 7.2.1 学习任务

**1. 理解雨刮系统的工作原理**

汽车在雨天行驶时，司机需要根据雨量的大小来选择雨刮器转动的快慢，其中雨刮器转动的速度是由刮水电动机来控制的，永磁式刮水电动机的变速原理如图 7-33 所示，请同学们根据图中信息简述刮水电动机的变速原理。

_____

**2. 掌握雨刮系统电路的识读方法**

丰田车系汽车挡风玻璃雨刮器控制电路如图 7-34 所示，控制开关有 5 个挡位，分别是低速挡(Lo)、高速挡(Hi)、停止复位挡(OFF)、间歇刮水挡(INT)和喷洗器挡，请同学们根据图中信息简述雨刮器在不同挡位时电流的各自走向。

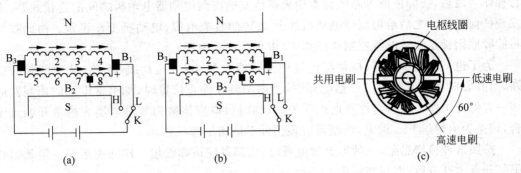

图 7-33 永磁式刮水电动机的变速原理

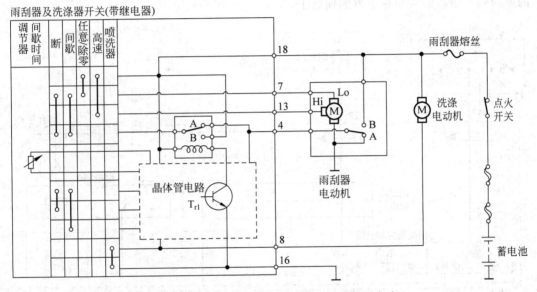

图 7-34 丰田车系汽车挡风玻璃雨刮器控制电路

### 3. 掌握雨刮系统电路故障的诊断检修方法

一辆行驶里程约 12 万公里的长安福特福克斯轿车的车雨刮器在任何挡位都不工作。技师在故障维修过程中,先找来了雨刮器电路图(图 7-35),根据图中信息得知:控制雨刮器工作的核心是中央接线盒,中央接线盒由电子控制单元、继电器和熔丝组成,通过组合插头与车内线束连接。该车的很多用电器的控制都是由它控制完成的。中央接线盒内的控制单元接收来自雨刮器开关的信号,然后通过内部的继电器控制高速、低速和频率可调的间歇挡工作。

首先,技师依据线路图检查熔丝 F3(60A,在蓄电池盖上)和 F50(20A,在中央接线盒上)正常。但发现当置雨刮器开关在高速或低速位置时,可以听到内部的雨刮器继电器有"嗒嗒"的工作声响,由此确定开关信号已经到达中央接线盒内,控制单元已相应做出了执行操作。之后，技师依据电路图检查中央接线盒插座到雨刮器电动机之间的连接线路，未发现任何问题。之后给雨刮器电动机加上12V的直流电源，电动机工作正常。由此技师将故障原因锁定在继电器控制的回路中（中央接线盒内部）。

为了进一步缩小范围，技师将连接中央接线盒的40号接地线（黑色）从中间临时剪断，给其临时加上常电源。依据电路图，当雨刮器在停止位置时，加上常电源的雨刮器应该一直低速工作。因为当打开点火开关时，临时供电应该被内部继电器8的常开触点吸合，转换为由熔丝F50供电，雨刮器应该仍处于低速工作状态。

按照这种检修思路，技师加上常电源时，雨刮器应该如设想一样低速运转。但是当技师打开点火开关后，雨刮器停止了转动。

同学们，请你们顺着维修技师的思路，结合最后的检修结果分析出该车雨刮系统故障的原因吗？请将结果写在下方的横线上。

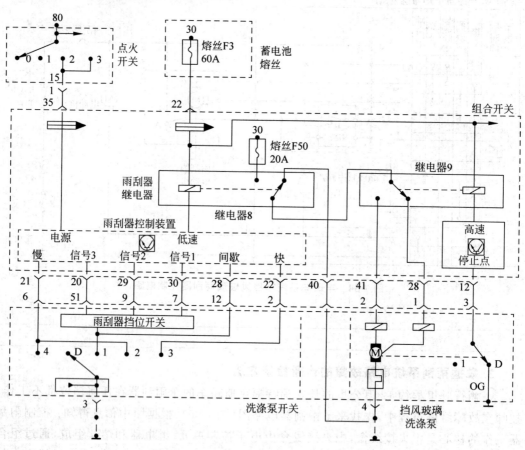

图7-35　长安福特福克斯轿车雨刮器电路

_____

_____

单元 7　电路系统检修

### 鉴定

任课教师可以通过平时教学过程中学习者的学习态度、参与教学活动的积极性、职场安全意识及终结性鉴定结果等确定其最后鉴定结果,每个学习者最多可以鉴定 3 次,鉴定教师可以把鉴定情况填入表 7-2。

表 7-2　7.2 节鉴定表

| 序号 | 学 习 目 标 | 鉴定 1 | 鉴定 2 | 鉴定 3 | 鉴 定 结 论 | 鉴定教师签字 |
|---|---|---|---|---|---|---|
| 1 | 理解雨刮系统的工作原理 | | | | □通过<br>□不通过 | |
| 2 | 掌握雨刮系统电路的识读方法 | | | | □通过<br>□不通过 | |
| 3 | 掌握雨刮系统电路故障的诊断检修方法 | | | | □通过<br>□不通过 | |

## 7.2.2　雨刮系统的组成

雨刮器根据动力不同,可分为电动式雨刮器、启动式雨刮器和机械式雨刮器。现代汽车上广泛采用的是电动式雨刮器,其实物如图 7-36 所示。雨刮系统通常由电动机、变速机构、传动机构、刮水片总成、控制装置等组成,如图 7-37 所示。直流电动机装在底板上,杠杆联动机构由拉杆 1、2、3 和摆杆 1、2、3 组成,摆杆 2、3 上连接刮水片总成(由刮水臂、刮水片等组成)刷架 1 和 2。当驾驶员按下雨刮器的开关时,电动机启动,电动机旋转运动经过蜗轮蜗杆的减速增扭作用,由轴端的蜗杆传给蜗轮,蜗轮上的偏心销钉与拉杆 3 绞接,蜗轮转动时通过拉杆 3 使摆杆 1 摆动,然后经拉杆 1、2 使刮水臂刷架 1、2 带动刮水片总成往复运动,从而实现对挡风玻璃的刮扫动作。

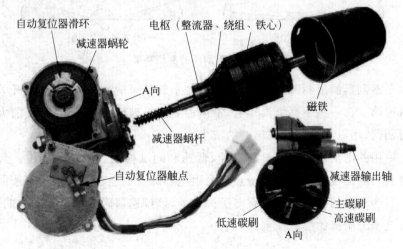

图 7-36　雨刮器解体图

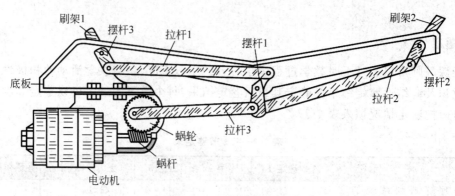

图 7-37 雨刮系统的组成

雨刮器根据刮刷方式的不同,可分为双臂同向刮刷、双臂对向刮刷、单臂可控刮刷和普通单臂刮刷四种,如图 7-38 所示。在前两种刮刷方式中,有的是两个雨刮臂共用一个电动机,称为单机双臂;也有的是每个雨刮臂带一个电动机,称为单机单臂。四种雨刮器中,普通单臂雨刮器的结构简单,成本最低,但刮刷面积较小;单臂可控雨刮器的刮刷面积最大,但结构及控制方式比较复杂;双臂对向雨刮器和同向雨刮器的刮刷面积较大,更符合空气动力学特性,既减小了空气阻力,又刮刷得更干净,具备伺服功能的双电动机对刮模式,是目前比较先进的刮刷方式。

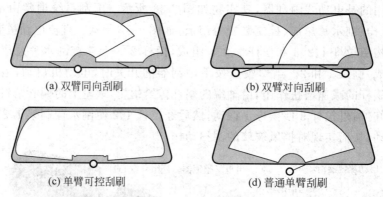

图 7-38 雨刮器的刮刷种类

有些汽车雨刮器的雨刷臂还附带胶水管,胶水管接至清洗器上,按一下开关就会有水注喷向挡风玻璃。在一些中高级汽车上,不但前后挡风玻璃有雨刮器,就连前大灯也有一支小小的雨刮器,用以清除前灯玻璃上的灰尘。

汽车上使用的雨刮器一般都具有高速、低速和间歇控制三个工作挡位。其中间歇控制挡一般是利用电动机的复位开关触点与电阻电容的充放电功能使雨刮器按照一定时间周期刮扫。有些车辆的雨刮系统装有电子调速器,该调速器附带雨量感应功能,能根据雨量的大小自动调节雨臂的摆动速度。

### 7.2.3 雨刮系统的工作原理

当点火开关接通时,拨动雨刮操纵开关把信号传递给控制单元,控制单元指示电动雨刮器实现相应的刮水动作,如图 7-39 所示。

操纵开关总成通过多个联动开关产生三路信号分别输入控制单元,从而控制雨刮器实现低速、高速、间歇、除雾、停机复位等功能,如图 7-40 所示。

微课——汽车雨刮系统的组成及其工作原理

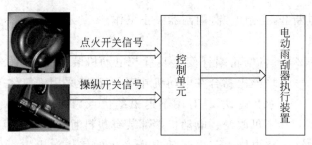

图 7-39 雨刮系统工作原理图

图 7-40 雨刮器操纵开关

**1. 雨刮器变速原理**

电动雨刮器的变速是通过改变电动机的速度来实现的。汽车刮水电动机是微型直流电动机,有励磁式和永磁式两种。其中,永磁式电动机结构简单、重量轻、噪声低、扭矩大,在汽车雨刮系统上得到了广泛应用。

直流电动机的转速计算公式为

$$n = \frac{U - IR}{KZ\varphi} \tag{7-1}$$

式中,$U$ 为电动机端电压,单位为 V;$I$ 为通过电枢绕组的电流,单位为 A;$R$ 为电枢绕组的电阻,单位为 Ω;$K$ 为常数;$Z$ 为正负电压间串联的导体数;$\varphi$ 为磁极磁通,单位为 Wb。

由式 7-1 可知,在供电电压不变的情况下,对于定型的直流电动机,其 $I$、$R$、$K$ 均为常数,可通过改变 $\varphi$ 或 $Z$ 来改变电动机转速。

1) 励磁式刮水电动机的变速原理

励磁式刮水电动机一般有两种速度:低速和高速,它通过改变磁极的磁通来实现变速,其工作原理如图 7-41 所示。

励磁式刮水电动机有 A、B 两个开关,用以控制雨刮器实现两种不同的工作速度。当 A 闭合 B 打开时,电动机励磁绕组 1 的回路中串入了附加电阻 3,使励磁电流减小,磁通较弱。根据电动机的特性,输出转矩在一定范围内时,磁通减小则转速升高,此时雨刮器高速工作;当 A、B 均闭合时,开关 B 将附加电阻 3 短接,激磁电流不通过附加电阻,电流增大,磁通增强,转速降低,此时雨刮器低速工作;当 A 打开,B 闭合,电动机的电流从触点 4 通过,触点 4 受蜗轮轮轴上的凸块控制,蜗轮每转一圈,凸块将触点打开一次,通常当

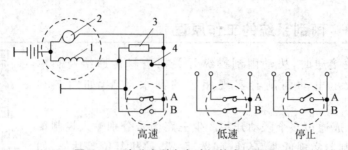

图 7-41 励磁式刮水电动机的变速原理

1—电动机励磁绕组；2—电枢绕组；3—附加电阻；4—触点

刮水片运动到驾驶员视界之外时，触点断开，切断电源，雨刮器停止工作。

2) 永磁式刮水电动机的变速原理

永磁式刮水电动机的结构如图 7-42 所示，蜗轮蜗杆变速装置与电动机装为一体，两块磁极黏合在电动机外壳上，磁极采用铁氧体永久磁铁，具有用不退磁的优点，其磁场强弱不可改变。电动机端部装有塑料通气管，以便将电刷由于电弧放电所产生的气体放出。一对主电刷 $B_1$ 和 $B_3$ 相隔 180°压装在换向器上，如图 7-43(c)所示，为了获得两种速度，通常在电动机内还安装了第三个电刷 $B_2$，通过变换电刷，改变串联在电刷间的导体数，达到变速的目的。其变速原理如图 7-43 所示，图中 $B_1$ 和 $B_2$ 相差 60°，$B_1$ 为低速电刷，$B_2$ 为高速电刷，$B_3$ 为高低速共用电刷。

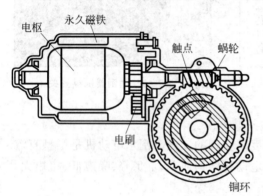

图 7-42 永磁式刮水电动机的结构

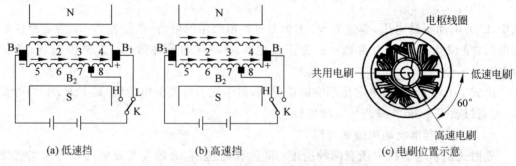

(a) 低速挡  (b) 高速挡  (c) 电刷位置示意

图 7-43 永磁式刮水电动机的变速原理

当直流电动机工作时，在电枢所有线圈中同时产生反电动势 $E=cn\varphi$，方向与电枢电流的方向相反。如果要使电枢旋转，外加电压必须克服反电动势的作用。当电枢转速上升时，反电动势也相应上升，只有当外加电压几乎等于反电动势时，电枢的转速才趋于稳定，这一转速称为稳定转速。

当雨刮器开关拨向低速，即 K 与 L 接触时，电源电压加在 $B_1$ 与 $B_3$ 之间。在电刷 $B_1$ 与 $B_3$ 之间有两条并联支路，如图 7-43(a)所示，一条是由线圈 1、2、3、4 串联起来的支路；另一条是由线圈5、6、7、8串联起来的支路,即在电刷$B_1$与$B_3$之间有两条支路,各4个线圈。刮水电动机在低速挡时,外加电压需要平衡4个绕组所产生的反电势,结合式(7-1)分析,此时电动机转速较低。

当将雨刮器开关K拨向H(高速)时,如图7-43(b)所示,电源电压$U$加在电刷$B_2$和$B_3$之间。绕组1、2、3、4、8同在一条支路中,其中绕组8与绕组1、2、3、4的反电势方向相反,相互抵消后,使每条支路变为三个绕组。由于电动机内部的磁场方向和电枢的旋转方向没有变化,所以各绕组内反电势的方向与低速时相同。外加电压只需要平衡3个绕组所产生的反电势,结合式(7-1)分析,此时电动机的转速增高。

### 2. 雨刮器的复位原理

电动雨刮器开关设有3个挡位,如图7-44所示,其中0挡为复位挡,雨刮器在不工作时处于这个挡位置,Ⅰ挡位为低速挡,Ⅱ为高速挡。雨刮器开关4个接线柱分别接到触点臂、低速电刷$B_1$、搭铁和高速电刷$B_2$上。在蜗轮上嵌有铜环,其中较大的一片与电动机的外壳相连而搭铁,触点臂用弹性材料制成,其一端铆有触点,分别与蜗轮断面或铜环接触。

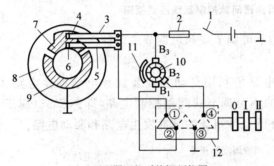
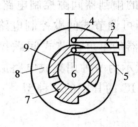

(a) 雨刮器回位时的铜环位置　　　　　(b) 雨刮器未回位时的铜环位置

**图7-44　电动雨刮器的复位原理**

1—电源开关;2—熔丝;3、5—触点臂;4、6—触点;7、9—铜环;8—蜗轮;10—电枢;
11—磁铁;12—雨刮器开关内部接线柱

当点火开关1接通,并把雨刮器开关拉到Ⅰ挡时,接线柱②和接线柱③经雨刮器开关连接在一起。此时,电流从蓄电池正极→电源开关→熔丝→电刷$B_3$→电枢绕组→电刷$B_1$→接线柱②→雨刮器开关→接线柱③→搭铁→蓄电池负极,形成回路,电动机以低速运转。

当把雨刮器拉到Ⅱ挡时,接线柱③和接线柱④经雨刮器开关连接在一起。此时,电流从蓄电池正极→电源开关→熔丝→电刷$B_3$→电枢绕组→电刷$B_2$→接线柱④→雨刮器开关→接线柱③→搭铁→蓄电池负极,形成回路,电动机以高速运转。

当雨刮器开关退回到0挡位置时,接线柱2和接线柱1经雨刮器开关连接在一起。如果此时雨刮器的刮水片没有停在如图7-36(a)所示的规定位置,而是停在如图7-36(b)所示的位置时,电流从蓄电池正极→电源开关→熔丝→电刷$B_3$→电枢绕组→电刷$B_1$→接线柱②→雨刮器开关→接线柱①→触点臂→铜环9→搭铁,这时电动机将继续转动。当雨刮器的刮水片运动到如图7-36(a)所示的规定位置时,电路中断,但由于惯性,电动机不能立刻停下来，之后电动机以"发电机"方式运行，电枢绕组通过触点臂 3、5 与铜环 7 接触而构成回路，在电枢绕组上产生很大的感应电流，因而产生制动扭矩，电动机则迅速停止转动，使雨刮器的刮水片停在挡风玻璃规定的位置。

### 3. 雨刮器的间歇工作原理

汽车在雾天或小雨雪天气中行驶时，若雨刮器不间断地工作，挡风玻璃上的微量水分和灰尘就会形成一个发黏的表面，这样玻璃不仅刮不干净，反而会变得模糊，从而影响驾驶员的视线；同时，刮水片的刮擦阻力增大，影响雨刮器的使用寿命。为了处理好这种问题，现代汽车上一般通过加装雨刮器间歇控制系统，让雨刮器按照一定的周期间歇工作，以使驾驶员获得较好的视野。

雨刮器间歇控制系统主要由脉冲发生电路（振荡电路）、驱动电路、继电器三部分组成，如图 7-45 所示。驱动电路在脉冲发生电路的控制下，驱动继电器定时接通和断开刮水电动机，以实现间歇工作。

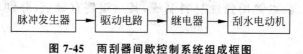

图 7-45　雨刮器间歇控制系统组成框图

常见的雨刮器间隙控制电路分为不可调节式和可调节式两种。

1) 不可调节式间歇控制电路

雨刮器的不可调节式间歇控制电路是利用自动复位装置和电子振荡电路实现的。图 7-46 所示为一种用集成电路形成的不可调节式间歇控制电路，即 NE555（属于 555 系列的计时 IC 的其中的一种型号）与外围元件组成的脉冲发生电路和驱动电路。

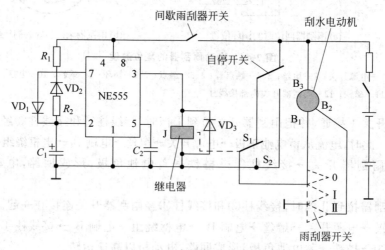

图 7-46　NE555 间歇控制电路

当雨刮器间歇开关闭合时，NE555 集成块的引脚 3 输出高电位，使继电器线圈 J 通电，其常闭触点 $S_1$ 断开，常开触点 $S_2$ 闭合，刮水电动机电路经蓄电池正极→电源开关→熔丝→电刷 $B_3$→电枢绕组→电刷 $B_1$→雨刮器开关→继电器常开触点 $S_2$→搭铁→蓄电池负极，形成回路，雨刮器工作。经延时 $0.693R_1C_1$s 后，集成块的引脚 3 输出电位翻转为低点位，继电器断电，常闭触点 $S_1$ 闭合，常开触点 $S_2$ 打开，此时若刮水片未达到停止位置，则雨刮器在自动停位器控制下继续工作，直至自停开关断开，刮水片停在原始位置。再经延时 $0.693R_2C_1$s 后，雨刮器又重复上述工作过程，实现循环间歇刮刷动作。

除了由集成电路构成的雨刮器间歇控制电路之外，还有由分立元件构成的无稳定态方波发生器、互补间歇振动电路等，如图 7-47 所示，均可实现雨刮器的间歇工作。

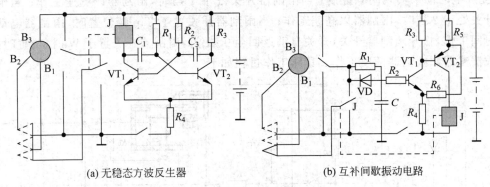

(a) 无稳态方波反生器　　　(b) 互补间歇振动电路

图 7-47　电子间歇雨刮器控制电路

2) 可调节式间歇控制电路

具有可调节式间歇控制功能的雨刮器在遇到下雨时，由电子控制驱动器驱动雨刮器转动，在雨停止时雨刮器自动停止运转；还可以根据雨量的大小自动调节刮刷速度，并调节间歇时间，不需要驾驶员操心，简单方便。可调节间歇控制电路通常由一个雨水传感器（又称雨量感应器）加上调速控制电路构成。雨水传感器可以是一个流量检测电极，或者是一个光电雨水传感器（图 7-48）。光电雨水传感器发射出红外线，射在挡风玻璃上，雨水使红外线的反射量发生变化，触发接通雨刮器的开关，使雨刮器运转，这种雨刮器还可以做到下小雨时慢刮，下大雨时快刮，如图 7-49 所示。

图 7-48　雨量感应器

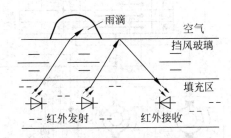

图 7-49　雨量感应器工作原理

### 7.2.4　雨刮系统电路分析

对于雨刮系统电路图的分析，下面以奥迪汽车与丰田汽车为例详细介绍。

微课——雨刮电路的识别

## 1. 奥迪汽车雨刮器电路

奥迪汽车前风窗玻璃雨刮器电路如图 7-50 所示，该系统具有点动、慢速、快速、间歇、清洗和电动机自动复位六种功能，这六种功能可由雨刮器与清洗器组合开关的不同挡位来实现。当雨刮器开关在 I 挡位置时，雨刮器处于间歇工作状态，利用自动复位触点及 $C_2$ 充放电时间来实现间歇控制；当雨刮器开关处于 1 挡时，雨刮器以低速工作；当雨刮器开关处于 2 挡时，雨刮器以高速工作；当雨刮器开关置于 Tip 挡位置时，雨刮器电动机短时间工作，松开雨刮器开关，开关自动返回至 0 挡位；雨刮器开关置于 Wa 挡位置时，将完成清洗器和雨刮器两项工作。具体工作过程如下。

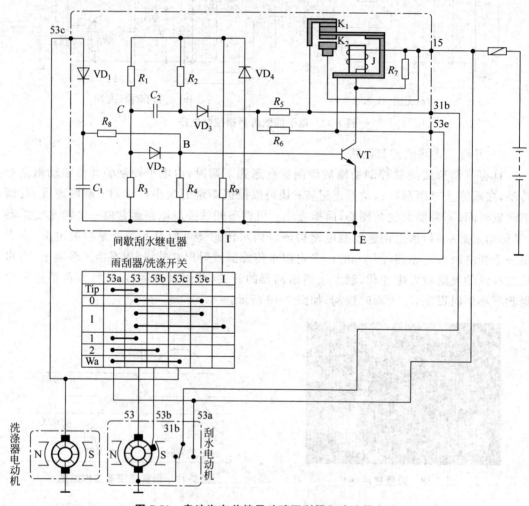

图 7-50 奥迪汽车前挡风玻璃雨刮器和清洗器电路

1）低速、高速与点动工作

当接通雨刮器变速开关的低速挡 1、高速挡 2、点动挡 Tip 时，刮水电动机的电源均经 53a 接线柱输入。

当变速开关置于 1 挡时，组合开关的 53a 接线柱与刮水电动机 53 接线柱接通，雨刮器以低速连续工作。当变速开关置于 2 挡时,组合开关的 53a 接线柱与刮水电动机 53b 接线柱与雨刮器连通,雨刮器以高速连续工作。

当扳动手柄使变速开关置于 Tip 挡时,组合开关的 53a 接线柱与刮水电动机 53 接线柱接通,雨刮器以低速工作,手一松开,开关自动返回 0 挡位,以实现点动工作。

当变速开关返回 0 挡位时,雨刮器由自动停位器控制。

2)雨刮器与清洗器协同工作

当变速开关置于 Wa 挡时,系统处于雨刮器与清洗器联合工作的状态,如图 7-50 所示。

(1)清洗器电路中的电流经蓄电池正极→熔断器→雨刮/洗涤开关的 53a 触点→雨刮器开关 2 的 53c 触点→清洗器电动机→搭铁→蓄电池负极,形成回路,于是清洗器开始工作,将清洗液喷洒在挡风玻璃上。

(2)上述电路中除清洗器工作外,同时电路中的工作电流经雨刮/洗涤开关的 53c 触点→二极管 $VD_1$→电容 $C_1$→搭铁→蓄电池负极,形成回路,为 $C_1$ 充电。在 $C_1$ 充电的同时,电阻 $R_8$ 与电阻 $R_4$ 电路中的电流由小到大,B 点的电位逐渐升高。在此电压的作用下,晶体三极管 VT 导通,间歇控制器的继电器线圈通电,触点 $K_2$ 闭合,使间歇控制器中的触点 15 与 53e 接通,于是雨刮器电动机的电路接通。电路中的工作电流经蓄电池正极→熔断器→间歇控制器触点 15 与 53e→雨刮/洗涤开关的触点 53e 与 53→清洗器电动机→搭铁→蓄电池负极,形成回路,于是雨刮器电动机慢速工作。

松开开关手柄时,雨刮器开关自动复位,清洗泵立刻停止喷水工作。此时,间歇控制器中的电容 $C_1$ 开始向电阻 $R_8$ 及电阻 $R_4$ 放电,使晶体三极管 VT 继续导通,雨刮器电动机仍慢速工作 4s,即电容 $C_1$ 放电的时间,其目的是为了刮干前挡风玻璃上的水滴。

### 2. 丰田汽车雨刮器电路

图 7-51 所示为丰田汽车挡风玻璃雨刮器控制电路,其控制开关有 5 个挡位,分别是低速挡(Lo)、高速挡(Hi)、停止复位挡(OFF)、间歇刮水挡(INT)和喷洗器挡。下面分析它们的工作过程。

当雨刮器开关在低速挡(Lo)位置时,电路中的工作电流经蓄电池正极→端子 18→雨刮器控制开关"任意/除零"触点→端子 7→刮水电动机低速电刷 Lo→公共电刷→搭铁,形成回路,此时电动机低速运行。

当雨刮器开关在高速挡(Hi)位置时,电路中的工作电流经蓄电池正极→端子 18→雨刮器控制开关"高速"触点→端子 13→刮水电动机高速电刷 Hi→公共电刷→搭铁,形成回路,此时电动机高速运转。

当雨刮器开关在间歇刮水挡(INT)位置时,晶体管电路 $T_{r1}$ 先短暂导通,此时电路中的工作电流经蓄电池正极→端子 18→继电器线圈→$T_{r1}$→端子 16→搭铁。线圈中产生磁场,使得继电器常闭触点 A 打开,常开触点 B 关闭。这时电动机低速运转,电路中的工作电流经蓄电池正极→端子 18→继电器触点 B→雨刮器开关 INT 触点→端子 7→刮水电动

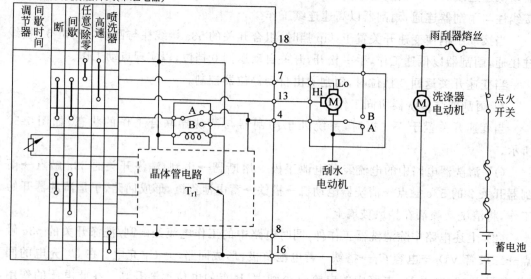

图 7-51 丰田汽车挡风玻璃雨刮器控制电路

机低速电刷 Lo→公共电刷→搭铁，形成回路。

然后 $T_{r1}$ 截止，继电器的触点 B 断开，触点 A 闭合，电动机转动时，凸轮开关的触点 A 断开，B 闭合，所以电流继续流至电动机的低速电刷，电动机低速运转，此时电路中的工作电流经蓄电池正极→凸轮开关触点 B→端子 4→继电器触点 A→雨刮器开关 INT 触点→端子 7→刮水电动机低速电刷 Lo→公共电刷→搭铁，形成回路。当雨刮器转至停止位置时，凸轮开关 B 断开，A 接通，电动机停止运转。

刮水电动机停止运转一段时间后，晶体管电路 $T_{r1}$ 再次短暂导通，雨刮器重复间歇动作，其间歇时间调节器可以调节间歇的时间长短。

当喷洗器开关接通且喷洗器电动机运转时，晶体管电路 $T_{r1}$ 在预定的时间内接通，使雨刮器低速运转 1~2 次。喷洗泵的电路：蓄电池正极→洗涤电动机→端子 8→喷洗器开关端子→端子 16→搭铁。雨刮器的电路：蓄电池正极→端子 18→继电器触点 B→雨刮器开关 INT 触点→端子 7→刮水电动机低速电刷 Lo→公共电刷→搭铁。这样就实现了边喷洗，边间歇刮水。

## 7.2.5 雨刮系统电路的检修

微课——汽车雨刮系统电路故障的诊断检修

雨刮器常见故障有各挡都不工作、个别挡位不工作、刮片不能停在正确位置等。下面以丰田汽车、别克汽车为例详细介绍雨刮器控制电路、刮水和洗涤开关的检查方法。

**1. 丰田汽车雨刮器电路的检修**

丰田汽车雨刮器电路如图 7-51 所示，其中雨刮器和喷洗器开关及连接器端子如图 7-52 所示。检查时应按照表 7-3 的标准进行。如检查不符合标准,应更换。

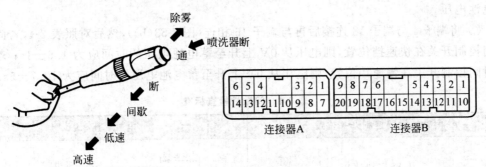

图 7-52 雨刮器和喷洗器开关及连接器端子

表 7-3 雨刮器开关端子

| 开关位置 | 端子(颜色) | B-4 (L-R) | B-7 (L-B) | B-13 (L-O) | B-18 (L-W) | B-8 (L) | B-16 (B) |
|---|---|---|---|---|---|---|---|
| 雨刮器 | MIS(除雾) | | | ○—— | ——○ | | |
| | OFF(断) | ○—— | ——○ | | | | |
| | INT(间歇) | ○—— | ——○ | | | | |
| | Lo(低速) | | ○—— | | ——○ | | |
| | Hi(高速) | | | ○—— | ——○ | | |
| 喷洗器 | OFF(断) | | | | | | |
| | ON(通) | | | | | ○—— | ——○ |

(1) 检查间歇性动作,具体步骤如下。

① 将雨刮器的开关旋至 INT 挡位置。

② 将间歇时间控制开关旋至 FAST 挡位置。

③ 将蓄电池正极和端子 18 相连,负极和端子 16 相连,如图 7-53(a)所示。

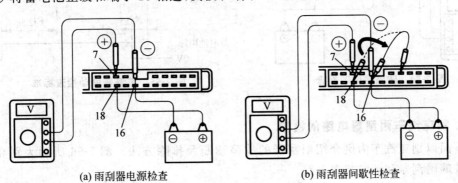

(a) 雨刮器电源检查　　(b) 雨刮器间歇性检查

图 7-53 间歇性检查方法

④ 将万用表正极和端子 7 相连,负极和端子 16 相连,检查万用表显示的电压应该为蓄电池电压。

⑤ 将端子 4 与端子 18 连接后再与端子 16 相连(图 7-53(b)),然后对照表 7-4,若间歇时间控制开关在快速挡位置,则电压从 0V 上升至蓄电池电压的时间应为 1.6±1s;若间歇时间控制开关在慢速挡位置,则电压从 0V 上升至蓄电池电压的时间应为 10.7±5s。

表 7-4  间歇性检查标准

| 间歇性时间控制开关位置 | 电压 |
| --- | --- |
| FAST(快速) | 1.6±1s，蓄电池电压，0V |
| SLOW(慢速) | 10.7±5s，蓄电池电压，0V |
| Non-Varible(不可变型) | 3.3±1s，蓄电池电压，0V |

(2) 检查洗涤器联动开关,如图 7-54 所示。

① 将蓄电池的正极和端子 18 相连,负极和端子 16 相连。

② 将万用表正极和端子 7 相连,负极和端子 16 相连。

③ 推入洗涤器开关,检查的电压应按照图 7-55 的标准工作。

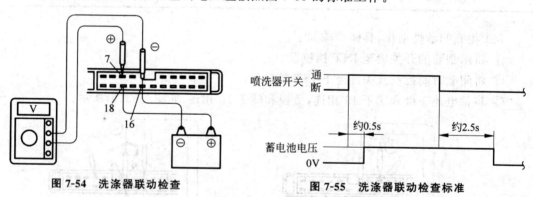

图 7-54  洗涤器联动检查　　图 7-55  洗涤器联动检查标准

## 2. 别克汽车雨刮器电路的检修

下面以别克汽车为例介绍雨刮器的故障诊断及排除方法。图 7-56 所示为别克汽车挡风玻璃雨刮器和清洗装置电路。

(1) 系统检查

挡风玻璃雨刮器和清洗装置系统检查步骤、操作方法等如表 7-5 所示。

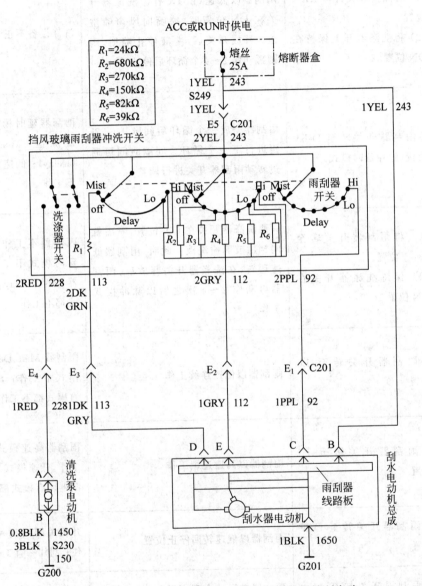

图 7-56 别克汽车挡风玻璃雨刮器和清洗装置控制电路

表 7-5　风窗雨刮器和清洗装置系统检查表

| 步骤 | 操作方法 | 正　常 | 不　正　常 |
| --- | --- | --- | --- |
| 1 | (1) 将点火开关转至 RUN 位置<br>(2) 将洗涤器开关保持在 ON 位置 | 雨刮器以低速(Lo)动作。洗涤器开关在 ON 位置时,喷嘴向风窗喷洗液。释放开关后,洗液停止喷射,雨刷再动作 2~4 个循环后停止 | 洗涤设备不正常 |
| 2 | 将雨刮器开关转至 Delay 位置(脉冲延时模式) | 雨刮器完成一个循环后间歇 1~22s 再进行下一个循环。间歇时间可通过转动雨刮器开关进行调整 | 雨刮器延时模式不工作或除湿(Mist);延时(Delay);低速(Lo)模式不工作 |
| 3 | (1) 将雨刮器开关转至 Delay 位置<br>(2) 保持洗涤器开关在 ON 位置 1~2s | 只要洗涤器开关在 ON 位置,喷嘴就向挡风玻璃喷洗液。此时,雨刮器低速运转,在洗涤器开关释放后,雨刮器再动作 2~4 次之后以脉冲模式工作 | 雨刮器不工作;雨刮器延时模式不工作;雨刮器 Mist、Delay 和 Lo 模式都不工作 |
| 4 | 将雨刮器开关转至 Lo 位置 | 雨刮器以低速连续工作 | 雨刮器 Mist、Delay 和 Lo 模式不工作;雨刮器所有模式都不工作 |
| 5 | 将雨刮器开关转至 Hi 位置 | 雨刮器以高速连续工作 | 雨刮器高速模式(Hi)不工作,低速模式工作;雨刮器所有模式都不工作 |
| 6 | 将雨刮器开关转至 OFF 位置 | 雨刮器以低速转回停止位置 | 开关关闭后刮片不能停住;刮片一直工作 |
| 7 | 将雨刮器开关转至 Mist 位置后释放 | 雨刮器进行一个刮水循环,然后转回停止位置 | 雨刮器 Mist、Delay 和 Lo 模式都不工作 |

(2) 雨刮器所有模式均不工作的故障诊断

别克汽车雨刮器所有模式均不工作的故障诊断流程如图 7-57 所示。

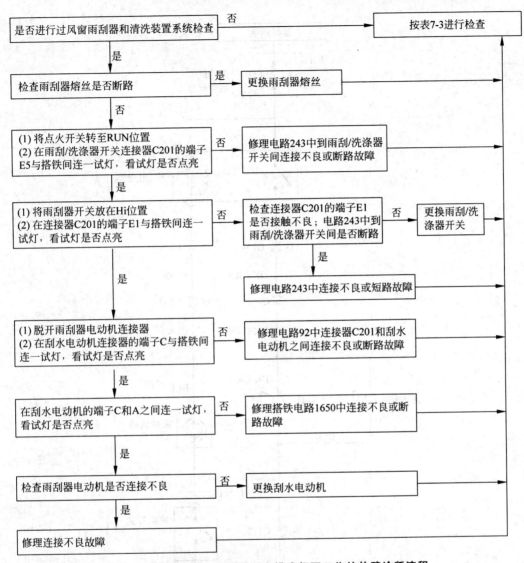

图 7-57 别克汽车雨刮器所有模式都不工作的故障诊断流程

## 7.3 汽车喇叭线路的连接与故障诊断

喇叭是汽车的声响信号装置。在汽车的行驶过程中,驾驶员根据情况和规定,使喇叭发出声音信号,警告行人或其他的车辆以确保行车安全。同时,喇叭还有催行和传递信号的作用。

微课——汽车喇叭电路的识别与故障检修

### ◎ 客户委托7-3

于先生有一辆里程约8万公里的本田雅阁轿车,最近行车时按下喇叭发现并无响声,已知该车的喇叭电路如图7-58所示,请同学们根据图中信息,分析喇叭工作时电流的走向,给于先生一份诊断检修方案。

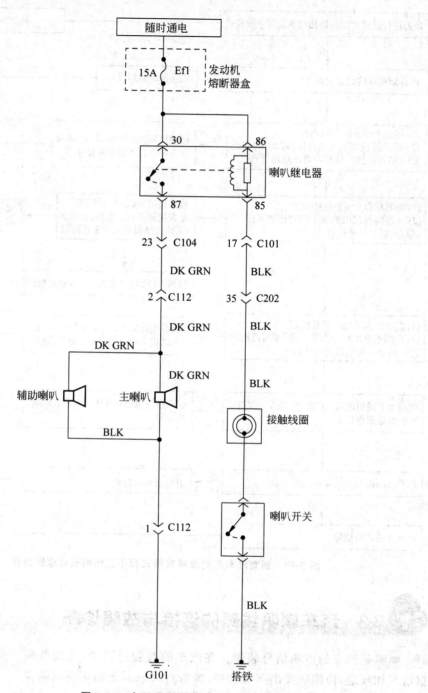

图 7-58 本田雅阁轿车喇叭电路

◎ **学习目标**

(1) 掌握汽车喇叭电路的识读方法；
(2) 掌握汽车喇叭线路故障的诊断检修方法。

单元 7　电路系统检修

## ◎ 知识与技能点清单

| 序号 | 学习目标 | 知识点 | 技能点 |
| --- | --- | --- | --- |
| 1 | 掌握汽车喇叭电路的识读方法 | 汽车喇叭电路图的识读 | 能够识读分析汽车喇叭电路 |
| 2 | 掌握汽车喇叭线路故障的诊断检修方法 | 汽车喇叭线路故障的诊断检修 | 能够对汽车喇叭线路进行诊断检修 |

## ◎ 学习指南

（1）明确学习目标与知识及技能点清单。

（2）按照学习任务列表完成每一项任务，任务知识部分需在课前提前完成。在完成知识部分任务时，可以参考本单元提供的学习信息，利用网络、厂家提供的维修手册、各类教学资源库等学习资源，也可以在课前或上课时向任课教师寻求帮助。任课教师会在正式上课时展示或共享大家对于知识部分任务完成情况，实现学习者交流。

（3）在任务列表中，涉及实操部分，可以在正式上课前自行完成，也可以由任课教师在课堂上安排完成。

（4）完成任务列表后，自行根据本节鉴定表进行自查，并根据不足进行知识与技能的补充学习。

（5）接受任课教师按照本节鉴定表进行知识与技能鉴定。注意，鉴定可能是过程鉴定与终结性鉴定，学习者平时对学习任务的学习过程也将作为鉴定的依据，例如学习态度、学习过程中的技能展示、职场安全意识等。

### 7.3.1　学习任务

**1. 掌握汽车喇叭电路的识读方法**

某汽车喇叭电路如图 7-59 所示，当汽车启动后，按下喇叭开关，相应的喇叭会发出响声，请同学们根据图中信息，分析并简述汽车喇叭在工作状态时电流的走向。

**2. 掌握汽车喇叭线路故障的诊断和检修方法**

一辆里程约 10 万公里的广汽丰田逸致轿车的喇叭有时不响，需要把喇叭按键左右摇动才能恢复正常。送入维修站后，技师接车后首先确认故障现象，按转向盘上安全气囊的左侧和下方时，喇叭完全不响，按安全气囊的右侧时，喇叭偶尔会响一下。根据上述故障现象初步判断故障的可能原因有：喇叭故障（触点烧损）；喇叭继电器故障；安全气囊的游丝有断路现象；安全气囊支架搭铁不良；安全气囊支架的喇叭开关触点异常。

技师查看丰田逸致轿车喇叭控制电路如图 7-60 所示，在熟读电路图后，技师开始进行诊断检测，具体操作流程如图 7-61 所示，请同学们认真分析电路图，结合上述信息，补全流程表中缺失的诊断信息。

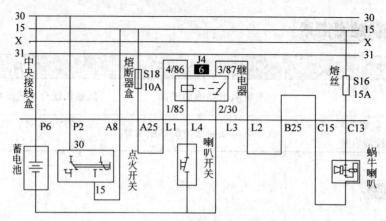

图 7-59 某汽车喇叭电路

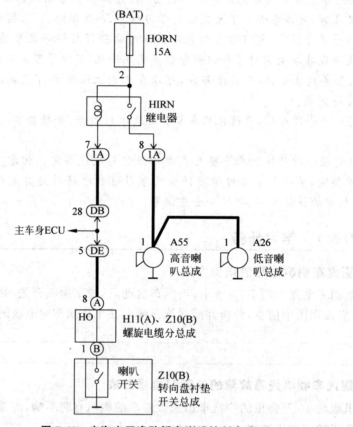

图 7-60 广汽丰田逸致轿车喇叭控制电路

✎ 鉴定

任课教师可以通过平时教学过程中学习者的学习态度、参与教学活动的积极性、职场安全意识及终结性鉴定结果等确定其最后鉴定结果,每个学习者最多可以鉴定 3 次,鉴定教师可以把鉴定情况填入表 7-6 中。

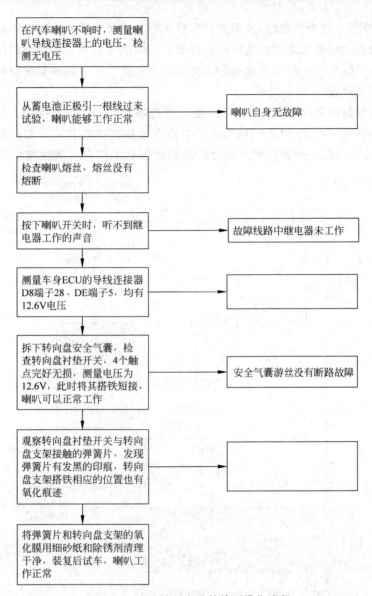

图 7-61  喇叭控制电路的检测操作流程

表 7-6  7.3 节鉴定表

| 序号 | 学习目标 | 鉴定1 | 鉴定2 | 鉴定3 | 鉴 定 结 论 | 鉴定教师签字 |
|---|---|---|---|---|---|---|
| 1 | 掌握汽车喇叭电路的识读方法 | | | | □通过<br>□不通过 | |
| 2 | 掌握汽车喇叭线路故障的诊断和检修方法 | | | | □通过<br>□不通过 | |

## 7.3.2  汽车喇叭电路的识别

喇叭按发音动力的不同可分为气喇叭和电喇叭。气喇叭利用气流冲击使金属膜片振动产生声音,外形一般为长筒形,多用在具有空气制动装置的重型汽车上。电喇叭按有无触点分为有触点式喇叭和无触点式喇叭。有触点式喇叭主要是利用触点的闭合和断开控制电磁线圈激励膜片振动产生声音;无触点式喇叭主要是利用晶体管电路产生的脉冲激励膜片振动产生声音。

汽车喇叭电路的控制方式有两种:用继电器控制和不用继电器控制。现代汽车常用的是继电器控制喇叭电路(图7-62),大多数电路布线都把喇叭开关下面的触片接蓄电池(电压同蓄电池)。按下开关时,触点闭合而接通至搭铁的电路。激励继电器线圈只需小

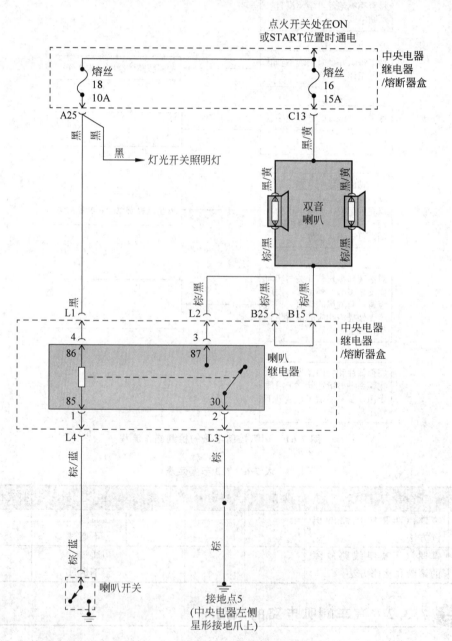

图7-62 桑塔纳2000汽车喇叭电路

电流,喇叭开关不必使用喇叭用的大电流。当喇叭开关闭合时,继电器铁心产生吸力,吸动继电器衔铁,衔铁便将触点闭合,接通喇叭电路,蓄电池的电流便流过搭铁的喇叭。

### 7.3.3 汽车喇叭线路的故障诊断

汽车喇叭电路由蓄电池、保险片、继电器、喇叭及线束组成,电喇叭常见的故障如下。

(1) 电喇叭不响。造成电喇叭不响的原因有按钮触点烧蚀、接触不良、继电器触点接触不良或线圈烧断、引线脱落等,应按上述原因逐一检查。

(2) 电喇叭常响。电喇叭常响的原因有按钮卡死、继电器触点烧结、继电器按钮线搭铁。当遇到常响故障时,应及时拔下喇叭保险制止长鸣,然后按上述故障部位逐点检查。

(3) 喇叭变音。电喇叭变音的原因是双音电喇叭变为单音,出现这种故障只要查出单只喇叭不响的原因加以调整或更换即可消除。如果喇叭发音沙哑,可能的原因有:①膜片厚度不均匀、破裂、高低音膜片混用(高音喇叭膜片较厚);②扬声筒或共鸣板破裂;③铁心空气间隙不当;④触点压力不当;⑤灭弧电阻或电容器失效;⑥振动部件连接松动;⑦电喇叭固定方法不当。喇叭与车架等支座不得刚性连接,应用缓冲钢片或橡胶垫连接;螺旋形喇叭传声筒及盆形喇叭振动片不得与其他物体相碰。

(4) 喇叭触点经常烧坏。烧坏的原因有:①灭弧电阻或电容器损坏;②灭弧电阻阻值过大或电容器容量过小;③喇叭触点压力调整过大或工作电流过大。

(5) 喇叭耗电量过大。按下喇叭按钮,只发出"嗒"的一声或不响;夜间行车按喇叭时,灯光瞬间变暗,放开喇叭后,灯光复明;断电器触点经常烧粘在一起,导致喇叭长鸣。产生上述现象的原因大致包括:①音量调整螺母或螺钉松动,致使喇叭触点不能分开而一直耗电,且振动膜片也不反复振动;②喇叭衔铁气隙太小,导致触点开闭频率太小而耗电量增大;③触点间绝缘垫损坏漏电;④电容器或灭弧电阻短路等。

汽车喇叭线路故障的检测步骤如下。

(1) 检测电源、保险片、继电器。检测蓄电池供电线路是否正常,之后对照车型维修手册,确定喇叭保险片、继电器的位置(图 7-63),使用万用表、试灯等工具检测保险片、继电器是否正常工作。

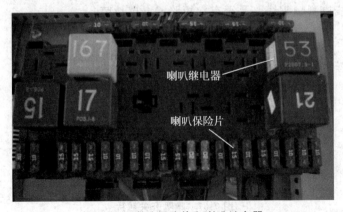

图 7-63 喇叭保险片和喇叭继电器

喇叭继电器的4个脚分为两组，其中85脚和86脚连接电源进线，首先用万用表欧姆挡测量85脚、86脚这两个端子是否导通，之后将85脚、86脚这两个端子连接蓄电池，再次使用万用表检测喇叭继电器30脚、87脚这两个端子是否导通，如图7-64所示。

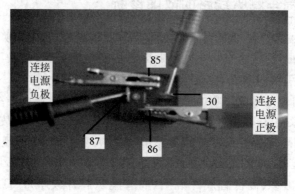

图7-64　检测喇叭继电器

（2）检测喇叭及其接线脚。当喇叭声音嘶哑时，可尝试调整螺钉（可调整喇叭音量），如图7-65所示。

检测喇叭接线脚（图7-66）是否松动或脱落，主要是检查喇叭触点是否接触不良。

图7-65　调整喇叭螺钉

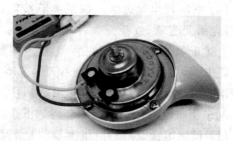

图7-66　喇叭接线脚

（3）检测喇叭按钮和喇叭线路。检测喇叭按钮触点（图7-67）是否接触不良，之后通过万用表、跨接线检测喇叭线路是否存在短路或断路故障。

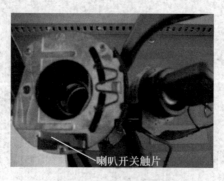

图7-67　喇叭开关触片

# 参 考 文 献

[1] 刘文国. 汽车电气系统检修[M]. 北京：清华大学出版社，2010.
[2] 胡光辉. 汽车电器设备构造与维修[M]. 北京：机械工业出版社，2006.
[3] 于万海. 汽车电气设备原理与检修[M]. 北京：电子工业出版社，2005.
[4] 孙晖，袁爱红. 汽车电气设备结构与维修[M]. 北京：清华大学出版社，2017.
[5] 于明进，于光明. 汽车电气设备构造与维修[M]. 北京：高等教育出版社，2007.
[6] 凌永城，李淑英. 汽车电气设备[M]. 北京：北京大学出版社，2010.
[7] 张俊. 汽车车身电控技术[M]. 北京：中国人民大学出版社，2009.
[8] 刘春晖. 汽车电气设备检修与技术详解[M]. 北京：化学工业出版社，2015.
[9] 赵福堂. 汽车电器与电子原理[M]. 北京：高等教育出版社，2004.